AF280118

Fokus und Produktivität

von Frank Kralemann

Buchbeschreibung:

Kennst du das Gefühl, wenn deine To-do-Liste immer länger wird, während deine Energie schwindet?

In einer Welt voller Ablenkungen ist die Fähigkeit, fokussiert zu handeln, keine Option mehr ‚sie ist eine Superkraft.

Dieses Buch entschlüsselt den entscheidenden Moment zwischen Vorsatz und Handlung, jenen kritischen Kipppunkt, an dem Vorhaben entweder zu Ergebnissen werden oder in der Endlosschleife der guten Absichten verkümmern.

Was unterscheidet Menschen, die ihre Ideen konsequent umsetzen, von denen, die in Planung und Analyse steckenbleiben? Wie überbrückst du die Lücke zwischen Wissen und Tun? Und warum schaffen es manche, selbst komplexe Projekte mit scheinbarer Leichtigkeit voranzutreiben?

"Fokus und Produktivität" bietet nicht nur wissenschaftlich fundierte Einblicke in die Psychologie produktiven Verhaltens, sondern vor allem ein praxiserprobtes System, das dich vom ersten Tag an in Bewegung bringt. Du lernst:

Den psychologischen "Ruck" ins Handeln bewusst herbeizuführen

Den Unterschied zwischen geschäftigem Aktionismus und echter Wertschöpfung zu erkennen

Tiefenarbeit zu kultivieren in einer Zeit, die oberflächliche Aufmerksamkeit belohnt

Einen proaktiven Mindset zu entwickeln, der dich vom Reagieren zum Agieren führt

Deine Umgebung so zu gestalten, dass sie deine Produktivität unterstützt statt sabotiert

Dieses Buch ist kein weiterer theoretischer Ratgeber, der in deinem Regal verstaubt. Es ist ein Aktivierungsprogramm mit konkreten Übungen, Starter-Ritualen und Momentum-Strategien, die dich unmittelbar in Bewegung setzen.

Für alle, die müde sind von endlosen Produktivitätstipps und bereit für echte Veränderung: Hier findest du den Schlüssel, um das lähmende Überdenken zu durchbrechen und in die Umsetzung zu kommen , nicht irgendwann, sondern jetzt, im einzigen Moment, in dem Veränderung möglich ist.

Fokus und Produktivität

Eine Handreichung

von Frank Kralemann

1. Auflage, 2025 Frank Kralemann

© 2025 Alle Rechte vorbehalten.

Verlag: BoD · Books on Demand GmbH,
Überseering 33, 22297 Hamburg, bod@bod.de

Druck: Libri Plureos GmbH, Friedensallee 273,
22763 Hamburg

Die automatisierte Analyse des Werkes, um daraus Informationen
insbesondere über Muster, Trends und Korrelationen gemäß §44b
UrhG („Text und Data Mining") zu gewinnen, ist untersagt.

ISBN: 978-3-8192-8039-9

Inhaltsverzeichnis

Einleitung   12

Warum Fokus der Schlüssel zu echter Produktivität ist   13

Wie du von diesem Buch maximal profitierst   15

Vom Vorsatz zur Handlung 17

1.2 Die Mechanismen der Anfangsmotivation verstehen   19

Den "Ruck" bewusst herbeiführen   23

1.5 Die Lücke zwischen Intention und Aktion systematisch schließen 25

1.6 "Fake it till you make it":   27

Die Psychologie des Handelns 32

2.1 Mentale Blockaden erkennen und auflösen   33

2.2 Vom Denken ins Tun kommen: Kognitive Strategien   37

2.4 Prokrastination verstehen und überwinden   43

2.5 Die Rolle von Emotionen im Handlungsprozess 47

2.6 Selbstwirksamkeit als Treiber des Handelns 51

2.7 Praktische Übungen und Reflexionen 56

Die Macht des Fokus 60

3.3 Deep Work: Tiefenarbeit als Produktivitätsturbo 66

3.4 Fokustechniken für den Alltag 70

3.5 Vom Fokus zum Flow-Zustand 75

4.1 Der Unterschied zwischen Geschäftigkeit und echter Produktivität 87

4.2 Wertschöpfende Tätigkeiten identifizieren 92

Die Ergebnis-Rückwärts-Analyse: 94

4.3 Effektivität vs. Effizienz: Die richtigen Dinge richtig tun 96

Strategien für die Balance von Effektivität und Effizienz: 99

4.4 Zielsetzung als Kompass für produktives Handeln 102

Der proaktive Mindset 121

5.2 Von reaktiv zu proaktiv: Die mentale Transformation 125

Die Komponenten der Selbstwirksamkeit:
131

5.5 Die Macht der Initiative: Chancen
erkennen und ergreifen   139

5.6 Verantwortung übernehmen: Der
Schlüssel zu proaktivem Handeln   145

Umsetzungsstrategien für hohen Output
155

6.3 Gewohnheiten für mehr Output
aufbauen   167

6.4 Fortschritt messen und
Feedback-Loops einrichten   175

6.5 Entscheidungsfindung optimieren
183

7.1 Digitale Tools für Fokus und
Produktivität   204

7.2 Technologiebedingte Ablenkungen
minimieren   212

7.5 Informationsmanagement: Vom
Datenflut zur Wissensordnung   237

Produktive Umgebungen gestalten   260

8.1 Der Einfluss der physischen
Umgebung auf den Fokus   260

8.3 Ein unterstützendes soziales
Umfeld aufbauen   277

8.4 Umgebungstrigger für mehr
Produktivität einsetzen   285

8.5 Rituale und Routinen als Umgebungsanker 294

Langfristige Motivation und Durchhaltevermögen 318

9.1 Die Psychologie der langfristigen Motivation 318

9.2 Sinnstiftung als Antriebsmotor 328

9.3 Mit Rückschlägen und Plateaus umgehen 335

9.4 Motivationsstrategien für schwierige Phasen 344

9.5 Die Macht der Selbstverpflichtung 352

9.6 Kontinuierliche Verbesserung als Lebensprinzip 360

Das integrative Produktivitätssystem 375

10.1 Die Elemente eines persönlichen Produktivitätssystems 375

405

10.4 Balance finden: Arbeit, Leben und Wohlbefinden 405

10.5 Vom Einzelkämpfer zur Produktivitätsgemeinschaft 415

10.6 Die lebenslange Produktivitätsreise 425

Nachwort 446

Einleitung

"Der Unterschied zwischen dem, was wir tun und dem, was wir in der Lage wären zu tun, würde genügen, um die meisten Probleme der Welt zu lösen." - Mahatma Gandhi

In einer Welt voller Ablenkungen, endloser Informationsflut und ständiger Unterbrechungen ist wahre Produktivität zu einem raren Gut geworden. Viele von uns fühlen sich überfordert, gestresst und haben trotz voller To-Do-Listen das nagende Gefühl, am Ende des Tages nicht das erreicht zu haben, was wirklich wichtig ist. Wir sind beschäftigt, aber nicht produktiv. Wir sind aktiv, aber nicht effektiv.

Die Produktivitätskrise im 21. Jahrhundert

Wir leben in Zeiten eines paradoxen Phänomens: Noch nie in der Geschichte der Menschheit hatten wir so viele Hilfsmittel, Technologien und Wissen zur Verfügung, um produktiv zu sein – und doch kämpfen mehr Menschen denn je mit dem Gefühl, den Anforderungen nicht gerecht zu werden und hinterherzuhinken. Diese Produktivitätskrise hat mehrere Ursachen:

1. **Die Aufmerksamkeitsökonomie**: Unsere Aufmerksamkeit ist zur wertvollsten Währung im digitalen Zeitalter geworden. Tausende Unternehmen konkurrieren jeden Tag um unseren Fokus – mit immer raffinierteren Methoden.

2. **Die Informationsflut**: Täglich werden mehr Informationen produziert, als ein Mensch in mehreren Lebenszeiten verarbeiten könnte. Diese Überfülle führt zu Entscheidungsmüdigkeit und dem ständigen Gefühl, etwas Wichtiges zu verpassen.

3. **Die Sofortigkeitskultur**: E-Mails, Nachrichten und Benachrichtigungen fordern unmittelbare Aufmerksamkeit und trainieren uns auf sofortige Reaktion statt überlegtes Handeln.

4. **Die Glorifizierung der Geschäftigkeit**: Unsere Kultur verwechselt Aktivität mit Produktivität. Wer viel arbeitet, gilt als fleißig – unabhängig davon, was tatsächlich dabei herauskommt.

Das Ergebnis ist eine Situation, in der viele Menschen immer mehr arbeiten, dabei aber immer weniger das Gefühl haben, voranzukommen. Sie verfangen sich in einem Kreislauf aus reaktivem Handeln, Ablenkung und Erschöpfung.

Warum Fokus der Schlüssel zu echter Produktivität ist

Die zentrale These dieses Buches ist so einfach wie tiefgreifend: Der entscheidende Unterschied zwischen bloßer Geschäftigkeit und wahrer Produktivität liegt in unserer Fähigkeit, bewusst zu fokussieren und gezielt zu handeln.

Fokus ist die Fähigkeit, seine Aufmerksamkeit bewusst und über längere Zeit auf eine Sache zu richten – ohne sich ablenken zu lassen. Diese Fähigkeit wird im 21. Jahrhundert zur Superkraft. Denn nur wer in der Lage ist, sich tief zu konzentrieren, kann:

- Komplexe Probleme lösen

- Kreative Durchbrüche erzielen

- Hochwertige Arbeit in kürzerer Zeit erledigen

- Den Flow-Zustand erreichen, in dem Höchstleistung mühelos erscheint

- Zwischen wichtig und dringend unterscheiden

- Langfristige Ziele konsequent verfolgen

Wahre Produktivität entsteht nicht durch Multitasking, durch mehr Arbeitsstunden oder durch das neueste Zeitmanagement-Tool. Sie entsteht durch die Kombination von klarem Fokus und proaktivem Handeln – die beiden Säulen, auf denen dieses Buch aufbaut.

Über dieses Buch: Aufbau und Nutzung

Dieses Buch ist in zehn Kapitel gegliedert, die dich Schritt für Schritt zu mehr Fokus, Handlungsfähigkeit und echter Produktivität führen werden. Wir beginnen mit dem entscheidenden Moment zwischen Denken und Handeln und erkunden dann die Psychologie des Handelns, die Macht des Fokus und das Wesen wahrer Produktivität.

Anschließend widmen wir uns dem proaktiven Mindset, konkreten Umsetzungsstrategien, dem sinnvollen Einsatz von Technologie und der Gestaltung produktiver

Umgebungen. Die letzten Kapitel behandeln die langfristige Motivation und die Integration aller Elemente zu einem persönlichen Produktivitätssystem.

Jedes Kapitel beginnt mit einem inspirierenden Zitat und enthält:

- **Fokus-Boxen**: Hervorgehobene Kernaussagen und Zusammenfassungen

- **Fallbeispiele**: Konkrete Anwendungsbeispiele aus dem realen Leben

- **Praktische Übungen**: Sofort umsetzbare Aktivitäten

- **Selbstreflexionsfragen**: Impulse zur Vertiefung

- **Action-Steps**: Konkrete Handlungsanweisungen für die Praxis

Das Buch schließt mit einer Zusammenfassung der wichtigsten Erkenntnisse und einem umfangreichen Anhang mit wertvollen Ressourcen, Vorlagen und Übungen.

Wie du von diesem Buch maximal profitierst

Um das Beste aus diesem Buch herauszuholen, empfehle ich dir folgende Herangehensweise:

1. **Lies aktiv**: Unterstreiche wichtige Passagen, mache dir Notizen, stelle Fragen.

2. **Praktiziere sofort**: Wende das Gelernte unmittelbar an. Schon während des Lesens kannst du mit kleinen Übungen beginnen.

3. **Reflektiere regelmäßig**: Nimm dir Zeit, über deine Erfahrungen nachzudenken. Was funktioniert für dich? Was nicht?

4. **Personalisiere**: Nicht jede Methode passt zu jedem Menschen. Adaptiere die Konzepte an deine persönliche Situation.

5. **Gehe schrittweise vor**: Versuche nicht, alles auf einmal zu ändern. Beginne mit einer Technik und baue darauf auf.

6. **Bleibe geduldig**: Die Entwicklung von Fokus und Handlungsfähigkeit ist ein Prozess. Gib dir Zeit und feiere kleine Erfolge.

FOKUS-BOX

Dieses Buch ist kein theoretisches Werk zum passiven Konsumieren. Es ist ein Aktionsplan, der nur wirkt, wenn du die vorgestellten Konzepte auch in die Praxis umsetzt. Der Schlüssel zum Erfolg liegt nicht im Wissen, sondern im HANDELN.

Bist du bereit, den Weg zu echter Produktivität zu beschreiten? Dann lass uns gemeinsam den ersten Schritt machen und den entscheidenden Moment zwischen Denken und Handeln erforschen.

Kapitel 1:

Der entscheidende Moment:

Vom Vorsatz zur Handlung

"Zwischen Reiz und Reaktion liegt ein Raum. In diesem Raum liegt unsere Macht zur Wahl unserer Reaktion. In unserer Reaktion liegen unsere Entwicklung und unsere Freiheit." - Viktor E. Frankl

Kennst du das? Du weißt genau, was zu tun ist. Du hast einen klaren Plan, alle notwendigen Informationen und eigentlich auch die Zeit. Trotzdem sitzt du da und kommst nicht ins Handeln. Du scrollst durch Social Media, erledigst unwichtige Kleinigkeiten oder verlierst dich in endlosen Gedankenschleifen – während die wichtige Aufgabe unberührt bleibt.

Was genau passiert in diesem Moment? Warum ist die Kluft zwischen Wissen und Handeln oft so groß? Und vor allem: Wie können wir diese Kluft überwinden?

1.1 Der psychologische Kipppunkt zwischen Denken und Tun

Der Übergang vom Denken zum Handeln ist ein faszinierender psychologischer Prozess. Neurowissenschaftler haben entdeckt, dass Denken und Handeln in unterschiedlichen Gehirnregionen stattfinden und dass der Übergang von einem zum anderen Zustand eine Art "neuronalen Kraftakt" erfordert.

Wenn wir nur denken oder planen, ist vor allem der präfrontale Kortex aktiv – jener Teil des Gehirns, der für abstrakte Gedanken, Bewertungen und Zukunftsplanung zuständig ist. Beim Handeln hingegen werden zusätzlich motorische Areale und tiefere Hirnregionen aktiviert, die mit Gewohnheiten und automatisierten Bewegungen zusammenhängen.

Der kritische Moment – ich nenne ihn den "Kipppunkt" – ist jener Augenblick, in dem unser Gehirn vom Planungsmodus in den Handlungsmodus umschalten muss. Dieser Übergang ist energetisch aufwändig und erfordert die Überwindung einer Art "Aktivierungsenergie", ähnlich wie bei einer chemischen Reaktion.

FOKUS-BOX

Der Kipppunkt zwischen Denken und Handeln ist ein kritischer Moment, der bewusst gestaltet werden kann. Er ist kein passives Ereignis, das einfach geschieht, sondern ein aktiver Prozess, den wir beeinflussen können.

Fallbeispiel: Marias Morgenroutine

Maria wollte seit Monaten früher aufstehen, um vor der Arbeit zu meditieren. Sie wusste genau, welche Vorteile das haben würde, hatte Bücher zum Thema gelesen und sogar eine Meditations-App installiert. Trotzdem drückte sie jeden Morgen den Snooze-Button und verschob ihren Plan auf "morgen".

Was Maria nicht erkannte: Sie hatte sich perfekt auf das Denken und Planen vorbereitet, aber nicht auf den entscheidenden Moment des Handelns – jenen Augenblick, in dem der Wecker klingelt und die

Entscheidung zwischen Aufstehen und Weiterschlafen fällt. Erst als sie begann, diesen Moment bewusst zu gestalten (indem sie den Wecker außer Reichweite stellte und sich am Abend zuvor mental auf das Aufstehen vorbereitete), gelang ihr der Durchbruch.

1.2 Die Mechanismen der Anfangsmotivation verstehen

Um den Kipppunkt erfolgreich zu überwinden, müssen wir verstehen, wie Anfangsmotivation funktioniert. Anders als die langfristige Motivation, die uns über Wochen und Monate antreibt, bezieht sich die Anfangsmotivation auf jenen kurzen, intensiven Energieschub, den wir brauchen, um eine Handlung zu beginnen.

Die Anfangsmotivation speist sich aus verschiedenen Quellen:

1. Emotionale Energie: Starke Gefühle wie Begeisterung, Angst oder Ärger können einen unmittelbaren Handlungsimpuls auslösen.

2. Antizipierte Belohnung: Die Vorfreude auf positive Konsequenzen einer Handlung kann uns in Bewegung setzen.

3. Identitätsbezug: Handlungen, die mit unserem Selbstbild übereinstimmen, fallen uns leichter.

4. Soziale Dynamik: Die reale oder vorgestellte Anwesenheit anderer Menschen kann uns zum Handeln motivieren.

5. Momentumeffekt: Der Glaube, dass eine begonnene Handlung leichter fortzusetzen ist als eine neue zu beginnen.

Der Schlüssel liegt darin, diese Quellen der Anfangsmotivation bewusst zu aktivieren, anstatt passiv auf "Motivation" zu warten. Motivation ist kein Zustand, der uns überkommt, sondern eine Ressource, die wir aktiv erzeugen können.

FOKUS-BOX

Warte nicht auf Motivation, um zu handeln – handle, um Motivation zu erzeugen. Die Reihenfolge macht den entscheidenden Unterschied.

1.3 Techniken zur Überwindung der Startblockade

Nachfolgend stelle ich dir konkrete Techniken vor, die dir helfen werden, die initiale Startblockade zu überwinden und den Kipppunkt vom Denken zum Handeln zu meistern.

Die 5-Sekunden-Regel

Die von Mel Robbins entwickelte 5-Sekunden-Regel ist bemerkenswert einfach und effektiv: Sobald du einen Handlungsimpuls verspürst, zähle rückwärts von 5 bis 1 und setze dann die Handlung um – ohne weiteres Nachdenken.

Der neuropsychologische Hintergrund: Das Rückwärtszählen beschäftigt deinen präfrontalen Kortex –

jenen Teil deines Gehirns, der sonst Einwände, Bedenken und Ausreden produzieren würde. Gleichzeitig bereitest du dein Gehirn auf eine konkrete Aktion vor, ähnlich wie bei einem Countdown vor dem Start.

Praktische Anwendung:

1. Identifiziere eine Handlung, vor der du dich drückst

2. Sobald du daran denkst, zähle: "5-4-3-2-1"

3. Setze die Handlung sofort um – ohne weiteres Nachdenken

Die Kraft der Mikrohandlungen

Oft erscheinen uns Aufgaben in ihrer Gesamtheit überwältigend. Die Technik der Mikrohandlungen zerlegt eine komplexe Aufgabe in winzige, fast lächerlich einfache Teilschritte. Statt "Ich schreibe meine Abschlussarbeit" lautet der erste Schritt vielleicht nur "Ich öffne ein leeres Dokument" oder sogar nur "Ich schalte meinen Computer ein".

Diese Mikrohandlungen erscheinen so mühelos, dass unser Gehirn keinen Widerstand aufbaut. Gleichzeitig schaffen sie einen Einstieg in die Handlungskette, der oft ausreicht, um den Momentumeffekt zu aktivieren.

Praktische Anwendung:

1. Zerlege eine komplexe Aufgabe in winzige Teilschritte

2. Definiere den allerersten Schritt so klein, dass er in unter 30 Sekunden erledigt werden kann

3. Führe nur diesen ersten Schritt aus – ohne
    Verpflichtung weiterzumachen

4. Beobachte, wie der Momentumeffekt oft dazu
    führt, dass du weitermachst

Der 2-Minuten-Trick

Diese von James Clear popularisierte Technik basiert auf
dem Prinzip, dass neue Gewohnheiten so einfach sein
sollten, dass sie in weniger als zwei Minuten ausgeführt
werden können. Der Trick besteht darin, eine komplexe
Handlung auf ihren 2-Minuten-Kern zu reduzieren und
nur diesen als verbindlich zu betrachten.

Beispiele:

- "Jeden Tag 30 Minuten joggen" wird zu
  "Jogginghose und Schuhe anziehen"

- "Ein Buch lesen" wird zu "Eine Seite lesen"

- "Die Küche aufräumen" wird zu "Ein Teller
  abwaschen"

Der Schlüssel ist, dass du nach den zwei Minuten
aufhören darfst – aber natürlich nicht musst. Die meisten
Menschen stellen fest, dass sie, einmal in Bewegung, oft
weitermachen.

Praktische Anwendung:

1. Reduziere eine Gewohnheit auf eine
    2-Minuten-Version

2. Führe nur diese 2-Minuten-Version aus – ohne
    Verpflichtung weiterzumachen

3. Erlaube dir, nach den zwei Minuten aufzuhören

4. Nutze den Momentumeffekt, wenn er eintritt

FOKUS-BOX

Die wirkungsvollsten Techniken zur Überwindung der Startblockade sind oft die einfachsten. Sie zielen nicht darauf ab, die gesamte Aufgabe zu bewältigen, sondern nur darauf, dich in Bewegung zu setzen.

1.4 Mentale Trägheit überwinden:

Den "Ruck" bewusst herbeiführen

Neben spezifischen Techniken können wir auch unser generelles Bewusstsein für den "Ruck" – jenen innerlichen Impuls, der uns von der Passivität in die Aktivität katapultiert – schärfen und lernen, ihn bewusst herbeizuführen.

Der Ruck ist ein faszinierendes Phänomen: Er fühlt sich an wie ein kurzer Moment der Entschlossenheit, ein inneres "Jetzt!" oder "Los!". In diesem Moment überwindet unser Handlungsimpuls den inneren Widerstand, ähnlich wie ein Stein, der über eine Kante rollt und plötzlich an Fahrt gewinnt.

Strategien, um den Ruck bewusst herbeizuführen:

1. Körperliche Auslöser nutzen: Unser Körper und Geist sind eng verbunden. Bestimmte körperliche Aktionen können einen mentalen Ruck auslösen:

- Ein plötzliches Aufrichten der Körperhaltung

- Drei tiefe Atemzüge

- Ein entschlossenes Aufstehen

- Ein kraftvolles Händeklatschen

2. Verbale Anker setzen: Kurze, kraftvolle Sätze oder Worte können als mentale Auslöser dienen:

- "Jetzt!"

- "Los geht's!"

- "Action!"

- Ein persönliches Powerwort, das für dich Bedeutung hat

3. Visualisierung des ersten Schritts: Statt die gesamte Aufgabe zu visualisieren, konzentriere dich nur auf den ersten, konkreten Handlungsschritt und stelle ihn dir in lebhaften Details vor.

4. Den Entscheidungsspielraum eliminieren: Oft verbrauchen wir Willenskraft durch das ständige Neu-Entscheiden. Schaffe Situationen, in denen keine Entscheidung mehr nötig ist:

- Vorher festgelegte Wenn-Dann-Pläne

- Automatische Auslöser (z.B. ein Timer)

- Unwiderrufliche Commitments

Fallbeispiel: Toms morgendliches Schreiben

Tom, ein angehender Autor, kämpfte jahrelang damit, seiner morgendlichen Schreibroutine treu zu bleiben. Seine Durchbruch-Strategie bestand aus mehreren Elementen:

1. Er bereitete seinen Schreibtisch am Abend zuvor vor (offener Laptop, bereitliegende Notizen)

2. Er etablierte ein klares Morgenritual (Wasser trinken, drei tiefe Atemzüge)

3. Er nutzte ein verbales Signal ("Showtime!"), um den Ruck auszulösen

4. Er begann mit einer Mikrohandlung (nur einen Satz schreiben)

Diese Kombination half ihm, den kritischen Kipppunkt zwischen Aufwachen und Schreiben zu überbrücken und eine produktive Morgenroutine zu etablieren.

1.5 Die Lücke zwischen Intention und Aktion systematisch schließen

Psychologen sprechen von der "Intentions-Verhaltens-Lücke" – jener Diskrepanz zwischen dem, was wir uns vornehmen, und dem, was wir tatsächlich tun. Diese Lücke ist ein universelles menschliches Phänomen, aber ihre Größe variiert stark zwischen verschiedenen Personen.

Forschungen haben gezeigt, dass Menschen mit einer kleinen Intentions-Verhaltens-Lücke bestimmte Strategien konsequent anwenden:

1. Implementation Intentions (Wenn-Dann-Pläne): Statt vager Absichten ("Ich will mehr Sport machen") formulieren sie konkrete Wenn-Dann-Pläne ("Wenn ich morgens aufstehe, dann ziehe ich meine Laufschuhe an").

Studien zeigen, dass solche Pläne die Erfolgswahrscheinlichkeit um bis zu 300% steigern können. Der Grund: Sie verlagern die Entscheidung von einem Moment hoher Willensbelastung (morgens, wenn wir müde sind) in einen Moment ruhiger Überlegung (wenn wir den Plan erstellen).

2. Umgebungsdesign: Sie gestalten ihre physische Umgebung so, dass sie Handlungen fördert und Ablenkungen minimiert:

- Sichtbarkeit (wichtige Dinge werden sichtbar platziert)

- Zugänglichkeit (Hilfsmittel sind griffbereit)

- Attraktivität (der Handlungsort ist ansprechend gestaltet)

- Hindernis-Reduktion (Störfaktoren werden eliminiert)

3. Soziale Bindung: Sie nutzen die Kraft sozialer Verpflichtungen, um ihre Handlungswahrscheinlichkeit zu erhöhen:

- Öffentliche Commitments

- Rechenschaftspartner

- Gemeinsame Aktivitäten

- Vorbilder und Mentoren

4. Emotionale Verstärkung: Sie verknüpfen Handlungen bewusst mit positiven Emotionen:

- Belohnungssysteme

- Feier kleiner Erfolge

- Verknüpfung mit angenehmen Aktivitäten

- Visualisierung positiver Konsequenzen

FOKUS-BOX

Die systematische Schließung der Intentions-Verhaltens-Lücke erfordert sowohl strukturelle Maßnahmen (wie Umgebungsdesign und klare Pläne) als auch psychologische Strategien (wie emotionale Verstärkung und soziale Bindung).

1.6 "Fake it till you make it":

Die Brücke zur echten Handlung

Eine überraschend wirksame Strategie, um vom Denken ins Handeln zu kommen, ist das Prinzip des "So-tun-als-ob" oder "Fake it till you make it". Dieses Konzept geht über ein bloßes Sprichwort hinaus und hat eine solide wissenschaftliche Grundlage:

1. Die Verhaltens-Identitäts-Rückkopplung: Unser Verhalten beeinflusst nicht nur unsere Umwelt, sondern auch unser Selbstbild. Wenn wir uns wie eine produktive Person verhalten, beginnen wir, uns selbst als produktiv wahrzunehmen – was wiederum zu mehr produktivem Verhalten führt.

2. Embodied Cognition: Die Forschung zur "verkörperten Kognition" zeigt, dass unser Körper unser Denken beeinflusst. Die Einnahme bestimmter Körperhaltungen (z.B. eine "Power Pose") kann messbare physiologische und psychologische Veränderungen bewirken.

3. Neuronale Bahnung: Wenn wir eine Handlung – selbst "gespielt" – ausführen, bahnen wir neuronale Pfade, die diese Handlung in Zukunft erleichtern.

Praktische Anwendungen des Prinzips:

Die Fünf-Minuten-Identität: Übernimm für nur fünf Minuten die Identität einer Person, die keine Schwierigkeiten mit der anstehenden Aufgabe hat. Wie würde diese Person sitzen, atmen, sprechen, handeln? Verkörpere diese Identität vollständig – und beobachte, wie sich deine Handlungsfähigkeit verändert.

Das physische Priming: Gestalte dein äußeres Erscheinungsbild so, als wärst du bereits die Person, die du werden möchtest. Kleide dich entsprechend, richte deinen Arbeitsplatz ein, nutze die typischen Werkzeuge.

Das mentale Rollenspiel: Stelle dir konkrete Fragen wie: "Was würde [Vorbild/erfolgreiche Person] in dieser Situation tun?" oder "Wie würde mein zukünftiges, erfolgreiches Ich diese Aufgabe angehen?"

Fallbeispiel: Sarahs Präsentationsangst

Sarah, eine talentierte Analystin, hatte extreme Angst vor Präsentationen. Trotz ihres Fachwissens blockierte sie regelmäßig, wenn sie vor Publikum sprechen sollte. Ihr Durchbruch kam, als sie begann, das "Fake it till you make it"-Prinzip systematisch anzuwenden:

1. Sie identifizierte eine Kollegin, die souverän präsentierte, und studierte deren Körpersprache, Sprechweise und Vorbereitung

2. Vor Präsentationen verbrachte sie 10 Minuten damit, diese Kollegin zu "verkörpern" – inklusive Körperhaltung, Gestik und Atemtechnik

3. Sie schuf ein präsentationsspezifisches Outfit, das ihr half, in die Rolle zu schlüpfen

4. Sie formulierte ein Mantra: "Ich bin nicht Sarah, die Angst hat. Ich bin Sarah, die Expertin."

Nach sechs Monaten bemerkte sie, dass das "So-tun-als-ob" zu einer natürlichen Fähigkeit geworden war. Die gespielte Souveränität hatte eine echte Kompetenz geschaffen.

1.7 Praktische Übungen und Reflexionen

Übung 1: Kipppunkt-Tagebuch Führe eine Woche lang ein "Kipppunkt-Tagebuch". Notiere jeden Tag:

- Eine Situation, in der du erfolgreich vom Denken ins Handeln gekommen bist

- Eine Situation, in der du in der Denk-Schleife stecken geblieben bist

- Welche Faktoren jeweils den Unterschied gemacht haben

Übung 2: Die 5-4-3-2-1-Go-Challenge Wähle für die nächsten 7 Tage jeden Morgen eine Aufgabe, vor der du dich drückst. Wende die 5-Sekunden-Regel an und notiere deine Erfahrungen.

Übung 3: Mikrohandlungs-Planung Nimm dir ein größeres Projekt vor und zerlege es in mindestens 20 winzige Mikrohandlungen. Formuliere den ersten Schritt so klein, dass er in unter 30 Sekunden erledigt werden kann.

Übung 4: Wenn-Dann-Implementierung Erstelle für drei deiner wichtigsten Ziele jeweils drei spezifische Wenn-Dann-Pläne. Achte darauf, dass der Auslöser (das "Wenn") eindeutig identifizierbar ist und die Reaktion (das "Dann") konkret und unmittelbar umsetzbar.

Übung 5: Ruck-Ritual-Design Entwirf ein persönliches "Ruck-Ritual" – eine kurze Sequenz aus körperlichen Aktionen, verbalen Ankern und mentalen Bildern, die du immer dann einsetzen kannst, wenn du vom Denken ins Handeln kommen willst.

FOKUS-BOX: Kapitelzusammenfassung

- Der Übergang vom Denken zum Handeln ist ein konkreter neurologischer Prozess, der bewusst gestaltet werden kann

- Anfangsmotivation kann aktiv erzeugt werden, statt passiv darauf zu warten

- Einfache Techniken wie die 5-Sekunden-Regel, Mikrohandlungen und der 2-Minuten-Trick überwinden die Startblockade

- Der innere "Ruck" kann durch körperliche, verbale und mentale Auslöser herbeigeführt werden

- Die Intentions-Verhaltens-Lücke lässt sich durch Wenn-Dann-Pläne, Umgebungsdesign, soziale Bindung und emotionale Verstärkung systematisch schließen

- Die "Fake it till you make it"-Strategie nutzt die Wechselwirkung zwischen Verhalten und Identität, um eine Brücke zur echten Handlungskompetenz zu schlagen

Reflexionsfragen:

1. In welchen Situationen fällt es dir besonders schwer, vom Denken ins Handeln zu kommen?

2. Welche der vorgestellten Techniken spricht dich spontan am meisten an und warum?

3. Wie könnte ein persönliches Ruck-Ritual für dich aussehen?

4. Welche Umgebungsfaktoren unterstützen oder behindern derzeit deine Handlungsfähigkeit?

5. Mit welcher Person könntest du eine Rechenschaftspartnerschaft eingehen, um deine Intentions-Verhaltens-Lücke zu verkleinern?

Action-Steps für Kapitel 1:

1. Wähle eine Technik zur Überwindung der Startblockade und wende sie 7 Tage lang konsequent an

2. Gestalte einen Aspekt deiner Umgebung so, dass er eine wichtige Handlung unterstützt

3. Definiere einen klaren Wenn-Dann-Plan für eine Aufgabe, die du regelmäßig aufschiebst

4. Führe für 3 Tage ein Kipppunkt-Tagebuch

5. Entwirf und erprobe ein persönliches Ruck-Ritual

Kapitel 2:

Die Psychologie des Handelns

"Wir sind, was wir wiederholt tun. Exzellenz ist daher keine Handlung, sondern eine Gewohnheit." - Aristoteles

Warum fällt es manchen Menschen scheinbar mühelos, ihre Vorhaben in die Tat umzusetzen, während andere trotz bester Absichten und aller Intelligenz im Zyklus des Aufschiebens gefangen bleiben? Die Antwort liegt tief in unserer Psychologie – in mentalen Strukturen und Prozessen, die lange bevor wir bewusste Entscheidungen treffen, unsere Handlungsfähigkeit beeinflussen.

In diesem Kapitel erforschen wir die psychologischen Grundlagen des Handelns. Wir untersuchen die mentalen Blockaden, die uns vom Handeln abhalten, und entdecken wirksame Strategien, um diese zu überwinden.

2.1 Mentale Blockaden erkennen und auflösen

Bevor wir konkrete Strategien für mehr Handlungsfähigkeit entwickeln können, müssen wir verstehen, welche mentalen Blockaden uns oft im Weg stehen. Diese inneren Hindernisse wirken oft wie unsichtbare Bremsen, die selbst bei starker Motivation unsere Handlungsfähigkeit einschränken.

Die häufigsten mentalen Blockaden:

1. Perfektionismus: Der Wunsch, etwas perfekt zu machen, führt paradoxerweise oft dazu, dass wir gar nichts tun. Perfektionismus manifestiert sich in Gedanken wie:

- "Ich fange erst an, wenn ich den perfekten Plan habe"

- "Besser gar nichts tun als etwas Mittelmäßiges"

- "Ich muss alle möglichen Probleme vorher lösen"

2. Überwältigungsgefühle: Komplexe Aufgaben können ein Gefühl der Überforderung auslösen, das lähmend wirkt. Typische Gedankenmuster sind:

- "Das ist zu viel auf einmal"

- "Ich weiß nicht, wo ich anfangen soll"

- "Ich habe nicht genug Ressourcen/Zeit/Wissen"

3. Angst vor dem Scheitern: Die Furcht vor negativen Konsequenzen kann uns in Inaktivität halten. Charakteristische Gedanken:

- "Was, wenn es nicht funktioniert?"

- "Ich könnte mich blamieren"

- "Besser nichts riskieren als zu verlieren"

4. Angst vor Erfolg: Überraschenderweise kann auch die Angst vor den Konsequenzen des Erfolgs handlungshemmend wirken:

- "Wenn ich erfolgreich bin, steigen die Erwartungen"

- "Erfolg könnte meine Beziehungen verändern"

- "Ich bin nicht sicher, ob ich Erfolg verdiene"

5. Entscheidungsparalyse: Die Fülle an Optionen kann zu einer Handlungsblockade führen:

- "Ich weiß nicht, welche Option die beste ist"

- "Was, wenn ich die falsche Entscheidung treffe?"

- "Ich brauche noch mehr Informationen"

6. Negativer innerer Dialog: Selbstkritische Gedanken untergraben unsere Handlungsfähigkeit:

- "Ich kann das nicht"

- "Das habe ich schon früher versucht und es hat nicht geklappt"

- "Andere machen das viel besser als ich"

FOKUS-BOX

Mentale Blockaden wirken meist unbewusst. Der erste Schritt zu ihrer Überwindung besteht darin, sie bewusst zu machen und als das zu erkennen, was sie sind: Gedankenkonstrukte, keine objektiven Realitäten.

Strategien zur Auflösung mentaler Blockaden:

1. Bewusstes Umdeuten (Reframing): Verändere die Perspektive, aus der du eine Situation betrachtest:

- Perfektionismus: "Fortschritt ist besser als Perfektion"

- Überwältigung: "Ich muss nicht alles auf einmal tun, nur den nächsten kleinen Schritt"

- Versagensangst: "Scheitern ist Feedback, keine Endstation"

2. Gedanken externalisieren: Bringe deine hemmenden Gedanken nach außen, indem du sie aufschreibst oder aussprichst. Diese Distanzierung hilft, sie objektiver zu betrachten.

3. Die Drei-Spalten-Technik: Teile ein Blatt in drei Spalten:

- Spalte 1: Der blockierende Gedanke

- Spalte 2: Die objektive Bewertung (Ist er wahr? Welche Beweise gibt es?)

- Spalte 3: Ein hilfreicher alternativer Gedanke

4. Die "Wie statt Ob"-Methode: Ersetze "Ob"-Fragen (die Zweifel ausdrücken) durch "Wie"-Fragen (die Lösungen suchen):

- Statt: "Ob ich das wohl schaffe?" → "Wie genau werde ich das schaffen?"

- Statt: "Ob das funktioniert?" → "Wie stelle ich sicher, dass es funktioniert?"

Fallbeispiel: Davids Geschäftsidee

David träumte seit Jahren davon, ein eigenes Online-Business zu gründen. Trotz umfangreicher Recherchen und detaillierter Pläne kam er nicht ins Handeln. In einer Coaching-Sitzung identifizierte er seine zentralen Blockaden:

1. Perfektionismus ("Mein Produkt muss von Anfang an besser sein als die Konkurrenz")

2. Versagensangst ("Was, wenn niemand kauft?")

3. Negativer innerer Dialog ("Ich bin kein Unternehmertyp")

Seine Durchbruchstrategie bestand aus mehreren Elementen:

- Er führte ein "Blockaden-Tagebuch", um seine Gedankenmuster bewusst zu machen

- Er entwickelte für jede Blockade spezifische Gegen-Statements

- Er nutzte die "Wie statt Ob"-Methode, um in die Lösungsorientierung zu kommen

- Er begann mit einem "Minimal Viable Product" statt einer perfekten Lösung

Innerhalb von sechs Wochen hatte er seinen Online-Shop gelauncht – nicht perfekt, aber funktional. Die Erfahrung mit ersten Kunden gab ihm wertvolles Feedback und half ihm, seine mentalen Blockaden weiter abzubauen.

2.2 Vom Denken ins Tun kommen: Kognitive Strategien

Neben der Auflösung mentaler Blockaden können wir auch aktive kognitive Strategien einsetzen, um unsere Handlungsfähigkeit zu steigern. Diese Strategien verändern die Art, wie wir denken und entscheiden, und bahnen so den Weg für mehr Handlung.

Wirkungsvolle kognitive Strategien:

1. Mentale Kontrastierung: Diese von der Psychologin Gabriele Oettingen entwickelte Methode kombiniert positive Zukunftsbilder mit der Analyse von Hindernissen:

Schritt 1: Stelle dir lebhaft den gewünschten Zielzustand vor Schritt 2: Identifiziere die inneren Hindernisse, die dich davon abhalten Schritt 3: Entwickle konkrete Wenn-Dann-Pläne, um diese Hindernisse zu überwinden

Studien zeigen, dass diese Methode (auch WOOP genannt: Wish, Outcome, Obstacle, Plan) deutlich wirksamer ist als rein positives Denken.

2. Die Premortem-Analyse: Bei dieser Technik stellst du dir vor, dass dein Vorhaben gescheitert ist, und analysierst rückblickend die Gründe:

Schritt 1: Stelle dir vor, dein Projekt ist komplett gescheitert Schritt 2: Frage dich: "Was genau ist schiefgelaufen?" Schritt 3: Entwickle Präventivmaßnahmen für die identifizierten Risiken

Der Vorteil: Diese Methode überwindet den Optimismus-Bias und hilft, blinde Flecken zu erkennen, ohne in Negativität zu verfallen.

3. Die 10-10-10-Regel: Bei dieser Entscheidungsstrategie bewertest du eine Handlung aus drei zeitlichen Perspektiven:

Frage 1: Wie werde ich mich in 10 Minuten fühlen, wenn ich diese Handlung ausführe? Frage 2: Wie werde ich mich in 10 Monaten fühlen? Frage 3: Wie werde ich mich in 10 Jahren fühlen?

Diese Technik hilft, kurzfristige Unannehmlichkeiten zu überwinden und langfristige Konsequenzen zu berücksichtigen.

4. Die Außenperspektive einnehmen: Forschungen zeigen, dass wir bessere Entscheidungen treffen, wenn wir uns selbst aus der Perspektive einer dritten Person betrachten:

- Frage dich: "Was würde ich einem Freund in dieser Situation raten?"

- Sprich über dich selbst in der dritten Person ("Was sollte Alex jetzt tun?")

- Stelle dir vor, wie ein Mentor oder Vorbild entscheiden würde

Diese Distanzierung hilft, emotionale Verzerrungen zu minimieren und objektiver zu entscheiden.

FOKUS-BOX

Kognitive Strategien wirken, indem sie die Art verändern, wie wir über Handlungen nachdenken. Sie helfen uns, Entscheidungsverzerrungen zu überwinden und eine klarere Perspektive zu gewinnen.

2.3 Handlungsorientierung vs. Lageorientierung: Ein Persönlichkeitsvergleich

Ein zentrales Konzept in der Psychologie des Handelns ist der Unterschied zwischen Handlungsorientierung und Lageorientierung – ein Persönlichkeitsmerkmal, das maßgeblich beeinflusst, wie leicht uns der Übergang vom Denken zum Handeln fällt.

Die Handlungsorientierung:

Handlungsorientierte Menschen zeichnen sich durch folgende Merkmale aus:

- Sie fokussieren auf Lösungen statt auf Probleme

- Sie denken in konkreten nächsten Schritten

- Sie treffen Entscheidungen schnell und revidieren sie bei Bedarf

- Sie lassen sich von Rückschlägen nicht lange lähmen

- Sie konzentrieren sich auf beeinflussbare Faktoren

- Sie beginnen spontan mit der Umsetzung

- Sie denken ergebnisorientiert

Die Lageorientierung:

Lageorientierte Menschen zeigen typischerweise folgende Muster:

- Sie analysieren Situationen ausführlich und wiederholt

- Sie fokussieren auf mögliche Probleme und Hindernisse

- Sie zögern Entscheidungen hinaus, um mehr Informationen zu sammeln

- Sie grübeln nach Rückschlägen lange nach

- Sie achten stärker auf äußere Umstände

- Sie planen ausführlich, bevor sie handeln

- Sie denken prozessorientiert

Es ist wichtig zu verstehen, dass weder Handlungs- noch Lageorientierung per se "gut" oder "schlecht" ist. Beide Orientierungen haben ihre Stärken und Schwächen. Die Lageorientierung kann in komplexen Situationen, die tiefe Analyse erfordern, durchaus vorteilhaft sein. Die Handlungsorientierung hingegen ist besonders wertvoll, wenn es um die Umsetzung von Plänen und das Erreichen von Zielen geht.

FOKUS-BOX

Die meisten Menschen haben eine Grundtendenz zu einer der beiden Orientierungen. Durch bewusstes

Training können wir jedoch lernen, je nach Situation flexibel zwischen Handlungs- und Lageorientierung zu wechseln.

So entwickelst du mehr Handlungsorientierung:

Auch wenn du von Natur aus eher zu Lageorientierung neigst, kannst du durch gezieltes Training handlungsorientierte Fähigkeiten entwickeln:

1. Entscheidungsrituale etablieren: Setze dir klare Zeitlimits für Entscheidungen und halte dich konsequent daran.

2. Die 70%-Regel anwenden: Handle, sobald du 70% der notwendigen Informationen hast. Die restlichen 30% lernst du durch die Handlung selbst.

3. Failure-Budgets einrichten: Erlaube dir explizit eine bestimmte Anzahl an "Fehlversuchen" pro Monat, um die Angst vor Fehlern zu reduzieren.

4. Handlungsorientierte Sprache nutzen: Achte auf deine Sprache: Ersetze "Ich sollte", "Ich müsste", "Ich könnte" durch "Ich werde" und "Ich mache".

5. Mit konkreten Teilzielen arbeiten: Setze dir für jedes größere Projekt 3-5 konkrete, messbare erste Schritte.

6. Ergebnisse visualisieren: Entwickle lebhafte mentale Bilder der gewünschten Ergebnisse, um deine Motivation zu stärken.

7. Die "Erledigt"-Erfahrung kultivieren: Schaffe dir bewusst kleine Erfolgserlebnisse, um die positive Emotion des "Erledigt-Habens" zu stärken.

Fallbeispiel: Marias berufliche Neuorientierung

Maria, von Natur aus stark lageorientiert, spielte seit zwei Jahren mit dem Gedanken an einen Berufswechsel. Sie recherchierte endlos, besuchte Informationsveranstaltungen und analysierte verschiedene Optionen – ohne je konkrete Schritte zu unternehmen.

Ihr Wendepunkt kam, als sie begann, gezielt an ihrer Handlungsorientierung zu arbeiten:

1. Sie etablierte eine 2-Wochen-Regel: Nach maximal 2 Wochen Recherche zu einer Option musste sie eine konkrete Handlung folgen lassen (z.B. eine Bewerbung schreiben, einen Kontakt anrufen)

2. Sie führte ein Handlungs-Tagebuch, in dem sie täglich mindestens eine konkrete Aktion dokumentierte

3. Sie bildete eine Rechenschaftspartnerschaft mit einem handlungsorientierten Freund

4. Sie übte bewusst, Entscheidungen schneller zu treffen, indem sie einen Timer nutzte

Nach drei Monaten hatte sie nicht nur zahlreiche konkrete Schritte unternommen, sondern auch zwei Jobinterviews geführt und ein Praktikum in ihrem Wunschbereich begonnen. Der Übergang von endloser Analyse zu konkreter Handlung hatte ihr berufliches Leben fundamental verändert.

2.4 Prokrastination verstehen und überwinden

Prokrastination – das Aufschieben wichtiger Aufgaben zugunsten weniger wichtiger oder angenehmerer Aktivitäten – ist ein universelles Phänomen. Entgegen der landläufigen Meinung ist Prokrastination jedoch kein Zeichen von Faulheit oder mangelnder Disziplin, sondern ein komplexes psychologisches Phänomen mit tieferen Ursachen.

Die Psychologie der Prokrastination:

Moderne Forschungen zeigen, dass Prokrastination im Kern eine Form der emotionalen Selbstregulation ist. Wir schieben Aufgaben nicht auf, weil wir sie nicht erledigen wollen, sondern weil wir negative Emotionen vermeiden wollen, die mit diesen Aufgaben verbunden sind:

- Langeweile bei monotonen Aufgaben
- Angst vor dem Scheitern bei herausfordernden Aufgaben
- Frustration bei komplexen Problemen
- Unsicherheit bei unklaren Aufgaben
- Überwältigung bei großen Projekten

Hirnscans haben gezeigt, dass bei der Konfrontation mit aufgeschobenen Aufgaben jene Hirnregionen aktiviert werden, die auch bei physischem Schmerz aktiv sind.

Prokrastination ist also oft ein (kurzfristig) erfolgreicher Versuch, diesen "psychischen Schmerz" zu vermeiden.

FOKUS-BOX

Prokrastination ist primär ein Problem des Emotionsmanagements, nicht des Zeitmanagements. Wirkungsvolle Anti-Prokrastinations-Strategien setzen daher bei unseren Gefühlen und nicht bei unserem Kalender an.

Wirksame Strategien gegen Prokrastination:

1. Emotionale Akzeptanz: Statt negative Emotionen zu vermeiden, können wir lernen, sie zu akzeptieren und trotzdem zu handeln:

- Erkenne negative Gefühle an: "Ja, diese Aufgabe macht mir Angst/ist langweilig"

- Erlaube dir, diese Gefühle zu haben, ohne ihnen nachzugeben

- Trenne Gefühle von Handlungen: "Ich kann mich unwohl fühlen UND trotzdem handeln"

2. Temptation Bundling (Verlockungsbündelung): Verbinde unangenehme Aufgaben mit angenehmen Aktivitäten:

- Höre deinen Lieblingspodcast NUR während du aufräumst

- Gönne dir deinen Lieblingskaffee NUR während der Buchhaltung

- Besuche dein Lieblingscafé NUR zum Schreiben schwieriger E-Mails

3. Strategische Belohnungen: Setze bewusst Belohnungen für abgeschlossene (Teil-)Aufgaben:

- Unmittelbar nach Abschluss der Aufgabe (zeitliche Nähe ist wichtig)

- In angemessener Relation zur Aufgabe

- Persönlich bedeutsam und motivierend

4. Die Pomodoro-Technik: Diese bekannte Zeitmanagement-Methode ist besonders effektiv gegen Prokrastination:

- Arbeite 25 Minuten konzentriert an einer Aufgabe

- Mache 5 Minuten Pause

- Nach 4 Einheiten: Längere Pause (15-30 Minuten)

Der Schlüssel: Die kurzen Intervalle machen selbst unangenehme Aufgaben erträglich, da das Ende immer in Sicht ist.

5. Die "10-Minuten-Regel": Verpflichte dich, nur 10 Minuten an einer aufgeschobenen Aufgabe zu arbeiten. Nach den 10 Minuten darfst du aufhören – aber oft wirst du weitermachen, weil der schwierigste Teil (der Anfang) überwunden ist.

6. Das Prokrastinations-Tagebuch: Führe ein Tagebuch über deine Aufschiebe-Muster:

- Welche Aufgaben schiebst du auf?

- Welche Ausreden benutzt du?

- Welche Emotionen liegen zugrunde?

- Welche Ablenkungen suchst du?

Dieses Bewusstsein hilft, Muster zu erkennen und gezielt gegenzusteuern.

Fallbeispiel: Peters Dissertation

Peter schob seine Doktorarbeit seit Monaten vor sich her. Trotz klarer Deadlines und hoher Motivation fand er sich regelmäßig beim Scrollen durch Social Media wieder, anstatt zu schreiben. Durch ein Coaching erkannte er die emotionalen Wurzeln seiner Prokrastination:

- Angst, nicht dem eigenen Anspruchsniveau zu genügen

- Überwältigung durch die Größe des Projekts

- Unsicherheit bezüglich bestimmter Methodikfragen

Seine erfolgreiche Anti-Prokrastinations-Strategie umfasste mehrere Elemente:

1. Er begann jede Schreibsitzung mit einer kurzen Achtsamkeitsübung, um seine emotionalen Zustände wahrzunehmen, ohne von ihnen gesteuert zu werden

2. Er erstellte ein detailliertes "Prokrastinations-Inventar", das seine typischen Aufschiebemuster dokumentierte

3. Er nutzte die Pomodoro-Technik mit einer speziellen App, die Internetablenkungen während der Arbeitsintervalle blockierte

4. Er entwickelte ein gestaffeltes Belohnungssystem (kleine Belohnungen für tägliche Fortschritte, mittlere für abgeschlossene Kapitel, große für erreichte Meilensteine)

5. Er schuf ein "Schreib-Ritual", das positive Assoziationen mit dem Schreibprozess aufbaute

Nach drei Monaten dieser Praxis hatte sich seine Produktivität verdreifacht, und er konnte seine Dissertation fristgerecht einreichen.

2.5 Die Rolle von Emotionen im Handlungsprozess

Emotionen sind nicht nur Nebenprodukte unseres Handelns – sie sind zentrale Treiber. Jede Handlung wird von Emotionen begleitet, vorbereitet und oft auch ausgelöst. Ein tieferes Verständnis der emotionalen Dimension des Handelns kann uns helfen, unsere Handlungsfähigkeit deutlich zu steigern.

Die emotionalen Phasen des Handelns:

1. Die Vor-Handlungsphase: Bevor wir handeln, durchlaufen wir eine emotionale Bewertung der anstehenden Aufgabe:

- Ist die Aufgabe angenehm oder unangenehm?

- Fühlt sie sich bedrohlich oder herausfordernd an?

- Erweckt sie Neugier oder Langeweile?

- Löst sie Vorfreude oder Widerwillen aus?

Diese emotionale Bewertung – oft unbewusst – beeinflusst maßgeblich unsere Handlungsbereitschaft.

2. Die Initialphase: Der Moment des Beginns ist emotional besonders bedeutsam:

- Überwindungsgefühl beim Start schwieriger Aufgaben
- Aktivierungsenergie, die aufgebracht werden muss
- Anfängliche Widerstände, die überwunden werden

3. Die Durchführungsphase: Während der Handlung selbst können verschiedene Emotionen auftreten:

- Flow und Begeisterung bei optimaler Herausforderung
- Frustration bei Hindernissen
- Stolz bei Teilfortschritten
- Zweifel in Plateauphasen

4. Die Abschlussphase: Das Beenden einer Handlung hat eine eigene emotionale Qualität:

- Erleichterung und Zufriedenheit
- Stolz auf das Erreichte
- Vorfreude auf die Belohnung
- Manchmal auch Leere oder Antiklin

FOKUS-BOX

Emotionen sind nicht nur Begleiterscheinungen, sondern aktive Gestaltungselemente unseres Handelns. Wer seine emotionalen Muster erkennt und gezielt beeinflusst, kann seine Handlungsfähigkeit erheblich steigern.

Strategien zum emotionalen Handlungsmanagement:

1. Emotionales Priming: Stimme dich vor einer Handlung emotional ein:

- Nutze Musik, Bilder oder Erinnerungen, um förderliche Emotionen zu aktivieren

- Schaffe bewusst einen emotionalen Anker für wiederkehrende Aufgaben

- Beginne mit einer kurzen Aktivität, die positive Emotionen auslöst

2. Emotionale Neubewertung (Reappraisal): Interpretiere die emotionale Bedeutung einer Aufgabe bewusst um:

- Aus "ich muss" wird "ich darf"

- Aus "das ist schwierig" wird "das ist eine Chance zu wachsen"

- Aus "das ist langweilig" wird "das gibt mir Zeit zum Nachdenken"

3. Emotionales Momentum nutzen: Baue auf positiven emotionalen Zuständen auf:

- Nutze Phasen hoher Energie für anspruchsvolle Startphasen

- Plane "emotionale Kaskaden": Beginne mit kleinen, befriedigenden Aufgaben, um Momentum für größere aufzubauen

- Erkenne deinen persönlichen emotionalen Rhythmus und plane entsprechend

4. Mit Rückschlagsemotionen umgehen: Entwickle Strategien für emotionale Tiefpunkte:

- Selbstmitgefühl statt Selbstkritik

- Emotionale Erste-Hilfe-Kits für Frustrationsphasen

- Fortschrittstagebücher, um in schwierigen Phasen Perspektive zu bewahren

5. Emotionale Belohnungen personalisieren: Finde heraus, welche emotionalen Belohnungen für dich besonders wirksam sind:

- Stolz (durch Tracking und Visualization)

- Freude (durch angenehme Aktivitäten)

- Verbundenheit (durch Teilen von Erfolgen)

- Neugier (durch neue Herausforderungen)

Fallbeispiel: Lisas Fitness-Transformation

Lisa wollte seit Jahren regelmäßig Sport treiben, scheiterte aber immer wieder an ihrer mangelnden Motivation. Klassische Ansätze wie strikte Pläne und externe Belohnungen funktionierten nur kurzfristig. Der Durchbruch kam, als sie begann, die emotionale Dimension ihres Handelns zu berücksichtigen:

1. Sie erkannte, dass ihre negative emotionale Assoziation mit Sport aus unangenehmen Erfahrungen im Schulsport stammte

2. Sie praktizierte bewusstes emotionales Reframing: "Sport ist nicht Pflicht, sondern Selbstfürsorge"

3. Sie entwickelte ein persönliches "Vor-Workout-Ritual", das positive Emotionen auslöste (eine bestimmte Playlist, ein spezieller Tee)

4. Sie führte ein "Emotions-Tracking" nach jedem Workout ein und stellte fest, dass sie sich danach immer besser fühlte – eine Erkenntnis, die sie in schwierigen Momenten motivierte

5. Sie schuf "emotionale Anker" in ihrer Wohnung (strategisch platzierte Sportkleidung, inspirierende Bilder)

Nach sechs Monaten hatte Lisa nicht nur eine stabile Trainingsroutine etabliert, sondern auch eine völlig neue emotionale Beziehung zum Sport entwickelt. Das Training war von einer lästigen Pflicht zu einer Quelle positiver Emotionen geworden.

2.6 Selbstwirksamkeit als Treiber des Handelns

Ein zentraler psychologischer Faktor, der unsere Handlungsfähigkeit maßgeblich beeinflusst, ist unsere

Selbstwirksamkeitserwartung – der Glaube an die eigene Fähigkeit, durch Handeln gewünschte Ergebnisse zu erzielen.

Die vom Psychologen Albert Bandura entwickelte Selbstwirksamkeitstheorie gehört zu den am besten belegten Konzepten der Psychologie. Zahlreiche Studien zeigen: Menschen mit hoher Selbstwirksamkeitserwartung...

- beginnen häufiger mit herausfordernden Aufgaben

- bleiben angesichts von Hindernissen hartnäckiger

- erholen sich schneller von Rückschlägen

- erreichen bessere Ergebnisse in einer Vielzahl von Bereichen

- erleben weniger Stress und Angst während des Handelns

Die Quellen der Selbstwirksamkeit:

Bandura identifizierte vier Hauptquellen, aus denen wir unsere Selbstwirksamkeitsüberzeugungen speisen:

1. Eigene Erfolgserfahrungen (Mastery Experiences): Die stärkste Quelle der Selbstwirksamkeit sind persönliche Erfolgserlebnisse – Situationen, in denen wir durch eigenes Handeln etwas erreicht haben.

2. Stellvertretende Erfahrungen (Vicarious Experiences): Wir gewinnen Selbstwirksamkeit, wenn wir andere Menschen beobachten, die uns ähnlich sind und durch ihr Handeln Erfolge erzielen.

3. Soziale Überzeugung (Social Persuasion):
Ermutigung, konstruktives Feedback und Bestätigung
durch andere können unsere Selbstwirksamkeit stärken.

4. Physiologische und emotionale Zustände: Wie wir
uns körperlich und emotional fühlen, beeinflusst unsere
Einschätzung der eigenen Wirksamkeit. Stress, Angst
oder Erschöpfung können die Selbstwirksamkeit
untergraben.

FOKUS-BOX

**Selbstwirksamkeit ist nicht angeboren, sondern
erlernt und veränderbar. Durch gezielte Strategien
können wir unsere Selbstwirksamkeitsüberzeugungen
stärken und damit unsere Handlungsfähigkeit
fundamental verbessern.**

Strategien zur Stärkung der Selbstwirksamkeit:

1. Erfolgsleiter-Ansatz: Gestalte bewusst eine Abfolge
von erreichbaren Herausforderungen, bei denen jeder
Erfolg auf dem vorherigen aufbaut:

- Beginne mit kleinen, sicheren Erfolgen

- Steigere schrittweise den Schwierigkeitsgrad

- Dokumentiere jeden Erfolg sorgfältig

- Reflektiere bewusst deinen Anteil am Erfolg

2. Strategisches Modelllernen: Suche gezielt nach
Vorbildern, die dir ähnlich sind und in deinem Zielbereich
erfolgreich handeln:

- Analysiere ihre Herangehensweise und Strategien

- Achte besonders auf den Umgang mit Hindernissen

- Wenn möglich, tausche dich direkt mit ihnen aus

- Erinnere dich: "Wenn sie es können, kann ich es auch"

3. Selbstwirksamkeits-Tagebuch: Führe ein Tagebuch, das deine Erfolgserlebnisse und Wirksamkeitserfahrungen dokumentiert:

- Was hast du erreicht?

- Welche Hindernisse hast du überwunden?

- Welche Ressourcen und Stärken hast du eingesetzt?

- Was sagt dies über deine Fähigkeiten aus?

4. Attributionstraining: Lerne, Erfolge internen, stabilen Faktoren (deinen Fähigkeiten und Anstrengungen) zuzuschreiben:

- Ersetze "Ich hatte Glück" durch "Ich habe mich gut vorbereitet"

- Ersetze "Das war leicht" durch "Ich habe die richtigen Strategien angewendet"

- Ersetze "Jemand hat mir geholfen" durch "Ich habe klug Ressourcen genutzt"

5. Physiologische Selbstregulation: Lerne, deinen körperlichen und emotionalen Zustand positiv zu beeinflussen:

- Entspannungstechniken zur Stressreduktion

- Bewegung zur Stimmungsaufhellung

- Ausreichend Schlaf für emotionale Ausgeglichenheit

- Achtsamkeitspraktiken für mentale Klarheit

Fallbeispiel: Markus' Präsentationsangst

Markus, ein brillanter Ingenieur, vermied Präsentationen, weil frühere Erfahrungen ihn von seiner Unfähigkeit als Redner "überzeugt" hatten. Seine Selbstwirksamkeitserwartung in diesem Bereich war extrem niedrig.

Sein systematischer Ansatz zur Steigerung der Selbstwirksamkeit umfasste:

1. Die Erfolgsleiter: Er begann mit kurzen Präsentationen vor einem Kollegen, dann einer kleinen Gruppe, dann größeren Teams

2. Modelllernen: Er beobachtete intensiv andere Ingenieure (nicht professionelle Redner), die gut präsentierten, und analysierte ihre Techniken

3. Soziale Überzeugung: Er holte sich konstruktives Feedback von einem wohlwollenden Mentor

4. Physiologische Regulation: Er erlernte Atemtechniken, um seine Nervosität zu kontrollieren

Nach sechs Monaten war seine Selbstwirksamkeit so weit gestiegen, dass er freiwillig anbot, auf einer

Fachkonferenz zu sprechen – etwas, das er früher für unmöglich gehalten hätte.

2.7 Praktische Übungen und Reflexionen

Übung 1: Blockaden-Inventar Erstelle eine Liste deiner drei wichtigsten Ziele oder anstehenden Projekte. Beantworte für jedes:

- Welche mentalen Blockaden halten dich zurück?
- Welche Emotionen sind mit der Aufgabe verbunden?
- Welche spezifischen Gedanken tauchen auf, wenn du an die Umsetzung denkst?
- Welche der vorgestellten Techniken könnten dir helfen, diese Blockaden zu überwinden?

Übung 2: Handlungs- vs. Lageorientierungs-Self-Assessment Beantworte folgende Fragen ehrlich:

- Neigst du eher zum langen Analysieren oder zum schnellen Handeln?
- Wie gehst du mit Rückschlägen um? Verharrst du in der Analyse oder orientierst du dich schnell neu?
- Wie viel Zeit verbringst du mit Planung vs. Umsetzung?

- In welchen Lebensbereichen könntest du von mehr Handlungsorientierung profitieren?

- In welchen Bereichen könnte mehr Lageorientierung (tiefere Analyse) hilfreich sein?

Übung 3: WOOP-Technik anwenden Wähle ein wichtiges Ziel und wende die WOOP-Methode (Wish-Outcome-Obstacle-Plan) an:

- Wish: Formuliere deinen Wunsch klar und präzise

- Outcome: Stelle dir lebhaft vor, wie es sich anfühlt, wenn der Wunsch in Erfüllung geht

- Obstacle: Identifiziere das wichtigste innere Hindernis

- Plan: Erstelle einen Wenn-Dann-Plan, um dieses Hindernis zu überwinden

Übung 4: Anti-Prokrastinations-Strategie entwickeln Wähle eine Aufgabe, die du regelmäßig aufschiebst:

- Identifiziere die zugrunde liegende Emotion (Angst, Langeweile, Überwältigung, etc.)

- Wähle eine spezifische Anti-Prokrastinations-Technik aus diesem Kapitel

- Wende sie sieben Tage lang konsequent an

- Dokumentiere deine Erfahrungen und Erkenntnisse

Übung 5: Selbstwirksamkeits-Boost Wähle einen Bereich, in dem du deine Selbstwirksamkeit steigern möchtest:

- Identifiziere ein Vorbild, das in diesem Bereich erfolgreich ist

- Erstelle eine "Erfolgsleiter" mit 5-7 Stufen steigender Schwierigkeit

- Beginne mit der ersten Stufe und dokumentiere deinen Erfolg

- Reflektiere bewusst deinen eigenen Anteil am Erfolg

FOKUS-BOX: Kapitelzusammenfassung

- **Mentale Blockaden sind oft unbewusste Hindernisse, die uns trotz Motivation und Fähigkeiten vom Handeln abhalten**

- **Kognitive Strategien wie die mentale Kontrastierung helfen, Denkmuster zu verändern, die Handeln blockieren**

- **Handlungsorientierung vs. Lageorientierung sind unterschiedliche psychologische Dispositionen, die unser Handeln beeinflussen**

- **Prokrastination ist primär ein Problem des Emotionsmanagements, nicht des Zeitmanagements**

- **Emotionen sind zentrale Treiber unseres Handelns und können bewusst genutzt werden**

- **Selbstwirksamkeit – der Glaube an die eigene Handlungsfähigkeit – ist ein**

entscheidender Faktor für erfolgreiche Umsetzung

Reflexionsfragen:

1. Welche der beschriebenen mentalen Blockaden erkennst du bei dir selbst am häufigsten?

2. Wie beeinflusst deine Tendenz zur Handlungs- oder Lageorientierung dein tägliches Leben?

3. Welche emotionalen Muster behindern deine Handlungsfähigkeit am stärksten?

4. In welchen Bereichen ist deine Selbstwirksamkeitserwartung besonders hoch, in welchen besonders niedrig?

5. Wie könntest du die Strategien aus diesem Kapitel kombinieren, um deine persönliche Handlungsfähigkeit zu maximieren?

Action-Steps für Kapitel 2:

1. Identifiziere deine häufigste mentale Blockade und entwickle eine spezifische Gegenstrategie

2. Übe dich bewusst in handlungsorientierten Reaktionen in Situationen, wo du normalerweise zur Lageorientierung neigst

3. Erstelle ein Mini-Protokoll für den Umgang mit aufgeschobenen Aufgaben

4. Führe eine Woche lang ein Emotions-Tagebuch zu deinen Handlungen

5. Entwickle einen konkreten Plan zur Steigerung deiner Selbstwirksamkeit in einem wichtigen Lebensbereich

Kapitel 3:

Die Macht des Fokus

"Die Fähigkeit, sich für längere Zeit auf eine Sache zu konzentrieren, ist ein Prädiktor für Erfolg, der wichtiger ist als IQ." - Cal Newport

In einer Welt voller Ablenkungen ist die Fähigkeit, sich tief zu konzentrieren, zu einer Seltenheit geworden. Gleichzeitig war sie nie wertvoller als heute. In diesem Kapitel entdecken wir, was echter Fokus bedeutet, wie er funktioniert und wie wir ihn kultivieren können, um außergewöhnliche Resultate zu erzielen.

3.1 Was echter Fokus ist: Tiefenaufmerksamkeit vs. oberflächliche Konzentration

Fokus ist mehr als nur "Aufmerksamkeit schenken". Es gibt fundamentale Unterschiede zwischen oberflächlicher Konzentration und echter Tiefenaufmerksamkeit – Unterschiede, die sich sowohl in der Qualität der Erfahrung als auch in den Ergebnissen zeigen.

Oberflächliche Konzentration:

- **Fragmentiert**: Die Aufmerksamkeit springt zwischen verschiedenen Objekten und Gedanken

- **Reaktiv**: Reagiert auf äußere Reize und Unterbrechungen

- **Flach**: Berührt nur die Oberfläche von Problemen und Ideen

- **Erschöpfend**: Verbraucht viel mentale Energie für wenig Ertrag

- **Kurzlebig**: Kann nur kurze Zeit aufrechterhalten werden

Tiefenaufmerksamkeit (echter Fokus):

- **Singulär**: Die Aufmerksamkeit bleibt ungetrennt bei einem Objekt oder Gedankcn

- **Selbstgesteuert**: Wird bewusst gelenkt und gehalten, unabhängig von äußeren Reizen

- **Tief**: Dringt zum Kern von Problemen und Ideen vor

- **Energetisierend**: Kann, nach initialer Anstrengung, tatsächlich Energie erzeugen

- **Ausdauernd**: Kann über längere Zeiträume aufrechterhalten werden

FOKUS-BOX

Echter Fokus ist kein passiver Zustand, sondern eine aktive, kultivierte Fähigkeit. Er entsteht nicht durch Anstrengung, sondern durch die bewusste Lenkung der Aufmerksamkeit und die systematische Eliminierung von Ablenkungen.

Der Unterschied zwischen oberflächlicher und tiefer Aufmerksamkeit zeigt sich besonders in den Resultaten.

Mit oberflächlicher Konzentration können wir Routineaufgaben erledigen oder uns mit leichten Problemen beschäftigen. Tiefenaufmerksamkeit hingegen ermöglicht:

- Komplexe Problemlösung

- Kreative Durchbrüche

- Tiefes Lernen

- Handwerkliche Meisterschaft

- Herausragende Leistungen

In der heutigen "Aufmerksamkeitsökonomie" ist echter Fokus zu einer knappen Ressource geworden – und damit zu einem entscheidenden Wettbewerbsvorteil.

Fallbeispiel: Stefans Karrierewende

Stefan, ein Softwareentwickler, kämpfte mit seiner Produktivität. Trotz langer Arbeitstage schaffte er weniger als seine Kollegen und fühlte sich ständig erschöpft. Eine Analyse seiner Arbeitsweise offenbarte das Problem: Er verbrachte seinen Tag in einem Zustand fragmentierter Aufmerksamkeit – ständig unterbrochen von Benachrichtigungen, Meetings und spontanen Gesprächen.

Sein Wendepunkt kam, als er begann, gezielt Tiefenarbeit zu praktizieren:

1. Er blockierte täglich zwei 90-Minuten-Einheiten für ungestörte Arbeit

2. Er deaktivierte während dieser Zeit alle Benachrichtigungen

3. Er kommunizierte klar, dass er in diesen Zeiten nicht verfügbar war

4. Er nutzte ein Ritual, um in den Fokus-Zustand zu kommen (bestimmte Musik, Atemübungen)

Die Ergebnisse waren beeindruckend: In seinen Tiefenarbeits-Blöcken erledigte er mehr als im Rest des Tages zusammen. Seine Codequalität verbesserte sich, und er löste komplexe Probleme, an denen er zuvor wochenlang festhing. Nach drei Monaten dieser Praxis wurde er zum technischen Lead befördert – eine Position, die er sich vorher nicht zugetraut hätte.

3.2 Die neurologischen Grundlagen von Fokus und Ablenkung

Um die Fähigkeit zur Konzentration systematisch zu verbessern, hilft es, die neurologischen Grundlagen von Fokus und Ablenkung zu verstehen.

Wie Fokus im Gehirn funktioniert:

Fokus entsteht durch das Zusammenspiel mehrerer neuronaler Netzwerke:

1. Das Exekutive Aufmerksamkeitsnetzwerk: Dieses frontale Netzwerk ist für die bewusste Lenkung und Aufrechterhaltung der Aufmerksamkeit zuständig. Es ermöglicht uns, relevante Informationen zu priorisieren und irrelevante zu unterdrücken.

2. Das Salienz-Netzwerk: Dieses System entscheidet, welche Reize unsere Aufmerksamkeit verdienen. Es filtert die Flut eingehender Informationen und markiert nur die wichtigsten als "salient" (bedeutsam).

3. Das Default-Mode-Netzwerk: Dieses Netzwerk ist aktiv, wenn wir nicht auf externe Aufgaben fokussiert sind. Es ermöglicht Tagträumen, Selbstreflexion und kreatives Denken. Interessanterweise muss dieses Netzwerk deaktiviert werden, wenn wir uns auf eine spezifische Aufgabe konzentrieren wollen.

4. Das Belohnungssystem: Dopamin, ein Neurotransmitter im Belohnungssystem, spielt eine zentrale Rolle bei der Aufrechterhaltung von Fokus. Es wird freigesetzt, wenn wir etwas als lohnend empfinden, und motiviert uns, dabei zu bleiben.

Warum Ablenkung so mächtig ist:

Evolutionär ist unser Gehirn darauf programmiert, auf Veränderungen in der Umgebung zu reagieren – ein Überlebensmechanismus, der uns vor Gefahren schützen sollte. In der modernen Informationsumgebung wird dieser Mechanismus jedoch kontinuierlich ausgebeutet:

- **Der Neuheits-Bias**: Unser Gehirn reagiert stark auf neue Reize (z.B. Benachrichtigungen), da Neuheit evolutionär mit potentieller Belohnung oder Gefahr assoziiert wird.

- **Intermittierende Verstärkung**: Unvorhersehbare Belohnungen (wie bei Social Media) erzeugen starke Suchtmuster im Gehirn.

- **Kognitive Überlastung**: Je erschöpfter unser präfrontaler Kortex ist, desto anfälliger werden wir für Ablenkungen.

- **Dopamin-Loops**: Digitale Ablenkungen triggern kleine Dopamin-Ausschüttungen, die uns in

Schleifen aus Belohnungssuche gefangen halten können.

FOKUS-BOX

Unser Gehirn ist nicht für die moderne Informationsumgebung optimiert. Was uns einst das Überleben sicherte (Reaktion auf Reize), kann heute unsere Fähigkeit zum tiefen Fokus untergraben. Mit Verständnis und Training können wir jedoch neurologische Prozesse für statt gegen uns arbeiten lassen.

Neuroplastizität und Fokus-Training:

Die gute Nachricht: Unser Gehirn ist plastisch – es verändert sich durch wiederholte Erfahrungen. Wenn wir regelmäßig Tiefenfokus üben, stärken wir buchstäblich die neuronalen Netzwerke, die Konzentration ermöglichen.

Studien mit bildgebenden Verfahren zeigen, dass regelmäßige Fokus-Übungen (einschließlich Meditation) zu messbaren strukturellen Veränderungen in Gehirnregionen führen, die für Aufmerksamkeitssteuerung wichtig sind – insbesondere im präfrontalen Kortex und im anterioren cingulären Kortex.

Je öfter wir uns fokussieren, desto leichter wird es – ein selbstverstärkender Kreislauf positiver neuroplastischer Veränderungen.

Praktische Implikationen:

Aus diesen neurologischen Erkenntnissen ergeben sich direkte praktische Konsequenzen:

1. **Mentale Erschöpfung ernst nehmen**: Die Fähigkeit zur Aufmerksamkeitssteuerung ist eine begrenzte Ressource, die sich erschöpfen kann.

2. **Regenerationszeiten einplanen**: Das Gehirn braucht Pausen zwischen intensiven Fokus-Perioden.

3. **Ablenkungsquellen systematisch eliminieren**: Jede potentielle Ablenkung erhöht die kognitive Last.

4. **Fokus regelmäßig trainieren**: Wie ein Muskel wird die Fokus-Fähigkeit durch regelmäßiges Training stärker.

5. **Tiefe Arbeit zeitlich begrenzen**: Selbst mit Training sind 4-5 Stunden tiefer Fokus pro Tag das Maximum für die meisten Menschen.

3.3 Deep Work: Tiefenarbeit als Produktivitätsturbo

Der Begriff "Deep Work" (Tiefenarbeit), geprägt vom Informatikprofessor Cal Newport, bezeichnet eine professionelle Aktivität, die in einem Zustand störungsfreier Konzentration durchgeführt wird und die kognitiven Fähigkeiten bis an ihre Grenzen fordert. Tiefenarbeit erzeugt Wert, verbessert Fähigkeiten und ist schwer zu replizieren.

Im Gegensatz dazu steht "Shallow Work" (oberflächliche Arbeit): logistisch orientierte, wenig anspruchsvolle Aufgaben, die oft in einem Zustand der Ablenkung erledigt werden können. Sie erzeugen wenig neuen Wert und könnten relativ leicht repliziert werden.

Die wachsende Bedeutung von Tiefenarbeit:

In der heutigen Wirtschaft wird Tiefenarbeit immer wertvoller, während gleichzeitig die Fähigkeit dazu immer seltener wird:

- **Technologische Entwicklung**: Komplexe Systeme erfordern tiefes Verständnis und Konzentration

- **Lernnotwendigkeit**: Kontinuierliches Lernen wird in fast allen Berufen wichtiger

- **Qualität als Differenzierungsmerkmal**: In einer Welt der Massenproduktion wird Qualität zum entscheidenden Faktor

- **Zunehmende Ablenkungen**: Während der Bedarf an Tiefenarbeit steigt, nimmt die Umgebung, die sie unterstützt, ab

Die vier Tiefenarbeits-Philosophien:

Newport beschreibt vier verschiedene Ansätze, um Tiefenarbeit in den Alltag zu integrieren:

1. Die monastische Philosophie: Radikale Minimierung oder Eliminierung oberflächlicher Verpflichtungen, um maximale Tiefenarbeit zu ermöglichen. Beispiel: Ein Wissenschaftler, der sich monatelang zurückzieht, um an einem Durchbruch zu arbeiten.

2. Die bimodale Philosophie: Aufteilung des Lebens in klar definierte Tiefenarbeits- und Normalperioden. Beispiel: Eine Professorin, die während der Semesterferien ausschließlich forscht und währenddessen alle anderen Verpflichtungen minimiert.

3. Die rhythmische Philosophie: Integration regelmäßiger Tiefenarbeitsblöcke in den Alltag. Beispiel: Ein Manager, der jeden Morgen von 6:00 bis 8:30 Uhr ungestört an strategischen Projekten arbeitet.

4. Die journalistische Philosophie: Opportunistische Nutzung jeder verfügbaren Zeitlücke für Tiefenarbeit. Beispiel: Eine vielbeschäftigte Journalistin, die zwischen Terminen fokussierte Arbeitsphasen einschiebt.

Keine dieser Philosophien ist per se besser als die anderen – die beste Wahl hängt von deiner persönlichen Situation, deinen beruflichen Anforderungen und deinem Temperament ab.

FOKUS-BOX

Tiefenarbeit ist keine natürliche Gewohnheit, sondern eine bewusst kultivierte Disziplin. Sie erfordert klare Regeln, konsistente Praxis und eine unterstützende Umgebung – und sie zahlt sich durch außergewöhnliche Resultate aus.

Rituale für erfolgreiche Tiefenarbeit:

Um Tiefenarbeit zu einer nachhaltigen Praxis zu machen, helfen bewusst gestaltete Rituale:

1. Räumliche Rituale:

- Bestimme einen spezifischen Ort für Tiefenarbeit

- Entferne potentielle Ablenkungen von diesem Ort

- Schaffe visuelle Signale für den Fokus-Modus (z.B. ein bestimmter Gegenstand auf dem Schreibtisch)

2. Zeitliche Rituale:

- Definiere präzise Start- und Endzeiten für Tiefenarbeit

- Bestimme im Voraus, wie lange du arbeiten wirst

- Messe und verfolge deine Tiefenarbeitszeiten

3. Methodische Rituale:

- Lege vor Beginn dein spezifisches Ziel fest

- Definiere Regeln (z.B. kein Internet, keine Unterbrechungen)

- Bestimme, wie du mit Ablenkungen umgehen wirst

4. Unterstützende Rituale:

- Etabliere eine Vor-Tiefenarbeits-Routine (z.B. kurze Meditation, Spaziergang)

- Stelle sicher, dass deine Grundbedürfnisse (Hunger, Durst, Ausruhen) erfüllt sind

- Bereite benötigte Ressourcen vor, um Unterbrechungen zu vermeiden

Fallbeispiel: Annas Schreibdurchbruch

Anna, eine Marketingspezialistin und angehende Autorin, versuchte seit Jahren, neben ihrem Job ein Buch zu schreiben. Trotz bester Absichten kam sie kaum voran. Nach dem Studium des Deep Work-Konzepts entwickelte sie ein personalisiertes System:

1. Sie wählte die rhythmische Philosophie: Jeden Dienstag und Donnerstag von 5:00 bis 7:30 Uhr und jeden Samstag von 8:00 bis 12:00 Uhr

2. Sie gestaltete ihren Schreibtisch als Tiefenarbeitsort mit minimalistischer Einrichtung

3. Sie entwickelte ein Start-Ritual: Tee kochen, Kerze anzünden, drei Minuten meditieren

4. Sie setzte sich klare Wortmengenziele für jede Sitzung

5. Sie blockierte das Internet während ihrer Schreibzeiten mit einer Spezial-Software

Nach sechs Monaten dieser konsequenten Praxis hatte sie den ersten Entwurf ihres Buches fertiggestellt – etwas, das ihr in den drei Jahren zuvor nicht gelungen war. Der Schlüssel war nicht mehr Zeit, sondern mehr Tiefe in der verfügbaren Zeit.

3.4 Fokustechniken für den Alltag

Nicht jeder kann oder möchte sein Leben radikal umgestalten, um maximale Tiefenarbeit zu ermöglichen. Zum Glück gibt es zahlreiche praktische Techniken, die sich in fast jeden Alltag integrieren lassen und die Fokus-Fähigkeit deutlich verbessern können.

Die Pomodoro-Methode:

Diese von Francesco Cirillo entwickelte Technik ist ein perfekter Einstieg in fokussiertes Arbeiten:

1. Wähle eine Aufgabe aus

2. Stelle einen Timer auf 25 Minuten

3. Arbeite ohne Unterbrechung, bis der Timer klingelt

4. Mache 5 Minuten Pause

5. Nach vier "Pomodoros" mache eine längere Pause (15-30 Minuten)

Die Pomodoro-Technik funktioniert aus mehreren Gründen so gut:

- Sie macht die Zeit sichtbar und konkret

- Sie schafft einen klaren Anfang und ein klares Ende

- Sie nutzt Parkinson's Law (Arbeit dehnt sich aus, um die verfügbare Zeit zu füllen)

- Sie macht Fokus zu einer überwindbaren Herausforderung ("Nur 25 Minuten")

- Sie integriert regelmäßige Pausen, die langfristigen Fokus unterstützen

Timeboxing:

Diese Technik geht einen Schritt weiter als Pomodoro, indem sie spezifische Zeitblöcke für bestimmte Aufgaben reserviert:

1. Plane im Voraus spezifische Zeitblöcke für wichtige Aufgaben

2. Definiere genau, was in dieser Zeit erreicht werden soll

3. Behandle diese Zeitblöcke als unantastbare Termine mit dir selbst

4. Arbeite ausschließlich an der definierten Aufgabe während dieses Zeitblocks

Timeboxing verwandelt vage Absichten ("Ich sollte an Projekt X arbeiten") in konkrete Verpflichtungen ("Dienstag, 10:00-12:00 Uhr: Abschnitt Y von Projekt X erledigen").

Aufmerksamkeitsanker setzen:

Diese subtilere Technik hilft, den Geist bei einer Aufgabe zu halten:

1. Identifiziere einen "Anker" – ein physisches oder mentales Signal, das dich zur Aufgabe zurückbringt

2. Wann immer du bemerkst, dass deine Gedanken abschweifen, nutze den Anker, um zurückzukehren

3. Trainiere dich darin, Ablenkungen frühzeitig zu erkennen

Beispiele für Aufmerksamkeitsanker:

- Ein bewusster Atemzug

- Ein kurzes Mantra ("Fokus jetzt")

- Eine bestimmte Körperhaltung

- Ein visueller Fokuspunkt auf dem Schreibtisch

FOKUS-BOX

Die effektivsten Fokustechniken kombinieren äußere Struktur (wie Zeitmanagement) mit innerem Training (wie Aufmerksamkeitslenkung). Mit konsequenter Anwendung verändern sie nicht nur deine Produktivität, sondern deine gesamte Beziehung zur Arbeit.

Die 90-Minuten-Fokusblöcke:

Basierend auf dem natürlichen Ultradian-Rhythmus des Körpers (90-Minuten-Zyklen von höherer und niedrigerer Alertheit) kann diese Methode besonders nachhaltig sein:

1. Plane 90-Minuten-Blöcke für Tiefenarbeit

2. Arbeite ohne Unterbrechung während des gesamten Blocks

3. Mache anschließend 20-30 Minuten echte Pause

4. Maximiere die Zahl dieser Blöcke auf 3-4 pro Tag

Der Aufmerksamkeits-Wiederherstellungs-Ansatz:

Diese auf der Attention Restoration Theory basierende Technik nutzt die regenerativen Eigenschaften der Natur:

1. Führe fokussierte Arbeit in Blöcken von 50-90 Minuten durch

2. Mache dann eine 10-20-minütige "Naturpause" (Spaziergang im Grünen, Blick auf Pflanzen oder Wasser)

3. Kehre mit erneuerter Aufmerksamkeitsfähigkeit zur Arbeit zurück

Studien zeigen, dass schon kurze Naturkontakte die Aufmerksamkeitsfähigkeit deutlich verbessern können.

Fallbeispiel: Tims Fokus-Transformation

Tim, ein Projektmanager mit ADHS-Diagnose, kämpfte besonders mit Fokus-Problemen. Nach mehreren gescheiterten Versuchen entwickelte er ein personalisiertes System aus verschiedenen Fokustechniken:

1. Morgens nutzte er die 90-Minuten-Methode für seine anspruchsvollsten Aufgaben

2. Nachmittags, wenn seine Konzentration natürlich abnahm, wechselte er zur Pomodoro-Technik mit kürzeren Intervallen

3. Er integrierte Naturpausen in seinen Arbeitsrhythmus (ein nahegelegener Park)

4. Er setzte visuelle Aufmerksamkeitsanker (ein roter Stein auf seinem Schreibtisch)

5. Er führte ein Fokus-Tagebuch, um Muster und Fortschritte zu erkennen

Das Ergebnis: Obwohl seine ADHS-Symptome nicht verschwanden, konnte Tim seine Produktivität verdreifachen und komplexe Projekte bewältigen, die ihm zuvor unmöglich erschienen. Der Schlüssel lag in der

Anpassung der Techniken an seine spezifischen Herausforderungen und im konsequenten Tracking seiner Fortschritte.

3.5 Vom Fokus zum Flow-Zustand

Der Flow-Zustand – jenes Phänomen vollständiger Immersion und müheloser Konzentration, das der Psychologe Mihaly Csikszentmihalyi erforschte – stellt die höchste Form des Fokus dar. In diesem Zustand verschmelzen Handlung und Bewusstsein, die Zeitwahrnehmung verändert sich, und wir erleben ein Gefühl von Kontrolle und intrinsischer Belohnung.

Die Voraussetzungen für Flow:

Flow entsteht nicht zufällig, sondern unter spezifischen Bedingungen:

1. Klare Ziele: Der Geist braucht eine eindeutige Richtung, um in Flow zu kommen. Unklarheit über das Ziel führt zu mentaler Ablenkung.

2. Unmittelbares Feedback: Wir müssen kontinuierlich wissen, wie gut wir uns der Aufgabe nähern. Diese ständige Rückmeldung hält uns im Moment.

3. Balance zwischen Fähigkeit und Herausforderung: Die Aufgabe muss herausfordernd genug sein, um Engagement zu erfordern, aber nicht so schwierig, dass sie überwältigt:

- Zu leicht → Langeweile

- Zu schwer → Angst

- Optimal → Flow

4. Tiefe Konzentration: Flow erfordert eine Umgebung und einen mentalen Zustand, die tiefe Konzentration ermöglichen. Unterbrechungen und Ablenkungen verhindern Flow.

5. Intrinsische Motivation: Flow tritt häufiger bei Aktivitäten auf, die wir um ihrer selbst willen genießen, nicht nur wegen externer Belohnungen.

FOKUS-BOX

Der Flow-Zustand ist kein mystisches Phänomen, sondern ein natürlicher Bewusstseinszustand, der unter bestimmten Bedingungen entsteht. Durch bewusste Gestaltung dieser Bedingungen können wir die Häufigkeit und Tiefe von Flow-Erlebnissen systematisch steigern.

Strategien zur Flow-Förderung:

1. Die Flow-Trigger-Methode: Identifiziere persönliche "Auslöser", die dir helfen, in den Flow-Zustand zu kommen:

- Physische Auslöser (bestimmte Musik, Raumgestaltung, Körperhaltung)

- Mentale Auslöser (spezifische Gedanken, Visualisierungen, Intentionen)

- Soziale Auslöser (bestimmte Personen oder Gruppen, die Flow fördern)

- Kreative Auslöser (inspirierende Bilder, Texte, Ideen)

2. Die 4% Rule: Suche Aufgaben und Situationen, die etwa 4% über deinem aktuellen Fähigkeitsniveau liegen:

- Diese Herausforderungsebene fördert Flow optimal

- Zu gering (1-2%) → nicht engagierend genug

- Zu hoch (10%+) → erzeugt Stress statt Flow

3. Das Flow-Segment-Training: Zerlege komplexe Aufgaben in Flow-optimierte Segmente:

- Jedes Segment sollte klare Ziele haben

- Jedes Segment sollte 30-90 Minuten dauern

- Jedes Segment sollte unmittelbares Feedback liefern

4. Die Clear-to-Create-Technik: Schaffe eine mentale Leere vor Flow-Sitzungen:

- Schreibe alle offenen Aufgaben und Gedanken auf

- Kläre potenzielle Störfaktoren im Voraus

- Führe ein kurzes Ritual durch, um den Geist zu klären

5. Die Flow-Tagebuch-Methode: Dokumentiere systematisch deine Flow-Erlebnisse:

- Wann und wo sie auftreten

- Welche Bedingungen sie fördern

- Wie du dich während und danach fühlst

- Welche Hindernisse Flow blockieren

Fallbeispiel: Elenas kreative Durchbrüche

Elena, eine Grafikdesignerin, kämpfte mit Kreativblockaden und unregelmäßiger Produktivität. Obwohl sie ihr Handwerk beherrschte, fand sie es schwierig, konsistent hochwertige Arbeit zu liefern. Ihre Entdeckung des Flow-Konzepts führte zu einer systematischen Transformation ihres Arbeitsprozesses:

1. Sie identifizierte ihre persönlichen Flow-Trigger: Instrumentalmusik mit 60-80 BPM, ein großer leerer Schreibtisch, stehende Arbeit, und erste Skizzen mit Stift statt am Computer

2. Sie entwickelte ein Flow-Einstiegs-Ritual: 5 Minuten freies Zeichnen, gefolgt von einer kurzen Atemübung

3. Sie strukturierte Projekte in Flow-optimierte Segmente von 60-90 Minuten

4. Sie schuf eine "Flow-Zone" in ihrem Home-Office, die ausschließlich für kreative Tiefenarbeit reserviert war

5. Sie führte ein Flow-Tagebuch, um ihre optimalen Bedingungen zu identifizieren

Nach sechs Monaten dieser Praxis hatte Elena nicht nur ihre Produktivität verdoppelt, sondern auch die Qualität ihrer Arbeit deutlich gesteigert. Sie gewann zwei Designpreise und konnte ihre Preise erhöhen. Das Wichtigste aber war die veränderte Beziehung zu ihrer Arbeit: Was zuvor oft anstrengend erschien, wurde nun regelmäßig zur Quelle tiefer Erfüllung.

3.6 Multitasking-Mythen entlarven

Wenige Produktivitätsmythen sind so hartnäckig und schädlich wie der Glaube an die Effizienz des Multitaskings. Die neurowissenschaftliche Forschung der letzten Jahrzehnte zeichnet ein eindeutiges Bild: Das menschliche Gehirn ist nicht für Multitasking konzipiert.

Die wissenschaftliche Realität des Multitaskings:

Was wir als "Multitasking" bezeichnen, ist in Wirklichkeit "Task-Switching" – das schnelle Hin- und Herwechseln zwischen verschiedenen Aufgaben. Dieses Umschalten verursacht messbare kognitive Kosten:

1. Der Switch-Cost-Effekt: Jeder Aufgabenwechsel verursacht eine kognitive Verzögerung von 0,3 bis 1,5 Sekunden. Bei häufigem Wechseln summieren sich diese Verzögerungen zu erheblichen Zeitverlusten.

2. Erhöhte Fehlerrate: Studien zeigen, dass die Fehlerrate bei häufigem Task-Switching um 50% oder mehr ansteigen kann.

3. Oberflächlichere Verarbeitung: Bei geteilter Aufmerksamkeit verarbeitet das Gehirn Informationen oberflächlicher, was zu geringerem Verständnis und schlechterer Erinnerung führt.

4. Mentale Erschöpfung: Task-Switching verbraucht überproportional viel Glukose im Gehirn und führt schneller zu mentaler Erschöpfung.

5. Dopamin-Addiction: Häufiges Wechseln kann süchtig machen, da jeder Wechsel einen kleinen Dopamin-Kick auslöst – ähnlich wie bei anderen Suchtverhalten.

Die realen Kosten des Multitaskings:

Die Auswirkungen von Multitasking gehen weit über reduzierte Effizienz hinaus:

- **Produktivitätsverluste von 40%**: Laut Forschung der University of London kann häufiges Multitasking die Produktivität um bis zu 40% reduzieren.

- **IQ-Reduktion**: Eine Studie zeigte, dass Multitasking den funktionellen IQ temporär um 10-15 Punkte senken kann – mehr als eine schlaflose Nacht oder Marihuana-Konsum.

- **Kreativitätsdefizit**: Geteilte Aufmerksamkeit verhindert die tiefe kognitive Verarbeitung, die für kreative Durchbrüche notwendig ist.

- **Stresserhöhung**: Multitasking erhöht nachweislich Stresshormone und kann langfristig zu Burnout beitragen.

FOKUS-BOX

Multitasking ist keine Fähigkeit, die man verbessern kann, sondern ein fundamentales Missverständnis darüber, wie unser Gehirn funktioniert. Die produktivste Herangehensweise ist nicht, schneller zwischen Aufgaben zu wechseln, sondern weniger zu wechseln.

Strategien für monotasking Exzellenz:

1. Die Aufgaben-Batching-Methode: Gruppiere ähnliche Aufgaben und erledige sie in dedizierten Zeitblöcken:

- E-Mail-Block: 2-3 Mal täglich für je 30 Minuten

- Meeting-Block: Besprechungen an bestimmten Tagen/Zeiten konzentrieren

- Kreativ-Block: Ungestörte Zeit für schöpferische Arbeit

2. Das MIT-Prinzip (Most Important Task): Identifiziere täglich deine wichtigste Aufgabe und erledige sie zuerst in einer dedizierten, ungestörten Session.

3. Die Kontextwechsel-Minimierung: Reduziere bewusst die Anzahl der Kontextwechsel in deinem Arbeitsalltag:

- Thematisch ähnliche Projekte nacheinander bearbeiten

- Werkzeug- und Plattformwechsel minimieren

- Räumliche Kontexte für bestimmte Aufgabentypen schaffen

4. Die Ablenkungsdiet: Eliminiere systematisch potentielle Ablenkungsquellen:

- Benachrichtigungen deaktivieren

- Social Media-Apps vom Smartphone entfernen

- E-Mail-Client nur zu bestimmten Zeiten öffnen

- "Nicht stören"-Zeiten etablieren und kommunizieren

5. Die Kontextuelle Aufgabenplanung: Plane Aufgaben basierend auf deinem energetischen und mentalen Zustand:

- Hochfokus-Zeiten für komplexe, kreative Arbeit

- Mittlere Fokus-Zeiten für standardisierte, aber wichtige Aufgaben

- Niedrigfokus-Zeiten für administrative, routinemäßige Aufgaben

Fallbeispiel: Roberts Fokus-Revolution

Robert, ein Vertriebsleiter, galt als "großartiger Multitasker" – immer erreichbar, reagierte sofort auf E-Mails, jonglierte gleichzeitig mit Dutzenden von Anfragen. Doch trotz 60-Stunden-Wochen hinkte er bei strategischen Projekten hinterher und fühlte sich ständig überfordert.

Ein Coaching offenbarte das Problem: Seine "Multitasking-Fähigkeit" war in Wirklichkeit eine tiefverwurzelte Ablenkungssucht. Seine Transformation umfasste:

1. Eine radikale "Ablenkungsdiet": Deaktivierung aller Benachrichtigungen, E-Mail-Checks nur 3x täglich

2. Einführung von Aufgaben-Batching: Dedizierte Zeitblöcke für Kundengespräche, Teammanagement, strategische Planung

3. Implementierung des MIT-Prinzips: Jeden Morgen 90 Minuten für das wichtigste strategische Projekt

4. Kommunikation klarer Erreichbarkeitszeiten an sein Team und Kunden

Die Ergebnisse überraschten ihn selbst: Nach drei Monaten hatte er mehr strategische Projekte abgeschlossen als im gesamten Vorjahr. Seine Verkaufszahlen stiegen um 23%, während seine Arbeitszeit auf 45 Stunden pro Woche sank. Das Feedback seines Teams und seiner Kunden war durchweg positiv – trotz (oder gerade wegen) seiner reduzierten ständigen Verfügbarkeit.

3.7 Praktische Übungen und Reflexionen

Übung 1: Fokus-Fitness-Test Führe eine Baseline-Messung deiner aktuellen Fokus-Fähigkeit durch:

- Wähle eine mittelkomplexe Aufgabe (Lesen, Schreiben, Problemlösen)

- Stelle einen Timer auf 30 Minuten

- Arbeite ohne jede Ablenkung oder Unterbrechung

- Notiere, wie oft deine Gedanken abschweifen

- Bewerte deine Konzentrationsfähigkeit auf einer Skala von 1-10

- Wiederhole diesen Test nach 30 Tagen regelmäßigen Fokus-Trainings

Übung 2: Digitale Ablenkungsanalyse Führe für 3 Tage ein detailliertes "Ablenkungstagebuch":

- Notiere jede digitale Ablenkung (Benachrichtigung, Impuls zum Mailcheck, etc.)

- Halte Zeit, Kontext und emotionalen Zustand fest

- Analysiere: Welche Muster erkennst du? Wann bist du besonders anfällig?

- Entwickle basierend auf den Erkenntnissen einen Aktionsplan zur Ablenkungsminimierung

Übung 3: Pomodoro-Challenge Wende die Pomodoro-Methode eine Woche lang konsequent an:

- Beginne mit 3 Pomodoros (25 Min. Arbeit, 5 Min. Pause) pro Tag

- Steigere schrittweise auf 6-8 Pomodoros für anspruchsvolle Aufgaben

- Führe ein Pomodoro-Tagebuch: Wie viele schaffst du? Wie fühlt es sich an?

- Experimentiere mit der Länge (25 vs. 45 Min.) und finde deine optimale Einstellung

Übung 4: Flow-Profil erstellen Analysiere deine persönlichen Flow-Bedingungen:

- Erinnere dich an 3-5 Situationen intensiven Flows aus deiner Vergangenheit

- Notiere für jede Situation: Kontext, Aufgabentyp, Zeit, Ort, soziale Umgebung

- Identifiziere gemeinsame Muster und Auslöser

- Entwickle basierend darauf dein persönliches "Flow-Rezept"

Übung 5: Tiefenarbeit-Integration Wähle eine der vier Tiefenarbeits-Philosophien und integriere sie in deinen Alltag:

- Setze einen realistischen Zeitrahmen (1-2 Wochen für den Anfang)

- Definiere klare Regeln für deine Tiefenarbeitsperioden

- Etabliere unterstützende Rituale

- Führe ein Tiefenarbeits-Tagebuch: Quantität, Qualität, Hindernisse, Erfolgserlebnisse

FOKUS-BOX: Kapitelzusammenfassung

- **Echter Fokus geht weit über oberflächliche Konzentration hinaus und ermöglicht außergewöhnliche Leistungen**

- **Die neurologischen Grundlagen des Fokus zeigen, dass unser Gehirn für tiefe Konzentration, nicht für ständigen Kontextwechsel optimiert ist**

- **Tiefenarbeit (Deep Work) ist eine systematisch kultivierte Praxis, die in verschiedenen Philosophien organisiert werden kann**

- **Praktische Fokustechniken wie Pomodoro, Timeboxing und Aufmerksamkeitsanker lassen sich in fast jeden Alltag integrieren**

- **Der Flow-Zustand als höchste Form des Fokus folgt spezifischen Gesetzmäßigkeiten und kann bewusst gefördert werden**

- **Multitasking ist ein schädlicher Mythos, der nachweislich die Produktivität, Kreativität und das Wohlbefinden reduziert**

Reflexionsfragen:

1. In welchen Situationen erlebst du regelmäßig tiefen Fokus? Was sind die gemeinsamen Elemente dieser Situationen?

2. Welche spezifischen Ablenkungsquellen beeinträchtigen deinen Fokus am stärksten?

3. Welche der vier Tiefenarbeits-Philosophien passt am besten zu deiner Lebens- und Arbeitssituation?

4. Wann hast du zuletzt einen echten Flow-Zustand erlebt? Wie könntest du ähnliche Erfahrungen häufiger herbeiführen?

5. Welcher Aspekt des Fokus-Trainings erscheint dir am herausforderndsten und warum?

Action-Steps für Kapitel 3:

1. Etabliere täglich mindestens einen ungestörten Tiefenarbeitsblock von 30-90 Minuten

2. Führe eine radikale "Digitale Ablenkungsminimierung" durch

(Benachrichtigungen, automatische E-Mail-Checks, etc.)

3. Experimentiere mit einer spezifischen Fokustechnik (Pomodoro, Timeboxing oder 90-Minuten-Blöcke) für mindestens 7 Tage

4. Erstelle dein persönliches Tiefenarbeits-Ritual (Ort, Zeit, Einstiegsroutine)

5. Evaluiere nach 30 Tagen deine Fortschritte mit dem Fokus-Fitness-Test

Kapitel 4

"Produktivität ist niemals ein Unfall. Sie ist immer das Ergebnis einer Verpflichtung zur Exzellenz, intelligenter Planung und fokussierter Anstrengung." - Paul J. Meyer

Was ist wahre Produktivität? Ist es, mehr Aufgaben in kürzerer Zeit zu erledigen? Ist es, länger zu arbeiten als andere? Oder ist es etwas ganz anderes? In diesem Kapitel werden wir das Wesen echter Produktivität untersuchen und lernen, sie von bloßer Geschäftigkeit zu unterscheiden.

4.1 Der Unterschied zwischen Geschäftigkeit und echter Produktivität

In unserer schnelllebigen Kultur wird Geschäftigkeit oft mit Produktivität verwechselt. Diese Verwechslung führt zu einem Teufelskreis aus Stress, Überlastung und paradoxerweise geringeren Ergebnissen. Um diesen

Kreislauf zu durchbrechen, müssen wir zunächst den fundamentalen Unterschied zwischen beiden Zuständen verstehen.

Geschäftigkeit:

Geschäftigkeit ist gekennzeichnet durch:

- **Aktivitätsfokus**: Der Fokus liegt auf dem "Tun" selbst, unabhängig vom Ergebnis

- **Reaktives Verhalten**: Handeln als Reaktion auf externe Anforderungen

- **Quantitätsdenken**: Erfolg wird an der Menge erledigter Aufgaben gemessen

- **Zeitinvestition**: Je mehr Zeit investiert wird, als desto "produktiver" gilt man

- **Konstante Erreichbarkeit**: Immer verfügbar und reaktionsschnell sein

- **Multitasking**: Viele Dinge gleichzeitig tun

- **Erschöpfung**: Führt langfristig zu Burnout und sinkender Leistungsfähigkeit

Wahre Produktivität:

Echte Produktivität hingegen zeichnet sich aus durch:

- **Ergebnisfokus**: Der Fokus liegt auf wertvollen Ergebnissen, nicht auf Aktivität

- **Proaktives Handeln**: Handeln basierend auf bewussten Entscheidungen und Prioritäten

- **Qualitätsdenken**: Erfolg wird an der Wertschöpfung und Wirkung gemessen

- **Energieinvestition**: Optimaler Einsatz von Energie für maximale Wirkung

- **Strategische Nichtverfügbarkeit**: Bewusstes Abschalten für tiefe Arbeit

- **Monotasking**: Konzentriertes Arbeiten an einer Sache

- **Nachhaltigkeit**: Langfristige Balance zwischen Leistung und Regeneration

FOKUS-BOX

Geschäftigkeit fühlt sich produktiv an, erzeugt aber oft wenig von bleibendem Wert. Wahre Produktivität fühlt sich manchmal weniger aktiv an, führt aber zu bedeutsamen Ergebnissen und nachhaltiger Leistungsfähigkeit.

Die Produktivitäts-Illusion:

Ein besonders tückisches Phänomen ist die "Produktivitäts-Illusion" – das Gefühl, produktiv zu sein, obwohl man tatsächlich nur beschäftigt ist. Diese Illusion entsteht aus mehreren psychologischen Faktoren:

1. Der Aktivitäts-Bias: Unser Gehirn belohnt uns mit Dopamin für das Abhaken von Aufgaben, unabhängig von deren Wichtigkeit. So fühlen wir uns gut, wenn wir viele kleine, unwichtige Aufgaben erledigen – obwohl wir die wirklich wichtigen Dinge vernachlässigen.

2. Die Verfügbarkeits-Falle: Ständige Erreichbarkeit und sofortige Reaktion auf Anfragen werden oft als "verantwortungsvoll" und "produktiv" angesehen, obwohl sie tiefe, wertschöpfende Arbeit unmöglich machen.

3. Die soziale Validierung: In vielen Arbeitsumgebungen wird Geschäftigkeit sozial belohnt. Wer ständig in Meetings ist, immer unter Zeitdruck steht und spät abends noch E-Mails schreibt, wird oft als besonders engagiert wahrgenommen.

Wie du Geschäftigkeit erkennst:

Um aus dem Teufelskreis der Geschäftigkeit auszubrechen, musst du sie zunächst erkennen. Hier sind einige Warnsignale:

- Du bist ständig beschäftigt, siehst aber wenig konkrete Ergebnisse

- Du reagierst hauptsächlich auf Anfragen anderer statt eigene Prioritäten zu verfolgen

- Du fühlst dich am Ende des Tages erschöpft, kannst aber kaum sagen, was du wirklich erreicht hast

- Du verbringst den Großteil deiner Zeit mit Kommunikation statt mit Produktion

- Du fühlst dich schuldig, wenn du nicht sofort auf Nachrichten antwortest

- Du verwechselst Hektik mit Effizienz

Fallbeispiel: Michaels Wandel von Geschäftigkeit zu Produktivität

Michael, ein mittlerer Manager in einem Technologieunternehmen, war berüchtigt für seine

"24/7-Verfügbarkeit". Er beantwortete E-Mails um Mitternacht, nahm an jedem Meeting teil und arbeitete regelmäßig am Wochenende. Trotz dieses enormen Zeiteinsatzes stagnierten seine Projekte, und sein Team wirkte überfordert.

Eine tiefgreifende Analyse seines Arbeitsstils offenbarte das Problem: Michael war extrem beschäftigt, aber kaum produktiv. 70% seiner Zeit verbrachte er mit reaktiven Tätigkeiten (E-Mails, spontane Meetings, Krisenmanagement), während strategische Arbeit und wirkliche Führung zu kurz kamen.

Seine Transformation begann mit einer radikalen Neuausrichtung:

1. Er analysierte alle seine Aktivitäten nach ihrem tatsächlichen Wertbeitrag

2. Er reduzierte seine E-Mail-Checks auf dreimal täglich

3. Er lehnte 50% der Meetinganfragen ab oder delegierte sie

4. Er reservierte die ersten zwei Stunden jedes Tages für strategische Arbeit

5. Er kommunizierte klar die Zeiten seiner Verfügbarkeit und Nichtverfügbarkeit

Nach drei Monaten hatte sich die Situation grundlegend gewandelt: Michaels Arbeitswoche schrumpfte von 65 auf 45 Stunden, während sein Team mehr Projekte abschloss als je zuvor. Der Schlüssel war nicht härter zu arbeiten, sondern eine bewusste Unterscheidung zwischen Geschäftigkeit und echter Produktivität zu treffen.

4.2 Wertschöpfende Tätigkeiten identifizieren

Der Kern wahrer Produktivität liegt in der Konzentration auf wertschöpfende Tätigkeiten – jene Aktivitäten, die den größten Beitrag zu deinen wichtigsten Zielen leisten. Doch wie erkennst du diese Tätigkeiten in der Flut deiner täglichen Aufgaben?

Das Prinzip der Wertschöpfung:

Wertschöpfung entsteht, wenn eine Tätigkeit:

- Direkt zu deinen wichtigsten Zielen beiträgt

- Deine einzigartigen Stärken und Fähigkeiten nutzt

- Langfristigen statt nur kurzfristigen Wert erzeugt

- Schwierig zu delegieren oder automatisieren ist

- Ein Problem fundamentaler löst statt nur Symptome zu behandeln

Im Gegensatz dazu sind nicht-wertschöpfende Tätigkeiten oft:

- Rein reaktiv und von anderen initiiert

- Leicht zu delegieren oder zu automatisieren

- Wiederkehrend und routinemäßig

- Nicht direkt mit deinen Kernzielen verbunden

- Hauptsächlich auf kurzfristige Ergebnisse ausgerichtet

FOKUS-BOX

Die produktivsten Menschen zeichnen sich nicht dadurch aus, dass sie mehr arbeiten, sondern dass sie den Großteil ihrer Zeit mit Tätigkeiten verbringen, die den höchsten Wert erzeugen. Sie sind Meister darin, "wichtig" von "dringend" zu unterscheiden.

Methoden zur Identifikation wertschöpfender Tätigkeiten:

1. Die 80/20-Analyse (Pareto-Prinzip): Diese mächtige Methode basiert auf der Erkenntnis, dass oft 80% der Ergebnisse aus 20% der Aktivitäten entstehen:

- Analysiere deine Aktivitäten der letzten 3-6 Monate

- Identifiziere die 20%, die zu den größten Erfolgen geführt haben

- Prüfe, wie viel Zeit du tatsächlich mit diesen High-Value-Aktivitäten verbringst

- Plane bewusst mehr Zeit für diese wertschöpfenden Tätigkeiten ein

2. Die "Nur ich"-Methode: Diese Technik identifiziert Tätigkeiten, die nur du aufgrund deiner spezifischen Rolle, Fähigkeiten oder Position erledigen kannst:

- Frage dich bei jeder Tätigkeit: "Bin ich die einzige Person, die dies tun kann?"

- Wenn die Antwort "Nein" ist, prüfe, ob die Tätigkeit delegiert oder automatisiert werden kann

- Konzentriere dich auf die Tätigkeiten, bei denen die Antwort "Ja" lautet

3. Die "Drei Kreise"-Methode: Dieses visuelle Tool hilft, deine optimalen wertschöpfenden Tätigkeiten zu identifizieren:

- Kreis 1: Was bringt dich deinen wichtigsten Zielen näher?

- Kreis 2: Worin bist du besonders gut oder sogar einzigartig?

- Kreis 3: Was machst du gerne oder was gibt dir Energie?

Die Tätigkeiten im Schnittpunkt aller drei Kreise sind deine idealen wertschöpfenden Aktivitäten, die du maximieren solltest.

Die Ergebnis-Rückwärts-Analyse:

Bei dieser Methode gehst du vom gewünschten Ergebnis aus und arbeitest rückwärts:

- Definiere klar das angestrebte Ergebnis

- Identifiziere die kritischen Schritte, die direkt zu diesem Ergebnis führen

- Bewerte jede deiner aktuellen Tätigkeiten nach ihrem Beitrag zu diesen kritischen Schritten

- Eliminiere oder minimiere Aktivitäten mit geringem Beitrag

Fallbeispiel: Annas wertschöpfende Transformation

Anna, eine freiberufliche Grafikdesignerin, arbeitete regelmäßig 60+ Stunden pro Woche, fühlte sich ständig überfordert und verdiente trotzdem weniger als erhofft. Eine genaue Analyse ihrer Tätigkeiten brachte eine überraschende Erkenntnis:

Sie verbrachte nur etwa 25% ihrer Zeit mit tatsächlichem Design – ihrer Kernkompetenz und dem, was ihre Kunden wirklich schätzten. Der Rest ging für Administration, Kommunikation, Akquise und "Recherche" (oft eine Form von Prokrastination) drauf.

Ihre Transformation begann mit einer konsequenten Anwendung der 80/20-Methode:

1. Sie analysierte ihre Projekte der letzten 12 Monate und stellte fest, dass 75% ihres Einkommens von nur 5 Stammkunden kam

2. Sie identifizierte, dass Logodesign und Branding ihre profitabelsten und am meisten nachgefragten Leistungen waren

3. Sie wandte die "Drei Kreise"-Methode an und erkannte, dass kreatives Konzeptdesign ihre absolute Kernkompetenz war

Basierend auf diesen Erkenntnissen restrukturierte sie ihre Arbeit radikal:

- Sie spezialisierte sich auf Branding und Logodesign

- Sie automatisierte Rechnungsstellung und Buchhaltung

- Sie stellte eine virtuelle Assistenz für 10 Stunden pro Woche ein

- Sie reservierte 70% ihrer Arbeitszeit für rein kreative Tätigkeiten

Die Ergebnisse nach sechs Monaten: Anna arbeitete nur noch 40 Stunden pro Woche, während ihr Einkommen um 35% stieg und ihre Kundenzufriedenheit sich merklich verbesserte. Der Schlüssel war nicht härter zu arbeiten, sondern ihre Zeit konsequent auf wertschöpfende Tätigkeiten zu konzentrieren.

4.3 Effektivität vs. Effizienz: Die richtigen Dinge richtig tun

Ein zentrales Konzept wahrer Produktivität ist der Unterschied zwischen Effektivität und Effizienz – oder wie es Management-Guru Peter Drucker ausdrückte: "Effektivität bedeutet, die richtigen Dinge zu tun. Effizienz bedeutet, die Dinge richtig zu tun."

Der Unterschied im Detail:

Effizienz:

- Konzentriert sich auf den Prozess und die Ressourcennutzung

- Fragt: "Wie kann ich dies mit minimalem Aufwand tun?"

- Misst das Verhältnis von Input zu Output

- Zielt auf Optimierung bestehender Prozesse ab

- Denkt in Kategorien von Zeit und Ressourceneinsparung

Effektivität:

- Konzentriert sich auf das Ergebnis und seinen Wert

- Fragt: "Tue ich überhaupt das Richtige?"

- Misst den absoluten Wert des Outputs

- Zielt auf die Auswahl der wichtigsten Aktivitäten ab

- Denkt in Kategorien von Impact und strategischer Ausrichtung

Beide Dimensionen sind wichtig, doch ihre Priorisierung macht den entscheidenden Unterschied:

- **Effizient aber ineffektiv**: Du optimierst Prozesse, die keinen wirklichen Wert schaffen

- **Ineffizient aber effektiv**: Du erzeugst hohen Wert, aber mit unnötig hohem Aufwand

- **Ineffizient und ineffektiv**: Du verschwendest Ressourcen ohne Wert zu schaffen

- **Effizient und effektiv**: Du erzeugst maximalen Wert mit optimalem Ressourceneinsatz

FOKUS-BOX

Effektivität muss immer Vorrang vor Effizienz haben. Es ist besser, die richtigen Dinge etwas ineffizient zu tun, als die falschen Dinge hocheffizient zu erledigen. Optimiere zuerst deine Effektivität (die Auswahl deiner Tätigkeiten), dann erst ihre Effizienz (die Art der Ausführung).

Die Effizienz-Falle:

Viele Menschen und Organisationen tappen in die "Effizienz-Falle" – sie konzentrieren sich auf die Optimierung von Prozessen, ohne deren grundsätzlichen Wert zu hinterfragen. Diese Falle zeigt sich in verschiedenen Formen:

- Du optimierst ein E-Mail-Management-System, anstatt zu hinterfragen, ob du überhaupt so viele E-Mails bearbeiten solltest

- Du verbesserst die Verwaltung deiner To-Do-Liste, anstatt zu prüfen, ob die Aufgaben darauf wirklich wichtig sind

- Du automatisierst Berichte, ohne zu fragen, ob jemand sie tatsächlich nutzt

- Du wirst schneller in Tätigkeiten, die zu deinen langfristigen Zielen wenig beitragen

Strategien für die Balance von Effektivität und Effizienz:

1. Die Zwei-Fragen-Methode: Bewerte jede wesentliche Tätigkeit mit zwei sequentiellen Fragen:

- Effektivitätsfrage: "Sollte ich das überhaupt tun? Trägt es wesentlich zu meinen Zielen bei?"

- Effizienzfrage: "Wenn ja, wie kann ich es mit optimalcm Ressourceneinsatz tun?"

Die erste Frage muss immer vor der zweiten beantwortet werden.

2. Die ABC-Priorisierung: Kategorisiere Aufgaben konsequent nach ihrem Wertbeitrag:

- A-Aufgaben: Hohe Effektivität, direkte Verbindung zu Kernzielen

- B-Aufgaben: Mittlere Effektivität, indirekte Unterstützung der Kernziele

- C-Aufgaben: Geringe Effektivität, wenig Verbindung zu Kernzielen

Konzentriere Effizienzmaßnahmen primär auf A-Aufgaben, eliminiere oder delegiere C-Aufgaben.

3. Die Effectiveness-First-Planung: Integriere die Effektivitätsfrage in deine tägliche und wöchentliche Planung:

- Beginne jede Planungseinheit mit der Frage: "Was sind die 1-3 Dinge, die den größten Unterschied machen würden?"

- Plane zunächst Zeit für diese hocheffektiven Aktivitäten

- Fülle den Rest mit anderen Aufgaben, geordnet nach Effektivität

4. Das regelmäßige Eliminate-Simplify-Automate-Delegate-Review: Führe in regelmäßigen Abständen (monatlich oder quartalsweise) eine systematische Überprüfung aller deiner wiederkehrenden Tätigkeiten durch:

- Eliminate: Kann diese Tätigkeit komplett eliminiert werden?

- Simplify: Kann sie vereinfacht werden?

- Automate: Kann sie automatisiert werden?

- Delegate: Kann sie delegiert werden?

- Retain: Sollte ich sie weiterhin selbst erledigen?

Fallbeispiel: Thomas' Produktivitätstransformation

Thomas, ein erfolgreicher Unternehmensberater, war bekannt für seine extremen Arbeitszeiten und seine Fähigkeit, enorme Mengen an Arbeit zu bewältigen. Er hatte ausgeklügelte Systeme entwickelt, um seine E-Mails zu verwalten, Berichte zu erstellen und Präsentationen vorzubereiten. Trotz seiner beeindruckenden Effizienz fühlte er sich zunehmend ausgebrannt und hatte das Gefühl, sich im Kreis zu drehen.

Ein Coaching-Prozess offenbarte das grundlegende Problem: Thomas hatte sich so sehr auf Effizienz konzentriert, dass er die Frage der Effektivität vernachlässigt hatte. Er verbrachte 70% seiner Zeit mit Tätigkeiten, die zwar effizient erledigt wurden, aber wenig zu seinen eigentlichen Karrierezielen und zur Wertschöpfung für seine Klienten beitrugen.

Seine Transformation begann mit der konsequenten Anwendung der Zwei-Fragen-Methode:

1. Er durchleuchtete alle seine wiederkehrenden Aktivitäten auf ihren tatsächlichen Wertbeitrag

2. Er reduzierte seine Berichterstellung um 60%, nachdem er feststellte, dass viele Berichte kaum genutzt wurden

3. Er etablierte das Prinzip "Beratung vor Dokumentation" und konzentrierte sich auf direkte Klientengespräche

4. Er implementierte ein wöchentliches Effectiveness-Review am Sonntagabend

Nach sechs Monaten hatte Thomas seine Arbeitszeit von 70 auf 50 Stunden reduziert, während sein Einfluss und seine Zufriedenheit deutlich gestiegen waren. Seine Klienten schätzten den neuen Fokus auf hochwertige Beratung statt umfangreicher Dokumentation, und seine Arbeitsergebnisse verbesserten sich spürbar. Der Schlüssel war die Erkenntnis, dass wahre Produktivität mit Effektivität beginnt, nicht mit Effizienz.

4.4 Zielsetzung als Kompass für produktives Handeln

Wahre Produktivität ist immer zielgerichtet. Ohne klare Ziele ist Produktivität ein bedeutungsloser Begriff – denn wie willst du wissen, ob du "produktiv" bist, wenn du nicht weißt, worauf du hinarbeitest?

Ziele dienen als Kompass für produktives Handeln. Sie helfen dir:

- Zu entscheiden, was wichtig ist und was nicht

- Ressourcen (Zeit, Energie, Aufmerksamkeit) richtig zu allokieren

- Fortschritt zu messen und zu bewerten

- Motivation und Fokus auch in schwierigen Phasen aufrechtzuerhalten

- Entscheidungen im Einklang mit langfristigen Absichten zu treffen

Effektive Zielsetzung für maximale Produktivität:

Die Wissenschaft der Zielsetzung hat gezeigt, dass nicht alle Ziele gleich wirksam sind. Die folgenden Prinzipien helfen, Ziele zu formulieren, die als echter Produktivitätskompass dienen können:

1. Die SMART++-Methode: Eine erweiterte Version des klassischen SMART-Frameworks:

- Spezifisch: Klar und eindeutig definiert

- Messbar: Mit konkreten Kriterien zur Erfolgsmessung

- Attraktiv: Persönlich bedeutsam und motivierend

- Realistisch: Anspruchsvoll, aber erreichbar

- Terminiert: Mit klarem Zeitrahmen

- + Aufgeschrieben: Schriftlich fixiert

- + Ausgerichtet: Im Einklang mit übergeordneten Werten und Zielen

2. Die Ziel-Hierarchie: Strukturiere deine Ziele in einer sinnvollen Hierarchie:

- Vision/Mission (langfristige Ausrichtung, 5-10+ Jahre)

- Strategische Ziele (mittelfristige Entwicklungsrichtungen, 1-5 Jahre)

- Taktische Ziele (konkrete Meilensteine, 1-12 Monate)

- Operative Ziele (unmittelbare Aktionspunkte, 1-30 Tage)

Diese Hierarchie stellt sicher, dass deine täglichen Aktivitäten mit deinen langfristigen Absichten verbunden sind.

3. Die Wertebasierte Zielsetzung: Verankere deine Ziele in deinen Kernwerten:

- Identifiziere deine 3-5 wichtigsten Werte

- Prüfe, ob deine Ziele diese Werte widerspiegeln

- Passe Ziele an, die nicht mit deinen Werten übereinstimmen

- Nutze Wertekonflikte als Entscheidungshilfe bei konkurrierenden Zielen

4. Die Prozess- vs. Ergebnis-Balance: Kombiniere zwei Arten von Zielen für maximale Wirksamkeit:

- Ergebnisziele: Fokus auf das gewünschte Endresultat (z.B. "10kg abnehmen")

- Prozessziele: Fokus auf die täglichen Verhaltensweisen (z.B. "5x pro Woche 30 Min. trainieren")

Ergebnisziele geben die Richtung vor, während Prozessziele den täglichen Fokus liefern.

FOKUS-BOX

Ziele sind nicht nur Endpunkte, sondern aktive Filter für deine Entscheidungen und Handlungen. Sie helfen dir, "Ja" zu den richtigen Dingen und "Nein" zu den falschen zu sagen. Deine Produktivität steht und fällt mit der Qualität und Klarheit deiner Ziele.

Häufige Fehler bei der produktivitätsorientierten Zielsetzung:

1. Der "Zu viele Ziele"-Fehler: Die Versuchung, zu viele Ziele gleichzeitig zu verfolgen, führt zu Fragmentierung der Aufmerksamkeit und Energie.

Lösung: Beschränke dich auf 1-3 zentrale Ziele pro Lebensbereich und halte die Gesamtzahl unter Kontrolle (z.B. max. 7-10 Ziele insgesamt).

2. Der "Nicht deine Ziele"-Fehler: Viele Menschen setzen sich Ziele basierend auf externen Erwartungen statt auf intrinsischer Motivation.

Lösung: Prüfe bei jedem Ziel: "Würde ich dieses Ziel auch verfolgen, wenn niemand davon erführe?" Wenn nicht, überdenke es.

3. Der "Alles oder Nichts"-Fehler: Die Vorstellung, dass nur die 100%ige Zielerreichung ein Erfolg ist, führt oft zur Aufgabe bei Rückschlägen.

Lösung: Setze Minimal-, Target- und Stretch-Ziele und feiere auch teilweise Erfolge.

4. Der "Nur Ergebnis"-Fehler: Die ausschließliche Fokussierung auf Ergebnisse statt auf Prozesse führt oft zu Frustration und Aufgabe.

Lösung: Definiere zu jedem Ergebnisziel auch entsprechende Prozessziele, die in deiner direkten Kontrolle liegen.

Fallbeispiel: Lisas Ziel-Transformation

Lisa, eine erfolgreiche Finanzmanagerin, kämpfte mit dem Gefühl, trotz hoher Aktivität nicht wirklich voranzukommen. Eine Analyse zeigte, dass sie gleichzeitig 17 verschiedene "Prioritäten" verfolgte, von denen viele nicht wirklich mit ihren persönlichen Werten und Ambitionen übereinstimmten.

Ihr Transformationsprozess begann mit einer fundamentalen Neuausrichtung ihrer Ziele:

1. Sie führte ein Werte-Assessment durch und identifizierte ihre Kernwerte: Wachstum, Freiheit, Verbundenheit und Exzellenz

2. Sie reduzierte ihre 17 Prioritäten auf 3 strategische Ziele für das Jahr, die mit diesen Werten übereinstimmten

3. Sie entwickelte für jedes strategische Ziel 2-3 taktische Quartalsziele

4. Sie etablierte sowohl Ergebnis- als auch Prozessziele

5. Sie richtete ihre wöchentliche und tägliche Planung konsequent an dieser Zielhierarchie aus

Die Ergebnisse waren bemerkenswert: Nach sechs Monaten hatte Lisa mehr Fortschritte bei ihren drei Kernzielen gemacht als im ganzen Jahr zuvor bei ihren zahlreichen "Prioritäten". Ihr Gefühl von Stress und Überforderung nahm deutlich ab, während ihre Zufriedenheit und ihr Gefühl von Sinnhaftigkeit stiegen. Der Schlüssel war nicht härter zu arbeiten, sondern klarer und fokussierter zu arbeiten – mit Zielen als zuverlässigem Kompass.

4.5 Die Produktivitätsparadoxe: Warum weniger oft mehr ist

Echte Produktivität folgt oft paradoxen Prinzipien, die unserer intuitiven Vorstellung von "mehr ist besser" zuwiderlaufen. Die produktivsten Menschen und Organisationen haben erkannt, dass manchmal weniger tatsächlich mehr ist. Hier sind einige der wichtigsten Produktivitätsparadoxe, die dieses Prinzip illustrieren:

Paradox 1: Das Leistungs-Erholungs-Paradox

Das Paradox: Je mehr du arbeitest, desto weniger produktiv wirst du langfristig.

Die Erklärung: Nach einer gewissen Zeit der kontinuierlichen Arbeit sinkt die Qualität deiner Leistung rapide. Die produktivsten Menschen arbeiten nicht länger, sondern intelligenter – mit bewussten Phasen intensiver Konzentration, gefolgt von vollständiger Erholung.

Die Umsetzung:

- Arbeite in fokussierten Sprints (z.B. 90 Minuten) statt in Marathon-Sessions

- Plane strategische Pausen und Erholungszeiten aktiv ein

- Respektiere deinen persönlichen Energie-Rhythmus (Chronotyp)

- Miss Produktivität nicht in Zeit, sondern in Ergebnissen pro Energieeinheit

Paradox 2: Das Nein-Sagen-Paradox

Das Paradox: Je mehr du ablehnst, desto mehr erreichst du.

Die Erklärung: Jedes "Ja" zu einer Aktivität bedeutet automatisch ein "Nein" zu zahlreichen anderen möglichen Aktivitäten. Die produktivsten Menschen sind Meister im strategischen Ablehnen und schützen ihre Zeit und Energie für wirklich wichtige Dinge.

Die Umsetzung:

- Etabliere klare Kriterien für deine Zusagen

- Übe das "Höfliche Nein" in verschiedenen Kontexten

- Führe ein "Nicht-Zu-Tun"-Protokoll für bewusst abgelehnte Aktivitäten

- Betrachte jede Anfrage im Kontext ihrer Opportunitätskosten

Paradox 3: Das Simplizitäts-Paradox

Das Paradox: Je einfacher deine Systeme, desto leistungsfähiger sind sie.

Die Erklärung: Komplexe Produktivitätssysteme erzeugen selbst Reibung und Overhead. Die effektivsten Systeme sind oft bemerkenswert einfach und minimieren kognitive Belastung.

Die Umsetzung:

- Reduziere die Anzahl der Werkzeuge und Systeme, die du nutzt

- Vereinfache deine Prozesse regelmäßig

- Wähle Flexibilität und Klarheit über komplexe Features

- Frage bei jedem System: "Könnte dies einfacher sein und trotzdem funktionieren?"

Paradox 4: Das Entscheidungs-Paradox

Das Paradox: Je weniger Entscheidungen du triffst, desto besser werden sie.

Die Erklärung: Entscheidungsmüdigkeit ist ein reales Phänomen. Mit jeder Entscheidung, die du triffst, erschöpft sich deine Kapazität für weitere Entscheidungen. Die produktivsten Menschen minimieren triviale Entscheidungen, um ihre Entscheidungskraft für wichtige Fragen zu reservieren.

Die Umsetzung:

- Etabliere Routinen für wiederkehrende Entscheidungen

- Reduziere unnötige Optionen (z.B. Garderobe vereinfachen)

- Delegiere oder automatisiere Entscheidungen geringer Bedeutung

- Nutze Entscheidungsregeln statt Ad-hoc-Entscheidungen

FOKUS-BOX

Wahre Produktivität folgt oft dem Prinzip "weniger, aber besser". Elimination, Konzentration und Vereinfachung sind mächtigere Hebel als Addition, Diversifikation und Komplexität. Die Kunst der Produktivität liegt oft mehr im Weglassen als im Hinzufügen.

Paradox 5: Das Präsenz-Paradox

Das Paradox: Je mehr du im Moment präsent bist, desto produktiver wirst du langfristig.

Die Erklärung: Ständiges Vorausdenken und die Beschäftigung mit multiplen Aufgaben reduziert tatsächlich deine Effektivität. Volle Präsenz bei der aktuellen Tätigkeit führt zu höherer Qualität, weniger Fehlern und letztlich schnellerer Fertigstellung.

Die Umsetzung:

- Praktiziere Monotasking statt Multitasking

- Integriere kurze Achtsamkeitsübungen in deinen Alltag

- Schaffe klare Kontextgrenzen zwischen verschiedenen Aktivitäten

- Trainiere deine Fähigkeit, vollständig im Hier und Jetzt zu sein

Fallbeispiel: Marcos Paradoxe Produktivität

Marco, ein erfolgreicher Unternehmer, befand sich in einer klassischen Produktivitätskrise: Trotz 70-Stunden-Wochen, ständiger Erreichbarkeit und einem vollgepackten Kalender stagnierte sein Unternehmen, und seine Gesundheit litt zunehmend.

Seine Transformation begann mit der bewussten Anwendung produktiver Paradoxe:

1. **Leistungs-Erholungs-Paradox:** Er reduzierte seine Arbeitszeit auf 50 Stunden pro Woche mit strikten Grenzen und führte zweimal täglich 20-minütige "strategische Pausen" ein

2. **Nein-Sagen-Paradox:** Er etablierte klare Kriterien für seine Beteiligung an Projekten und delegierte 40% seiner Meetings an sein Team

3. **Simplizitäts-Paradox:** Er reduzierte seine Produktivitäts-Apps von zwölf auf drei und vereinfachte seine Projektmanagement-Prozesse radikal

4. **Entscheidungs-Paradox:** Er standardisierte wiederkehrende Entscheidungen und etablierte "Entscheidungstage" für strategische Fragen

5. **Präsenz-Paradox:** Er praktizierte täglich 10 Minuten Achtsamkeitsmeditation und schuf "digitale Sabbaticals" (24 Stunden ohne Technologie)

Die Ergebnisse nach sechs Monaten überraschten selbst ihn: Sein Unternehmen verzeichnete das beste Quartal seiner Geschichte, sein Stresslevel sank deutlich, und er hatte zum ersten Mal seit Jahren das Gefühl, sein Geschäft zu kontrollieren, statt von ihm kontrolliert zu werden. Der Schlüssel war nicht, mehr zu tun, sondern die paradoxen Prinzipien echter Produktivität zu verstehen und anzuwenden.

4.6 Erholung und Pausen: Die unterschätzte Produktivitätsquelle

Eine der größten Erkenntnisse der modernen Produktivitätsforschung ist die fundamentale Bedeutung von Erholung. Während unsere Kultur oft "Durchhalten" und "Hustling" glorifiziert, zeigt die Wissenschaft ein anderes Bild: Strategische Erholung ist keine

Unterbrechung der Produktivität, sondern ihre notwendige Voraussetzung.

Die wissenschaftliche Grundlage für produktive Erholung:

1. Die biologische Basis: Unser Körper und Gehirn arbeiten in natürlichen Rhythmen, nicht in kontinuierlichen Leistungsphasen:

- Der ultradianen Rhythmus (ca. 90-Minuten-Zyklen von höherer und niedrigerer Alertheit)

- Der zirkadianen Rhythmus (24-Stunden-Zyklen, die unsere Energie über den Tag steuern)

- Der Schlaf-Wach-Zyklus (mit kritischen Erholungsphasen während des Schlafs)

2. Die kognitive Perspektive: Unsere mentalen Ressourcen sind begrenzt und müssen regelmäßig erneuert werden:

- Aufmerksamkeitsermüdung nach längeren Konzentrationsphasen

- Entscheidungsmüdigkeit nach vielen sequentiellen Entscheidungen

- Kreative Erschöpfung nach intensiven Problemlösungsphasen

3. Die Erholungs-Produktivitäts-Kurve: Die Beziehung zwischen Erholung und Produktivität folgt einer umgekehrten U-Kurve:

- Zu wenig Erholung → Erschöpfung, sinkende Produktivität

- Optimale Erholung → Peak-Performance

- Zu viel unstrukturierte Erholung → Trägheit, sinkende Produktivität

FOKUS-BOX

Erholung ist keine Belohnung für Produktivität, sondern ihre Voraussetzung. Die produktivsten Menschen betrachten strategische Pausen nicht als Luxus, sondern als essentiellen Teil ihrer Leistungsfähigkeit und planen sie ebenso sorgfältig wie ihre Arbeitszeit.

Strategien für produktivitätssteigernde Erholung:

1. Die Mikroerholungs-Strategie: Integriere kurze, bewusste Erholungsphasen in deinen Arbeitsalltag:

- Die 52/17-Methode: 52 Minuten fokussierte Arbeit, gefolgt von 17 Minuten echter Pause

- 5-Minuten-Bewegungspausen nach längeren Sitzphasen

- Kurze Atemübungen oder Meditationen zwischen Meetings oder Aufgaben

- Regelmäßige Blickwechsel von Nahdistanz (Bildschirm) in die Ferne

2. Die Makroerholungs-Strategie: Plane größere Erholungsblöcke ebenso strategisch wie wichtige Projekte:

- Tägliche Erholungsroutinen (z.B. Abend-Shutdown-Ritual)

- Wöchentliche Erholungszeiten (echter Feierabend, Wochenendaktivitäten)

- Monatliche Mini-Sabbaticals (1-2 Tage komplette Abschaltung)

- Jährliche vollständige Auszeiten (Urlaub ohne Arbeitskontakt)

3. Die aktive Erholungsstrategie: Nicht alle Pausen sind gleich wirksam. Aktive Erholung – Aktivitäten, die andere Ressourcen nutzen als deine Arbeit – ist oft wirkungsvoller als passive Erholung:

- Körperliche Aktivität nach mentaler Arbeit

- Kreative, unstrukturierte Aktivitäten nach stark strukturierter Arbeit

- Soziale Interaktion nach Phasen der Isolation

- Natur-Exposure nach Zeiten in geschlossenen Räumen

4. Die Schlaf-Optimierungsstrategie: Schlaf ist die ultimative Form der Erholung und ein entscheidender Produktivitätsfaktor:

- Priorisiere 7-9 Stunden Qualitätsschlaf pro Nacht

- Etabliere konsistente Schlafens- und Aufwachzeiten

- Schaffe ein optimales Schlafumfeld (dunkel, kühl, ruhig)

- Entwickle ein entspannendes Abendritual

- Minimiere Blaulichtexposition 1-2 Stunden vor dem Schlafengehen

5. Die Erholungstyp-Strategie: Verschiedene Menschen erholen sich auf unterschiedliche Weise. Identifiziere deinen persönlichen Erholungstyp:

- Introvertierte vs. extrovertierte Erholung

- Aktive vs. passive Erholung

- Strukturierte vs. unstrukturierte Erholung

- Soziale vs. solitäre Erholung

Fallbeispiel: Julias Erholungs-Revolution

Julia, eine hochleistungsfähige Managerin, war stolz auf ihre Fähigkeit, "durchzuhalten". Sie arbeitete regelmäßig 12+ Stunden ohne Pausen, beantwortete E-Mails bis spät in die Nacht und reduzierte ihren Schlaf auf 5-6 Stunden, um mehr zu schaffen. Doch trotz dieses enormen Einsatzes stellte sie fest, dass ihre Effektivität und Entscheidungsqualität litten.

Ein Burnout-Warnsignal führte zu einer grundlegenden Neubewertung ihres Verhältnisses zu Erholung und Pausen:

1. Sie führte die 52/17-Methode ein und hielt konsequent Pausen auch an stressigen Tagen ein

2. Sie etablierte eine strikte "Elektronikfreie Zeit" von 21:00 bis 7:00 Uhr

3. Sie priorisierte 8 Stunden Schlaf und entwickelte ein konsequentes Abendritual

4. Sie reservierte Samstagmorgen für "Waldzeit" – lange Spaziergänge in der Natur

5. Sie begann mit einer kurzen täglichen Meditationspraxis von 10 Minuten

Nach drei Monaten dieser "Erholungs-Revolution" berichtete Julia von überraschenden Ergebnissen: Ihre Produktivität war gestiegen, nicht gesunken. Ihre kreative Problemlösungsfähigkeit hatte sich deutlich verbessert. Ihre Teammitglieder bemerkten eine bessere Führungsqualität und klarere Entscheidungen. Am wichtigsten aber war, dass sie sich energetischer und zufriedener fühlte, während sie tatsächlich weniger Stunden arbeitete.

Julias Beispiel illustriert ein zentrales Paradox wahrer Produktivität: Manchmal musst du weniger arbeiten, um mehr zu erreichen.

4.7 Praktische Übungen und Reflexionen

Übung 1: Geschäftigkeits-Audit Führe für drei Tage ein detailliertes Aktivitäts-Tagebuch:

- Notiere jede Aktivität mit Zeitaufwand und gefühltem Energielevel

- Klassifiziere jede Aktivität als "wertschöpfend" oder "nicht-wertschöpfend"

- Analysiere: Wie viel Zeit verbringst du mit wirklich wertschöpfenden Tätigkeiten?

- Identifiziere deine Top-3-"Geschäftigkeitsfallen"

- Entwickle eine Strategie, um eine dieser Fallen in der kommenden Woche zu eliminieren

Übung 2: Der 80/20-Tag Wähle einen Tag in der kommenden Woche für ein Produktivitätsexperiment:

- Identifiziere am Vorabend die 20% deiner geplanten Aktivitäten, die 80% des Wertes erzeugen würden

- Widme diesen Aktivitäten den gesamten Vormittag ohne Unterbrechung

- Dokumentiere, wie sich dieser Ansatz auf deine Gesamtproduktivität und dein Wohlbefinden auswirkt

- Reflektiere: Wie könnte dieses Prinzip in deinen normalen Arbeitsalltag integriert werden?

Übung 3: Wertschöpfungs-Matrix Erstelle eine 2x2-Matrix mit vier Quadranten:

- Hoher Wert / Hohe Freude

- Hoher Wert / Geringe Freude

- Geringer Wert / Hohe Freude

- Geringer Wert / Geringe Freude

Ordne deine typischen Aktivitäten in diese Matrix ein und entwickle für jeden Quadranten eine Strategie:

- Hoher Wert / Hohe Freude → Maximieren

- Hoher Wert / Geringe Freude → Optimieren oder Delegieren

- Geringer Wert / Hohe Freude → Begrenzen und als Belohnung nutzen

- Geringer Wert / Geringe Freude → Eliminieren oder Automatisieren

Übung 4: Produktive Pausenplanung Gestalte ein persönliches Pausen-System für optimale Produktivität:

- Entwickle 3-5 Mikropausen-Aktivitäten (1-5 Minuten), die dich wirklich erholen

- Plane größere Erholungsblöcke (30+ Minuten) für die kommende Woche

- Experimentiere mit verschiedenen Arbeits-Pausen-Rhythmen (z.B. 25/5, 52/17, 90/20)

- Dokumentiere die Wirkung verschiedener Pausenaktivitäten auf deine nachfolgende Produktivität

Übung 5: Ziele-Hierarchie aufbauen Entwickle eine vollständige Ziel-Hierarchie für einen wichtigen Lebensbereich:

- Formuliere ein inspirierendes langfristiges Visionsziel (3-5 Jahre)

- Leite davon 2-3 strategische Jahresziele ab

- Definiere für jedes Jahresziel 2-3 taktische Quartalsziele

- Bestimme für jedes Quartalsziel 2-3 konkrete nächste Schritte

- Überprüfe die gesamte Hierarchie auf Konsistenz und Ausrichtung

FOKUS-BOX: Kapitelzusammenfassung

- **Wahre Produktivität unterscheidet sich fundamental von bloßer Geschäftigkeit und fokussiert auf Wertschöpfung statt Aktivität**

- **Die Identifikation wertschöpfender Tätigkeiten durch Methoden wie die 80/20-Analyse ist der Schlüssel zu echter Produktivität**

- **Effektivität (die richtigen Dinge tun) muss stets Vorrang vor Effizienz (die Dinge richtig tun) haben**

- **Klare, hierarchisch strukturierte Ziele dienen als unverzichtbarer Kompass für produktives Handeln**

- **Produktivitätsparadoxe wie "weniger ist mehr" widersprechen oft unserer Intuition, sind aber wissenschaftlich belegt**

- **Strategische Erholung ist keine Unterbrechung der Produktivität, sondern ihre notwendige Voraussetzung**

Reflexionsfragen:

1. In welchen Bereichen deines Lebens verwechselst du Geschäftigkeit mit echter Produktivität?

2. Welche deiner Tätigkeiten erzeugen den höchsten Wert, gemessen an deinen wichtigsten Zielen?

3. Wo investierst du Zeit in Effizienzsteigerung bei Aktivitäten, die eigentlich eliminiert werden sollten?

4. Inwiefern dienen deine aktuellen Ziele als klarer Kompass für deine täglichen Entscheidungen?

5. Welches der Produktivitätsparadoxe würde die größte positive Veränderung in deinem Leben bewirken?

Action-Steps für Kapitel 4:

1. Führe ein 3-tägiges Aktivitäts-Tracking durch und identifiziere deine wertvollsten 20% Aktivitäten

2. Eliminiere oder delegiere mind. drei nicht-wertschöpfende wiederkehrende Tätigkeiten

3. Überprüfe und aktualisiere deine Zielhierarchie für einen wichtigen Lebensbereich

4. Implementiere ein systematisches Pausen-System in deinen Arbeitsalltag

5. Wähle eines der Produktivitätsparadoxe und wende es konsequent für zwei Wochen an

Kapitel 5:

Der proaktive Mindset

"Der beste Weg, die Zukunft vorherzusagen, ist, sie zu erschaffen." - Peter Drucker

Was unterscheidet Menschen, die ihr Leben und ihre Umstände aktiv gestalten, von jenen, die von äußeren Umständen getrieben werden? Die Antwort liegt in ihrem Mindset – ihrer grundlegenden Denk- und Wahrnehmungsweise. In diesem Kapitel entdecken wir, wie ein proaktiver Mindset deine Handlungsfähigkeit revolutionieren und dich vom Reagieren zum Agieren bringen kann.

5.1 Die Charakteristika proaktiver Menschen

Proaktivität ist mehr als nur frühzeitiges Handeln. Es ist eine fundamentale Geisteshaltung, die sich in spezifischen Denkmustern, Verhaltensweisen und Gewohnheiten manifestiert. Proaktive Menschen zeichnen sich durch folgende Charakteristika aus:

Denkmuster proaktiver Menschen:

1. Verantwortungsübernahme: Proaktive Menschen akzeptieren vollständige Verantwortung für ihr Leben. Sie denken und sprechen in Begriffen wie "Ich wähle", "Ich entscheide", "Ich gestalte" statt "Ich muss", "Ich sollte" oder "Die Umstände zwingen mich".

2. Lösungsorientierung: Sie fokussieren konsequent auf Lösungen statt auf Probleme. Während reaktive Menschen bei Hindernissen in Analyse-Paralyse verfallen können, richten proaktive Menschen ihre Energie sofort auf mögliche Lösungswege.

3. Möglichkeitsdenken: Sie sehen Optionen und Handlungsspielräume, wo andere nur Einschränkungen sehen. Diese "Möglichkeitsbrille" erweitert ihren wahrgenommenen Handlungsraum erheblich.

4. Langfristorientierung: Sie denken und planen in längeren Zeithorizonten. Diese erweiterte zeitliche Perspektive ermöglicht es ihnen, kurzfristige Unannehmlichkeiten zugunsten langfristiger Vorteile zu akzeptieren.

Verhaltensweisen proaktiver Menschen:

1. Initiative ergreifen: Sie warten nicht auf perfekte Bedingungen oder Anweisungen, sondern werden aus eigenem Antrieb aktiv.

2. Antizipatives Handeln: Sie antizipieren Entwicklungen und Bedürfnisse und handeln, bevor Probleme akut werden oder Chancen verschwinden.

3. Kontinuierliche Verbesserung: Sie suchen ständig nach Wegen, Prozesse, Systeme und sich selbst zu verbessern, ohne externe Aufforderung.

4. Aktive Informationssuche: Sie beschaffen sich proaktiv die Informationen, die sie für fundierte Entscheidungen benötigen, anstatt passiv auf Input zu warten.

Die Sprache proaktiver Menschen:

Die Sprache ist ein wichtiger Indikator und Verstärker des Mindsets. Proaktive Menschen verwenden charakteristische sprachliche Muster:

Reaktive Sprache	Proaktive Sprache
"Ich kann nichts tun"	"Lass uns nach Alternativen suchen"
"So bin ich eben"	"Ich kann mich ändern"
"Ich muss"	"Ich entscheide mich für"
"Wenn nur..."	"Ich werde..."
"Das ist unmöglich"	"Lass uns einen Weg finden"

FOKUS-BOX

Proaktivität ist keine angeborene Eigenschaft, sondern eine erlernbare Geisteshaltung. Sie beginnt mit dem Bewusstsein, dass zwischen Reiz und Reaktion ein Raum liegt – und in diesem Raum liegt unsere Macht, unsere Reaktion zu wählen.

Die Einfluss- und Sorgenkreise:

Ein zentrales Konzept, das von Stephen Covey popularisiert wurde, hilft, proaktives Denken zu verstehen: Der Unterschied zwischen dem "Einflusskreis" und dem "Sorgenkreis".

- **Der Sorgenkreis** umfasst alles, was uns beschäftigt oder beunruhigt

- **Der Einflusskreis** umfasst alles, was wir direkt oder indirekt beeinflussen können

Reaktive Menschen konzentrieren ihre Energie auf ihren Sorgenkreis, was zu Frustration und einem Gefühl der Machtlosigkeit führt. Proaktive Menschen hingegen fokussieren konsequent auf ihren Einflusskreis, was diesen erweitert und ihre Handlungsfähigkeit stärkt.

Fallbeispiel: Thomas' proaktive Transformation

Thomas, ein mittlerer Manager in einem Unternehmen während einer Umstrukturierungsphase, fühlte sich zunehmend gestresst und machtlos. Gerüchte über Entlassungen machten die Runde, neue Prozesse wurden ohne Einbindung der Mitarbeiter eingeführt, und Unsicherheit herrschte auf allen Ebenen.

Anfänglich reagierte Thomas typisch reaktiv:

- Er beklagte sich über die "unfähige Führung"

- Er verbrachte Stunden damit, Gerüchte zu diskutieren

- Er fühlte sich als "Opfer der Umstände"

- Er wartete auf klare Anweisungen von oben

Nach einem Coaching-Gespräch begann er, einen proaktiven Mindset zu entwickeln:

1. Er identifizierte seinen Einflusskreis: seine Abteilung, seine direkten Beziehungen, seine eigene Qualifikation

2. Er ergriff Initiative und entwickelte einen Vorschlag zur Effizienzsteigerung in seiner Abteilung

3. Er begann, sein Team regelmäßig zu informieren und zu beruhigen, statt Gerüchte zu verbreiten

4. Er investierte in seine Weiterbildung, um seinen Wert für das Unternehmen zu steigern

5. Er knüpfte aktiv Netzwerke in anderen Abteilungen

Das Ergebnis: Innerhalb von drei Monaten wurde Thomas zum inoffiziellen Ansprechpartner für die Geschäftsführung bei der Implementierung der neuen Prozesse. Seine Abteilung blieb von Entlassungen verschont, und er erhielt sogar eine Beförderung. Der entscheidende Wendepunkt war der Wechsel von einer reaktiven zu einer proaktiven Geisteshaltung.

5.2 Von reaktiv zu proaktiv: Die mentale Transformation

Der Übergang von einem reaktiven zu einem proaktiven Mindset ist eine der kraftvollsten persönlichen Transformationen. Diese Veränderung ist nicht immer einfach, aber mit den richtigen Strategien und konsequenter Praxis durchaus erreichbar.

Die Stufen der proaktiven Transformation:

Stufe 1: Bewusstwerdung Der erste Schritt ist die Erkenntnis, dass reaktives Verhalten eine Wahl ist – keine unvermeidbare Reaktion. Dies bedeutet:

- Die eigenen reaktiven Muster erkennen und benennen

- Den "Raum zwischen Reiz und Reaktion" bewusst wahrnehmen

- Die eigene Sprache auf reaktive Formulierungen untersuchen

Stufe 2: Verantwortungsübernahme Der zweite Schritt ist die vollständige Übernahme der Verantwortung für das eigene Leben und Handeln:

- Aufgeben der "Opferrolle" in allen Lebensbereichen

- Eliminierung von Ausreden und Schuldzuweisungen

- Fokussierung auf den eigenen Einflusskreis

Stufe 3: Proaktive Erstreaktion In dieser Phase übst du, deine erste Reaktion auf Ereignisse bewusst zu gestalten:

- Bewusstes Innehalten vor der Reaktion

- Wahl einer proaktiven statt reaktiven Antwort

- Umformulierung von Problemen in Herausforderungen

Stufe 4: Proaktive Initiative Nun beginnst du, nicht nur proaktiv zu reagieren, sondern proaktiv zu agieren:

- Eigeninitiative in verschiedenen Lebensbereichen entwickeln

- Chancen antizipieren und frühzeitig handeln

- Systematisches Verbessern deiner Umgebung

Stufe 5: Proaktive Lebensgestaltung Die höchste Stufe ist ein Leben, das durchgängig von proaktiver Gestaltung geprägt ist:

- Bewusste Gestaltung der eigenen Zukunft

- Schaffung nachhaltiger Systeme und Strukturen

- Andere zu proaktivem Handeln inspirieren

FOKUS-BOX

Der Übergang von reaktiv zu proaktiv ist kein einmaliges Ereignis, sondern ein kontinuierlicher Prozess. Selbst die proaktivsten Menschen haben reaktive Momente – der Unterschied liegt in der Fähigkeit, schnell zur proaktiven Haltung zurückzukehren.

Praktische Strategien für die proaktive Transformation:

1. Die Reaktions-Unterbrechungs-Technik: Diese Methode hilft, automatische reaktive Muster zu durchbrechen:

- Identifiziere auslösende Situationen für reaktives Verhalten

- Etabliere ein bewusstes "Stopp-Signal" (tiefes Einatmen, kurze Pause, mentales Codewort)

- Stelle eine proaktive Frage: "Was ist hier in meinem Einflussbereich?" oder "Wie kann ich konstruktiv reagieren?"

- Wähle bewusst eine proaktive Antwort

2. Die Sprach-Transformations-Methode: Diese Technik nutzt die Macht der Sprache zur Veränderung des Mindsets:

- Führe ein "Reaktivitäts-Tagebuch" mit typischen reaktiven Aussagen

- Entwickle proaktive Alternativen für jede dieser Aussagen

- Übe bewusst die Verwendung der proaktiven Formulierungen

- Bitte einen Vertrauten um Feedback zur deiner Sprache

3. Die Einflusskreis-Fokussierungs-Strategie: Diese Methode lenkt deine Energie systematisch auf beeinflussbare Bereiche:

- Erstelle eine Liste aktueller Sorgen und Herausforderungen

- Kategorisiere sie in "direkt beeinflussbar", "indirekt beeinflussbar" und "nicht beeinflussbar"

- Entwickle Aktionspläne für alle beeinflussbaren Punkte

- Praktiziere bewusste Akzeptanz für nicht beeinflussbare Faktoren

4. Die proaktive Morgenroutine: Diese Technik etabliert Proaktivität als tägliche Grundhaltung:

- Beginne den Tag mit bewusster Intention statt Reaktion (keine E-Mails/Nachrichten in der ersten Stunde)

- Definiere deine wichtigsten proaktiven Handlungen für den Tag

- Visualisiere proaktive Reaktionen auf wahrscheinliche Herausforderungen

- Etabliere einen proaktiven Leitsatz für den Tag

5. Die "Was wäre wenn"-Perspektivtechnik: Diese Methode trainiert das antizipative Denken:

- Stelle regelmäßig "Was wäre wenn"-Fragen zu wichtigen Lebensbereichen

- Entwickle vorsorgliche Handlungspläne für verschiedene Szenarien

- Identifiziere frühzeitig Chancen und Risiken

- Trainiere dein Gehirn, in längeren Zeithorizonten zu denken

Fallbeispiel: Sarahs proaktive Karriereentwicklung

Sarah, eine talentierte Analystin in einem Finanzunternehmen, war frustriert über ihre stagnierende Karriere. Ihr typisches Denkmuster war reaktiv: Sie wartete auf Anweisungen, erledigte ihre Aufgaben pflichtbewusst und hoffte auf Anerkennung und Beförderung. Nach einer enttäuschenden Leistungsbeurteilung erkannte sie ihr reaktives Muster und begann eine proaktive Transformation:

1. **Bewusstwerdung**: Sie erkannte, dass ihre "unsichtbare Fleißarbeit" nicht ausreichend wahrgenommen wurde und dass sie selbst für ihre Karriereentwicklung verantwortlich war

2. **Verantwortungsübernahme**: Sie hörte auf, "das System" für fehlende Anerkennung zu

beschuldigen und übernahm Verantwortung für ihre Sichtbarkeit

3. **Proaktive Erstreaktion**: Statt mit Resignation auf neue Anforderungen zu reagieren, begann sie, diese als Chancen zur Profilierung zu sehen

4. **Proaktive Initiative**: Sie entwickelte eigenständig eine Analyse, die erhebliches Einsparpotential aufzeigte und präsentierte diese unaufgefordert dem Management

5. **Proaktive Lebensgestaltung**: Sie erstellte einen 5-Jahres-Karriereplan, identifizierte notwendige Qualifikationen und begann eine berufsbegleitende Weiterbildung

Nach neun Monaten dieses proaktiven Ansatzes wurde Sarah nicht nur befördert, sondern auch mit der Leitung eines innovativen Analyseprojekts betraut. Ihr neuer proaktiver Mindset hatte nicht nur ihre Arbeitsergebnisse, sondern auch ihre Wahrnehmung im Unternehmen fundamental verändert.

5.3

Selbstwirksamkeit – der Glaube an die eigene Fähigkeit, durch Handeln gewünschte Ergebnisse zu erzielen – ist ein zentraler Baustein des proaktiven Mindsets. Diese von Albert Bandura entwickelte psychologische Konzeption beeinflusst maßgeblich, ob wir überhaupt handeln, wie ausdauernd wir bei Hindernissen bleiben und wie resilient wir mit Rückschlägen umgehen.

Die Komponenten der Selbstwirksamkeit:

Selbstwirksamkeit setzt sich aus verschiedenen Elementen zusammen:

1. Erfolgserwartung: Die Überzeugung, eine bestimmte Aufgabe erfolgreich bewältigen zu können.

2. Handlungs-Ergebnis-Erwartung: Der Glaube, dass eine bestimmte Handlung zu einem gewünschten Ergebnis führt.

3. Kompetenzüberzeugung: Das Vertrauen in die eigenen Fähigkeiten und Ressourcen.

4. Kontrollüberzeugung: Die Überzeugung, dass man selbst (und nicht äußere Umstände) den Verlauf der Ereignisse bestimmt.

Diese Komponenten zusammen bilden das Fundament für proaktives Handeln. Ohne sie bleibt selbst die beste Motivation wirkungslos, da wir nicht glauben, dass unsere Handlungen einen Unterschied machen können.

FOKUS-BOX

Selbstwirksamkeit ist ein selbstverstärkender Kreislauf: Je mehr wir erleben, dass unsere Handlungen Wirkung zeigen, desto stärker wird unser Glaube an unsere Wirksamkeit – und desto wahrscheinlicher werden weitere proaktive Handlungen.

Strategien zur Stärkung der Selbstwirksamkeit:

1. Die Erfolgstreppe-Methode: Diese Technik baut systematisch Erfolgserlebnisse auf, um die Selbstwirksamkeit zu stärken:

- Beginne mit kleinen, sicher erreichbaren Zielen

- Feiere jeden Erfolg bewusst und spezifisch

- Steigere schrittweise den Schwierigkeitsgrad

- Führe ein "Erfolgsjournal" mit dokumentierten Erfolgen

- Reflektiere regelmäßig über deine wachsenden Fähigkeiten

2. Die Modell-Lern-Technik: Diese Methode nutzt die Kraft des sozialen Lernens:

- Identifiziere Menschen mit hoher Selbstwirksamkeit in relevanten Bereichen

- Analysiere ihre Denk- und Handlungsmuster

- Suche nach Mentoren, die ähnliche Wege gegangen sind

- Umgib dich mit Menschen, die einen proaktiven Mindset leben

- Teile deine Erfahrungen mit Gleichgesinnten

3. Die Selbstwirksamkeits-Visualisierung: Diese Technik nutzt mentale Bilder zur Stärkung der Selbstwirksamkeit:

- Visualisiere dich selbst beim erfolgreichen Bewältigen von Herausforderungen

- Stelle dir konkret den Prozess vor, nicht nur das Ergebnis

- Integriere alle Sinne in deine Vorstellung

- Visualisiere auch den Umgang mit Hindernissen und Rückschlägen

- Verbinde die Visualisierung mit positiven Emotionen

4. Die Progressive Expositions-Methode: Diese Technik baut systematisch Selbstwirksamkeit in herausfordernden Situationen auf:

- Identifiziere Situationen, die dich einschüchtern

- Erstelle eine Hierarchie dieser Situationen von wenig bis stark beängstigend

- Beginne mit der am wenigsten beängstigenden Situation

- Sammle dort Erfolgserlebnisse und Kompetenz

- Arbeite dich schrittweise die Hierarchie hinauf

Fallbeispiel: Markus' Selbstwirksamkeits-Steigerung

Markus, ein introvertierter Software-Entwickler, träumte davon, seine eigenen App-Ideen zu verwirklichen, doch sein mangelnder Glaube an die eigene Wirksamkeit hielt ihn zurück. "Was kann ich schon bewirken?" und "Das schaffe ich nie alleine" waren typische Gedanken.

Seine Transformation begann mit einem systematischen Ansatz zur Stärkung seiner Selbstwirksamkeit:

1. Er wandte die Erfolgstreppe-Methode an, beginnend mit einem sehr kleinen Projekt (einer einfachen Produktivitäts-App), das er erfolgreich umsetzte

2. Er suchte einen Mentor – einen erfahrenen App-Entwickler, der ebenfalls als Einzelperson begonnen hatte – und analysierte dessen Denkweise und Vorgehen

3. Er transformierte seine Attributionsmuster, indem er sich angewöhnte, Erfolge auf seine eigenen Fähigkeiten und Anstrengungen zurückzuführen

4. Er praktizierte regelmäßig Visualisierungen, in denen er sich als erfolgreichen App-Entwickler sah, der Probleme löst und Nutzern einen Mehrwert bietet

5. Er exponierte sich schrittweise immer anspruchsvolleren Situationen – vom Teilen seiner Ideen in kleinen Foren bis hin zur Präsentation auf lokalen Tech-Meetups

Nach einem Jahr hatte Markus nicht nur seine erste kommerzielle App veröffentlicht, sondern auch eine Community von Beta-Testern aufgebaut und erste Investorengespräche geführt. Seine veränderte Selbstwirksamkeitsüberzeugung hatte einen kompletten Wandel seiner Handlungsfähigkeit bewirkt.

5.4 Proaktives Denken als Innovationstreiber

Proaktives Denken ist nicht nur für persönliche Produktivität wichtig – es ist auch ein zentraler Treiber für Innovation und Kreativität. Wer proaktiv denkt, erkennt Chancen und Möglichkeiten, die für reaktive Denker unsichtbar bleiben.

Wie proaktives Denken Innovation fördert:

1. Anticipatory Thinking (Vorausschauendes Denken): Proaktive Denker schauen über den Horizont und antizipieren Entwicklungen, bevor sie offensichtlich werden. Diese Fähigkeit ermöglicht es ihnen, frühzeitig auf Trends zu reagieren oder sogar neue Trends zu setzen.

2. Opportunity Mindset (Chancenorientierung): Während reaktive Denker sich auf Probleme und Hindernisse konzentrieren, sehen proaktive Denker Gelegenheiten und Möglichkeiten. Diese unterschiedliche Wahrnehmung öffnet den Raum für innovative Ideen.

3. First-Principles Thinking (Denken in Grundprinzipien): Proaktive Innovatoren hinterfragen bestehende Annahmen und gehen auf die Grundprinzipien zurück. Statt innerhalb etablierter Paradigmen zu denken, fragen sie: "Was ist wirklich wahr? Was ist wirklich notwendig?"

4. Iterative Experimentation (Iteratives Experimentieren): Statt auf perfekte Bedingungen zu warten, schaffen proaktive Denker ein kontinuierliches Feedback-System durch schnelles Experimentieren und Anpassen.

5. Systems Thinking (Systemisches Denken): Proaktive Innovatoren verstehen die Zusammenhänge und

Wechselwirkungen zwischen verschiedenen Elementen und können daher ganzheitliche Lösungen entwickeln.

FOKUS-BOX

Innovation entsteht selten durch reaktives Problemlösen, sondern durch proaktives Gestalten. Die größten Durchbrüche kamen nicht von Menschen, die auf Probleme reagierten, sondern von jenen, die Möglichkeiten sahen, bevor andere sie erkannten.

Techniken des proaktiven Innovationsdenkens:

1. Die Future-Backwards-Methode: Diese Technik verbindet visionäres und praktisches Denken:

- Beschreibe detailliert eine ideale zukünftige Situation

- Arbeite rückwärts und identifiziere die notwendigen Schritte

- Beginne mit dem ersten machbaren Schritt in der Gegenwart

- Überprüfe und passe den Pfad kontinuierlich an

2. Die Constraints-as-Advantages-Technik: Diese Methode verwandelt Einschränkungen in Innovationstreiber:

- Identifiziere alle scheinbaren Limitationen und Constraints

- Frage für jede Einschränkung: "Wie könnte dies tatsächlich ein Vorteil sein?"

- Entwickle Lösungen, die diese Einschränkungen als Stärken nutzen

- Breche mit konventionellen Annahmen über Hindernisse

3. Die Adjacent-Possible-Exploration: Diese Technik nutzt das Konzept des "anliegenden Möglichen" – Innovationen, die nur einen Schritt vom Bestehenden entfernt sind:

- Identifiziere alle aktuell vorhandenen Elemente und Ressourcen

- Erkunde, welche neuen Kombinationen und Anwendungen möglich sind

- Überlege, welche kleinen Veränderungen große Wirkung haben könnten

- Prototypisiere schnell und teste neue Kombinationen

4. Die What-if-Disruption-Methode: Diese Technik durchbricht etablierte Denkmuster:

- Stelle radikale "Was wäre wenn"-Fragen zu deinem Bereich

- Beispiele: "Was wäre, wenn wir das komplett kostenlos anbieten würden?"

- "Was wäre, wenn wir das Gegenteil unserer üblichen Strategie verfolgen würden?"

- "Was wäre, wenn diese Einschränkung plötzlich verschwinden würde?"

- Verfolge die interessantesten Gedankenexperimente bis zu praktischen Implikationen

5. Die Cross-Industry-Inspiration-Technik: Diese Methode nutzt Erkenntnisse und Praktiken aus anderen Branchen:

- Identifiziere ein spezifisches Problem oder eine Herausforderung

- Erforsche, wie völlig andere Branchen ähnliche Herausforderungen lösen

- Übertrage und adaptiere die Lösungsansätze auf deinen Kontext

- Kombiniere Elemente aus verschiedenen Bereichen zu neuartigen Lösungen

Fallbeispiel: Elenas kreative Disruption

Elena, eine Designerin in einem traditionellen Möbelunternehmen, war frustriert über die reaktive Produktentwicklung der Firma, die stets nur auf Wettbewerber reagierte. Obwohl sie keine Führungsposition innehatte, entschied sie sich, proaktives Innovationsdenken zu praktizieren:

1. Sie wandte die Future-Backwards-Methode an und entwickelte eine Vision für völlig modulare, nachhaltige Möbel, die mit dem Nutzer "mitwachsen" konnten

2. Mit der Constraints-as-Advantages-Technik verwandelte sie die begrenzten Fertigungskapazitäten der Firma in einen Vorteil: Modulare Teile konnten mit bestehenden Anlagen effizienter produziert werden

3. Sie nutzte die Adjacent-Possible-Exploration, um bestehende Materialien und Verbindungstechniken neuartig zu kombinieren

4. Mit der What-if-Disruption-Methode stellte sie die Frage: "Was, wenn Möbel nicht mehr gekauft, sondern abonniert würden?" Dies führte zu einem vollständig neuen Geschäftsmodell

5. Durch Cross-Industry-Inspiration übertrug sie Prinzipien aus der Elektronikbranche (modulares Design, Upgrades) auf die Möbelherstellung

Obwohl anfänglich skeptisch, unterstützte die Geschäftsführung schließlich einen kleinen Pilotversuch. Das resultierende modulare Möbelsystem wurde innerhalb eines Jahres zur erfolgreichsten Produktlinie des Unternehmens und etablierte Elena als interne Innovationstreiberin. Ihr proaktives Denken hatte nicht nur ein neues Produkt geschaffen, sondern die gesamte Innovationskultur des Unternehmens verändert.

5.5 Die Macht der Initiative: Chancen erkennen und ergreifen

Initiative – die Fähigkcit, selbstständig und ohne äußere Aufforderung zu handeln – ist vielleicht das sichtbarste Merkmal proaktiver Menschen. Sie warten nicht darauf, dass Gelegenheiten perfekt sind oder dass jemand ihnen Anweisungen gibt, sondern erkennen und ergreifen Chancen selbstständig.

Die Anatomie der Initiative:

Initiative besteht aus mehreren zusammenhängenden Elementen:

1. Chancenerkennung: Die Fähigkeit, Möglichkeiten zu identifizieren, die andere übersehen – oft weil sie nicht offensichtlich sind oder erst in der Zukunft relevant werden.

2. Handlungsbereitschaft: Die Bereitschaft, ins Handeln zu kommen, auch ohne formelle Autorisierung oder vollständige Sicherheit über den Ausgang.

3. Risikobereitschaft: Die Fähigkeit, kalkulierte Risiken einzugehen und mit Unsicherheit umzugehen.

4. Ressourcenmobilisierung: Die Kompetenz, notwendige Ressourcen (Zeit, Wissen, Unterstützung, Materialien) für ein Vorhaben zu aktivieren.

5. Durchhaltevermögen: Die Ausdauer, eine Initiative auch gegen Widerstände und Rückschläge weiterzuverfolgen.

FOKUS-BOX

Initiative ist nicht immer bequem – weder für die Person, die sie ergreift, noch für ihr Umfeld. Sie stört den Status quo und erfordert Veränderung. Genau deshalb ist sie so wertvoll und oft der Unterschied zwischen Mittelmäßigkeit und außergewöhnlichen Ergebnissen.

Hindernisse für Initiative und wie man sie überwindet:

1. Die Erlaubnis-Falle: Viele Menschen warten auf explizite Erlaubnis, bevor sie handeln.

Überwindung: Praktiziere das Prinzip "Einfacher um Vergebung bitten als um Erlaubnis" – natürlich im Rahmen ethischer und organisatorischer Grenzen. Beginne mit kleinen, risikoarmen Initiativen und baue darauf auf.

2. Die Perfektions-Falle: Das Warten auf den perfekten Plan oder die idealen Bedingungen verhindert Initiative.

Überwindung: Adoptiere das MVP-Prinzip (Minimum Viable Product): Beginne mit der einfachsten Version und iteriere basierend auf Feedback. Der erste Schritt muss nicht perfekt sein, nur machbar.

3. Die Verantwortungs-Scheu: Die Angst vor Verantwortung – besonders bei Misserfolg – hemmt Initiative.

Überwindung: Beginne mit "no-lose initiatives" – Aktionen, bei denen selbst ein "Scheitern" wertvolle Erkenntnisse liefert. Baue schrittweise deine Komfortzone mit Verantwortung aus.

4. Die soziale Konformitäts-Falle: Die Sorge, aus der Gruppe herauszustechen oder als übereifrig wahrgenommen zu werden.

Überwindung: Suche dir Vorbilder und Unterstützer für Initiative. Kommuniziere deine Initiativen als Beitrag zum Gemeinwohl, nicht als persönlichen Vorteil.

5. Die Ressourcen-Falle: Der Glaube, dass man für Initiative spezielle Ressourcen, Position oder Autorität benötigt.

Überwindung: Fokussiere auf resourcefulness (Einfallsreichtum) statt resources (Ressourcen). Beginne mit dem, was du hast, und baue darauf auf.

Strategien zur Kultivierung von Initiative:

1. Die Opportunitäts-Radar-Technik: Diese Methode schärft deine Fähigkeit, Chancen zu erkennen:

- Definiere deine Kerninteressen und strategischen Ziele

- Erstelle ein systematisches "Radar" für relevante Entwicklungen

- Etabliere Informationsquellen, die dir einen Informationsvorsprung geben

- Nimm dir wöchentlich Zeit für strategisches Scanning deiner Umgebung

- Führe ein Chancen-Journal mit erkannten Möglichkeiten

2. Die Micro-Initiative-Methode: Diese Technik baut Initiative durch kleine, risikoarme Schritte auf:

- Beginne mit winzigen Initiativen in deinem direkten Einflussbereich

- Setze dir ein wöchentliches Ziel für mindestens eine neue Initiative

- Dokumentiere jede Initiative und ihre Ergebnisse

- Steigere schrittweise Umfang und Bedeutung deiner Initiativen

- Reflektiere regelmäßig, was du aus jeder Initiative lernst

3. Die Ressourcen-Leverage-Strategie: Diese Methode maximiert die Wirkung begrenzter Ressourcen:

- Identifiziere alle verfügbaren Ressourcen (oft mehr als offensichtlich)

- Finde kreative Wege, vorhandene Ressourcen mehrfach zu nutzen

- Entwickle ein Netzwerk von "Initiative-Verbündeten"

- Praktiziere das Prinzip "Erst handeln, dann optimieren"

- Fokussiere auf maximale Wirkung mit minimalem Input

4. Die Initiativ-Kommunikations-Technik: Diese Methode hilft, Initiativen effektiv zu kommunizieren und Unterstützung zu gewinnen:

- Formuliere deine Initiative als Lösung für ein relevantes Problem

- Verbinde sie mit übergeordneten Zielen und Werten

- Präsentiere einen klaren ersten Schritt mit minimalen Anforderungen

- Zeige mögliche positive Outcomes und adressiere potenzielle Bedenken

- Mache konkrete, spezifische Handlungsvorschläge

Fallbeispiel: Davids Initiative-Revolution

David, ein Mitarbeiter in der Kundenserviceabteilung eines Telekommunikationsunternehmens, bemerkte wiederkehrende Beschwerden über die Unverständlichkeit der monatlichen Rechnungen. Statt diese Beschwerden einfach weiterzuleiten oder zu ignorieren, entschied er sich für Initiative:

1. Er sammelte systematisch Daten über die häufigsten Verständnisprobleme (Opportunitäts-Radar)

2. Er entwickelte in seiner Freizeit einen einfachen visuellen Leitfaden zum Verständnis der Rechnungen (Micro-Initiative)

3. Er nutzte bestehende Kommunikationskanäle und seine Mittagspausen, um den Leitfaden zu testen (Ressourcen-Leverage)

4. Er präsentierte seinen Vorgesetzten nicht "ein Problem", sondern eine bereits getestete Lösung mit positiven Kundenfeedbacks (Initiativ-Kommunikation)

Das Ergebnis: Der Leitfaden wurde nicht nur offiziell übernommen, sondern David wurde eingeladen, in einem abteilungsübergreifenden Team zur Verbesserung der Kundenkommunikation mitzuarbeiten. Sein Ansehen im Unternehmen stieg erheblich, und innerhalb eines Jahres wurde er zum Teamleiter befördert. Seine Initiative hatte nicht nur ein Kundenproblem gelöst, sondern auch seine eigene Karriere transformiert.

5.6 Verantwortung übernehmen: Der Schlüssel zu proaktivem Handeln

Die Übernahme vollständiger Verantwortung für das eigene Leben, Handeln und die eigenen Ergebnisse ist vielleicht der fundamentalste Aspekt des proaktiven Mindsets. Ohne sie bleiben alle anderen Elemente wirkungslos. Verantwortungsübernahme bedeutet, die Opferrolle aufzugeben und sich als aktiven Gestalter des eigenen Lebens zu begreifen.

Die Dimensionen der Verantwortungsübernahme:

1. Verantwortung für die eigenen Einstellungen: Proaktive Menschen erkennen, dass niemand ihre Einstellungen und Reaktionen bestimmt als sie selbst.

2. Verantwortung für die eigenen Handlungen: Sie akzeptieren, dass ihre Handlungen oder Unterlassungen ihre eigene Wahl sind, nicht das Resultat äußerer Umstände.

3. Verantwortung für die eigenen Ergebnisse: Sie sehen sich selbst als primäre Ursache ihrer Erfolge und Misserfolge, nicht als Opfer von Umständen.

4. Verantwortung für die eigene Entwicklung: Sie betrachten ihre persönliche und berufliche Entwicklung als ihre eigene Aufgabe, nicht als Verantwortung anderer.

5. Verantwortung für Lösungen: Sie fokussieren auf Lösungsbeiträge statt Schuldzuweisungen, auch bei Problemen, die sie nicht verursacht haben.

FOKUS-BOX

100% Verantwortung zu übernehmen bedeutet nicht, sich selbst zu beschuldigen oder die Realität externer Faktoren zu leugnen. Es bedeutet, sich auf den Bereich zu konzentrieren, den man tatsächlich beeinflussen kann, und dort volle Verantwortung zu übernehmen – unabhängig davon, wie groß oder klein dieser Bereich ist.

Die Verantwortungs-Kontinuum:

Verantwortungsübernahme ist kein Entweder-Oder, sondern ein Kontinuum mit verschiedenen Stufen:

Stufe 1: Leugnung "Das ist nicht meine Schuld. Ich habe damit nichts zu tun."

Stufe 2: Beschuldigung "Das ist passiert, weil andere Fehler gemacht haben."

Stufe 3: Rechtfertigung "Ich konnte nicht anders handeln, weil die Umstände es nicht zuließen."

Stufe 4: Scham/Selbstvorwürfe "Es ist alles meine Schuld. Ich bin ein Versager."

Stufe 5: Verpflichtung "Unabhängig von den Umständen übernehme ich Verantwortung für meinen Teil."

Stufe 6: Besitz "Ich erkenne meinen Anteil an und nehme die Situation als Chance zur Entwicklung."

Stufe 7: Meisterschaft "Ich übernehme volle Verantwortung für meine Reaktionen und nutze jede Situation für Wachstum."

Die Stufen 1-4 repräsentieren reaktive Verantwortungsmuster, während die Stufen 5-7 proaktive Muster darstellen. Die Bewegung auf diesem Kontinuum nach oben ist ein wesentlicher Teil der proaktiven Transformation.

Strategien zur Stärkung der Verantwortungsübernahme:

1. Die Sprach-Transformations-Technik: Diese Methode nutzt die Kraft der Sprache zur Veränderung des Verantwortungsbewusstseins:

Reaktive Sprache	Proaktive Sprache
"Ich muss"	"Ich entscheide mich"
"Ich kann nicht"	"Ich wähle nicht"
"Wenn doch nur..."	"Ich werde..."
"Er macht mich wütend"	"Ich reagiere mit Wut"
"Das lässt sich nicht ändern"	"Lass uns nach Alternativen suchen"

Durch bewusstes Umformulieren veränderst du nicht nur deine Kommunikation, sondern auch dein Denken und schließlich dein Handeln.

2. Die Verantwortungs-Analyse-Methode: Diese Technik hilft, den eigenen Verantwortungsanteil in jeder Situation zu erkennen:

- Beschreibe eine herausfordernde Situation objektiv und faktisch

- Identifiziere alle Faktoren, die zu dieser Situation beigetragen haben

- Markiere jene Faktoren, die in deinem Einflussbereich lagen/liegen

- Frage: "Was habe ich getan oder nicht getan, das zu dieser Situation beigetragen hat?"

- Frage: "Was kann ich jetzt tun, um die Situation positiv zu beeinflussen?"

3. Die 100%-0%-Technik: Diese Methode kultiviert radikale Verantwortungsübernahme:

- Übernimm in jeder Situation 100% Verantwortung für deine Reaktion

- Erwarte gleichzeitig 0% Verantwortungsübernahme von anderen

- Frage bei Problemen: "Was kann ich unabhängig vom Verhalten anderer tun?"

- Fokussiere ausschließlich auf deinen Einflussbereich

- Praktiziere diese Haltung besonders in Konfliktsituationen

4. Die Commitment-statt-Compliance-Strategie: Diese Methode transformiert passive Befolgung in aktive Verpflichtung:

- Hinterfrage bei jeder Anforderung: "Wie kann ich diese zu meiner eigenen machen?"

- Verwandle externe Erwartungen in interne Commitments

- Definiere für jede Aufgabe einen persönlichen Grund oder Wert

- Übernimm die Eigentümerschaft für Prozesse und Ergebnisse

- Suche aktiv nach Möglichkeiten, über Mindestanforderungen hinauszugehen

Fallbeispiel: Peters Verantwortungs-Transformation

Peter, ein Projektleiter in einem Technologieunternehmen, stand vor dem Scheitern eines wichtigen Projekts. Seine erste Reaktion war typisch reaktiv: Er machte unklare Anforderungen, mangelnde Ressourcen und unrealistische Fristen verantwortlich – alles Faktoren außerhalb seiner direkten Kontrolle.

Ein tiefer Moment der Reflexion führte zu seiner Verantwortungs-Transformation:

1. Er wandte die Verantwortungs-Analyse-Methode an und erkannte seinen Anteil: Er hatte Risiken nicht klar kommuniziert, Konflikte im Team vermieden und zu spät um Unterstützung gebeten

2. Mit der Sprach-Transformations-Technik veränderte er seine Kommunikation von "Wir konnten nicht..." zu "Wir haben nicht..."

3. Er implementierte die 100%-0%-Technik, indem er sich fragte: "Was kann ich jetzt tun, unabhängig von den bisherigen Versäumnissen anderer?"

4. Er wandelte externe Projekt-Deadlines in interne Commitments um und entwickelte eine tiefe persönliche Verpflichtung zum Projekterfolg

Das Ergebnis: Peter initiierte ein offenes Krisengespräch mit allen Stakeholdern, entwickelte einen realistischen Rettungsplan und übernahm persönliche Verantwortung für bestimmte kritische Lieferungen. Diese proaktive Verantwortungsübernahme führte nicht nur zur erfolgreichen Fertigstellung des Projekts, sondern auch zu einem fundamentalen Wandel in der Projekt- und Fehlerkultur seines Teams. Sein Ansehen als Führungskraft stieg signifikant, und er wurde später zum Abteilungsleiter befördert.

5.7 Praktische Übungen und Reflexionen

Übung 1: Proaktivitäts-Profil erstellen Analysiere deinen aktuellen proaktiven Mindset:

- Bewerte dich auf einer Skala von 1-10 in den Schlüsseldimensionen: Initiative, Verantwortung, Selbstwirksamkeit, Innovationsdenken und Chancenerkennung

- Identifiziere konkrete Beispiele für proaktives und reaktives Verhalten aus deinem Leben

- Frage 3-5 vertraute Personen um ehrliches Feedback zu deinem Grad an Proaktivität

- Erstelle ein "Proaktivitäts-Stärken-Schwächen-Profil"

- Identifiziere den Bereich mit dem größten Entwicklungspotenzial

Übung 2: 7-Tage Sprachtransformations-Challenge Verändere eine Woche lang bewusst deine Sprache:

- Erstelle eine Liste deiner typischen reaktiven Formulierungen

- Entwickle proaktive Alternativen für jede dieser Aussagen

- Führe ein Tagebuch, in dem du täglich reaktive Äußerungen notierst und umformulierst

- Bitte einen Vertrauten, dich bei reaktiver Sprache freundlich zu korrigieren

- Reflektiere am Ende der Woche, wie die veränderte Sprache dein Denken beeinflusst hat

Übung 3: Einflusskreis-Erweiterung Erweitere systematisch deinen Einflussbereich:

- Wähle eine aktuelle Herausforderung, die dich belastet

- Liste alle Aspekte dieser Situation auf

- Kategorisiere jeden Aspekt als "direkter Einfluss", "indirekter Einfluss" oder "kein Einfluss"

- Entwickle einen Aktionsplan mit konkreten Schritten für alle beeinflussbaren Bereiche

- Praktiziere bewusste Akzeptanz für die nicht beeinflussbaren Faktoren

- Führe diesen Plan eine Woche lang aus und notiere, wie sich dein Einflusskreis verändert

Übung 4: Micro-Initiative-Challenge Trainiere deine Initiative-Muskeln durch kleine, tägliche Aktionen:

- Setze dir das Ziel, jeden Tag mindestens eine kleine Initiative zu ergreifen

- Beginne mit winzigen, risikoarmen Aktionen in deinem direkten Umfeld

- Dokumentiere jede Initiative und ihre Wirkung

- Steigere schrittweise den Umfang und die Sichtbarkeit deiner Initiativen

- Reflektiere nach 21 Tagen, wie sich deine Initiative-Fähigkeit entwickelt hat

Übung 5: Zukunfts-Selbst-Visualisierung Nutze diese kraftvolle Visualisierungstechnik zur Stärkung deines proaktiven Mindsets:

- Stelle dir dein "proaktives Zukunfts-Selbst" in 3 Jahren vor

- Beschreibe detailliert, wie diese Person denkt, spricht und handelt

- Visualisiere täglich 5 Minuten, wie du als diese Person agierst

- Schreibe einen Brief von deinem zukünftigen an dein heutiges Selbst

- Identifiziere 3-5 konkrete Verhaltensweisen deines zukünftigen Selbst, die du ab sofort praktizieren kannst

FOKUS-BOX: Kapitelzusammenfassung

- **Proaktive Menschen zeichnen sich durch spezifische Denkmuster, Verhaltensweisen und sprachliche**

Muster aus, die systematisch entwickelt werden können

- Der Übergang von reaktiv zu proaktiv ist ein stufenweiser Prozess, der mit Bewusstwerdung beginnt und zu einer vollständigen Transformation der Lebensgestaltung führen kann

- Selbstwirksamkeit – der Glaube an die eigene Handlungsfähigkeit – ist ein zentraler Baustein des proaktiven Mindsets und kann durch spezifische Techniken gestärkt werden

- Proaktives Denken ist ein wesentlicher Treiber für Innovation und Kreativität, da es Chancen erkennt, bevor sie offensichtlich werden

- Initiative – die Fähigkeit, selbstständig und ohne äußere Aufforderung zu handeln – unterscheidet außergewöhnliche von durchschnittlichen Ergebnissen

- Die vollständige Übernahme von Verantwortung für das eigene Leben und Handeln ist der Schlüssel zu proaktivem Handeln und nachhaltiger Selbstwirksamkeit

Reflexionsfragen:

1. In welchen Lebensbereichen bist du bereits stark proaktiv, in welchen eher reaktiv?

2. Welche deiner typischen Sprachmuster verraten eine reaktive Grundhaltung?

3. Wo könntest du mehr Initiative ergreifen, zögerst aber noch – und warum?

4. Welche äußeren Faktoren machst du regelmäßig für deine Situation verantwortlich?

5. Wie würde dein Leben aussehen, wenn du in allen Bereichen konsequent proaktiv wärst?

Action-Steps für Kapitel 5:

1. Führe eine vollständige Analyse deines Sprach- und Denkmusters auf Anzeichen von Reaktivität durch

2. Wähle einen Lebensbereich und praktiziere dort eine Woche lang konsequent die 100%-0%-Verantwortungsstrategie

3. Starte die "Eine-Initiative-pro-Tag"-Challenge für mindestens 14 Tage

4. Identifiziere deine drei größten Einfluss-Blockaden und entwickle einen Aktionsplan für jede

5. Praktiziere täglich 5 Minuten die Zukunfts-Selbst-Visualisierung

Kapitel 6:

Umsetzungsstrategien für hohen Output

"Wissen ist nur Vorstufe zum Handeln. Alles Wissen, das nicht zum Handeln führt, ist wertlos." - Peter F. Drucker

Ideen, Pläne und gute Absichten sind wichtig – aber ohne konsequente Umsetzung bleiben sie wirkungslos. In diesem Kapitel entdecken wir bewährte Systeme und Strategien, die dir helfen, deine Vorhaben zuverlässig in die Tat umzusetzen und kontinuierlich hohen Output zu erzeugen.

6.1 Systeme für konsistente Produktivität etablieren

Hohe Produktivität entsteht nicht durch spontane Inspiration oder gelegentliche Kraftanstrengungen, sondern durch robuste Systeme, die konsistentes Handeln fördern und unterstützen. Während Willenskraft und Motivation schwanken, können gut gestaltete Systeme dafür sorgen, dass du auch an schlechten Tagen produktiv bleibst.

Warum Systeme über Willenskraft triumphieren:

1. Willenskraft ist begrenzt: Die Forschung zeigt, dass Willenskraft eine erschöpfbare Ressource ist. Mit jedem Willensakt – sei es eine schwierige Entscheidung oder eine Versuchung widerstehen – nimmt diese Ressource ab. Systeme dagegen verbrauchen weniger willentliche Kontrolle.

2. Motivation schwankt: Motivation ist von Natur aus unbeständig und wird von zahlreichen Faktoren beeinflusst – von Stimmung und Energieniveau bis zu äußeren Umständen. Systeme können diese Schwankungen ausgleichen.

3. Gewohnheiten dominieren: Studien legen nahe, dass bis zu 45% unserer täglichen Handlungen gewohnheitsbasiert sind. Gut gestaltete Systeme nutzen diese Gewohnheitsmacht, anstatt gegen sie anzukämpfen.

4. Kognitive Entlastung: Systeme reduzieren die kognitive Belastung, indem sie Entscheidungen eliminieren oder vereinfachen. Das spart mentale Energie für wertschöpfende Tätigkeiten.

FOKUS-BOX

Willenskraft und Motivation sind wie das Wetter – manchmal günstig, manchmal nicht. Aber anstatt auf perfektes Wetter zu hoffen, bauen kluge Menschen Gewächshäuser – Systeme, die unabhängig von äußeren Bedingungen Wachstum und Produktivität ermöglichen.

Komponenten effektiver Produktivitätssysteme:

Ein vollständiges Produktivitätssystem besteht aus mehreren integriert arbeitenden Komponenten:

1. Capture-System: Ein zuverlässiges System zum Erfassen aller Inputs, Ideen, Aufgaben und Verpflichtungen.

Eigenschaften:

- Immer verfügbar (sowohl digital als auch analog)

- Minimal-Friction (geringe Einstiegshürde)

- Universalität (alles an einem Ort)

- Vertrauenswürdigkeit (nichts geht verloren)

2. Organisations-System: Ein Prozess zur Strukturierung und Kategorisierung der erfassten Informationen.

Eigenschaften:

- Klare Kategorien und Tags

- Kontextbezogene Organisation

- Balance zwischen Komplexität und Benutzbarkeit

- Regelmäßige Review-Prozesse

3. Priorisierungs-System: Ein Framework zur Entscheidung, was wann getan werden sollte.

Eigenschaften:

- Klare Kriterien für Wichtigkeit vs. Dringlichkeit

- Unterscheidung zwischen taktischen und strategischen Prioritäten

- Kapazitätsbewusstsein (was ist realistisch machbar?)

- Flexibilität für veränderte Umstände

4. Ausführungs-System: Strukturen und Routinen, die die tatsächliche Umsetzung unterstützen.

Eigenschaften:

- Definierte Arbeitsblöcke

- Ritual-basierte Übergänge

- Klare Start- und Endpunkte

- Integrierte Überprüfungs- und Anpassungsmechanismen

5. Feedback-System: Prozesse zur Messung, Bewertung und kontinuierlichen Verbesserung.

Eigenschaften:

- Objektive Fortschrittsmessung

- Regelmäßige Selbstreflexion

- Anpassungsfähigkeit basierend auf Ergebnissen

- Feier von Erfolgen und Lernen aus Misserfolgen

Praktische Systemmodelle für verschiedene Anforderungen:

1. Das Minimalistische System (für Einsteiger): Ein einfaches, aber vollständiges System für Produktivitätseinsteiger.

Komponenten:

- **Capture:** Universelles Notizbuch plus digitale Notiz-App

- **Organisation:** Einfache Listen-Struktur (Heute, Diese Woche, Später)

- **Priorisierung:** Tägliche Top-3-Aufgaben plus "Könnte"-Liste

- **Ausführung:** Zwei definierte 90-Minuten-Tiefenarbeitsblöcke pro Tag

- **Feedback:** Wöchentliche kurze Reflexion (Was hat funktioniert? Was nicht?)

2. Das Integrierte Workflow-System (für Fortgeschrittene): Ein umfassenderes System für komplexere Anforderungen.

Komponenten:

- **Capture:** Digitales Task-Management-System mit Mobile-App plus analoges Notizbuch

- **Organisation:** Projekte, Kontexte, Energielevel, Zeithorizonte

- **Priorisierung:** Eisenhower-Matrix plus wöchentliche Zielausrichtung

- **Ausführung:** Timeboxing, definierte tägliche Rituale, Fokusblöcke

- **Feedback:** Tägliches Journal, wöchentliche Revision, monatliche Tiefenanalyse

3. Das Agile Persönliche Kanban-System (für visuelle Denker): Ein visuelles, flexibles System basierend auf Kanban-Prinzipien.

Komponenten:

- **Capture:** Physisches oder digitales Kanban-Board plus Inbox

- **Organisation:** Visualisierung des Workflows durch Spalten (Backlog, Geplant, In Arbeit, Fertig)

- **Priorisierung:** WIP-Limits (Work In Progress) und visuelles Ranking

- **Ausführung:** Pull-System statt Push (Aufgaben werden gezogen, nicht zugewiesen)

- **Feedback:** Durchlaufzeitmessung, regelmäßige Retrospektiven

Fallbeispiel: Martinas System-Revolution

Martina, eine selbstständige Designerin und Mutter von zwei Kindern, kämpfte mit typischen Freelancer-Herausforderungen: schwankende Arbeitsbelastung, multiple Projekte, unklare Prioritäten und die ständige Balance zwischen Beruf und Familie. Trotz hoher Motivation und Fähigkeiten fühlte sie sich oft überfordert und unproduktiv.

Ihre Transformation begann mit der systematischen Entwicklung eines personalisierten Produktivitätssystems:

1. **Capture:** Sie etablierte ein "zweistufiges Capture-System" – eine immer zugängliche Notizen-App für schnelle Gedanken unterwegs und ein detaillierteres digitales Task-Management-System für die Organisation

2. **Organisation:** Sie strukturierte ihre Arbeit in vier Hauptkategorien: Kundenprojekte, Geschäftsentwicklung, persönliche Projekte und Familienverantwortungen, jeweils mit Unterprojekten und kontextbezogenen Tags

3. **Priorisierung:** Sie implementierte ein hybrides System aus zeitlicher Planung (Morgen für kreative Arbeit, Nachmittag für Kommunikation) und energiebasierter Zuweisung (Aufgaben nach mentaler/kreativer/administrativer Energie)

4. **Ausführung:** Sie entwickelte klare "Modi" für verschiedene Arbeitsphasen mit spezifischen Umgebungen, Werkzeugen und Regeln (z.B. "Deep Design Mode" vs. "Client Communication Mode")

5. **Feedback:** Sie etablierte eine tägliche 5-Minuten-Reflexion, ein wöchentliches Review und eine monatliche strategische Überprüfung

Die Ergebnisse waren beeindruckend: Nach drei Monaten hatte Martina ihre Produktivität in Schlüsselbereichen um 40% gesteigert, während ihre Arbeitszeit tatsächlich um 10 Stunden pro Woche sank. Sie konnte mehr Projekte abschließen, höhere Honorare durchsetzen und trotzdem mehr Zeit mit ihrer Familie verbringen. Das Schlüsselelement war nicht härter zu arbeiten, sondern ein robustes System zu entwickeln, das konsistente Produktivität auch an schwierigen Tagen ermöglichte.

6.2 Priorisierungsmethoden meistern

In einer Welt scheinbar endloser Möglichkeiten und Anforderungen ist die Fähigkeit zu priorisieren – zu entscheiden, was wichtig ist und was warten kann – vielleicht die entscheidendste Produktivitätskompetenz. Effektive Priorisierung unterscheidet hochproduktive Menschen von jenen, die sich in Geschäftigkeit verlieren.

Priorisierungsgrundlagen:

Die Kunst der Priorisierung basiert auf einigen fundamentalen Prinzipien:

1. Klarheit über Ziele und Werte: Effektive Priorisierung beginnt mit Klarheit darüber, was wirklich wichtig ist. Ohne diese Klarheit werden Entscheidungen inkonsistent und oft von momentanen Gefühlen oder Druck bestimmt.

2. Unterscheidung zwischen wichtig und dringend: Diese von Stephen Covey popularisierte Unterscheidung ist zentral für strategische Priorisierung:

- **Wichtig:** Hat signifikanten Einfluss auf langfristige Ziele und Werte

- **Dringend:** Erfordert sofortige Aufmerksamkeit

3. Opportunity Cost Awareness: Jedes "Ja" zu einer Aktivität bedeutet automatisch "Nein" zu zahlreichen anderen möglichen Aktivitäten. Effektive Priorisierung berücksichtigt diese Opportunitätskosten.

4. Pareto-Prinzip (80/20-Regel): In vielen Bereichen kommen ca. 80% der Ergebnisse aus 20% der Aktivitäten. Priorisierung bedeutet, diese hocheffektiven 20% zu identifizieren und zu bevorzugen.

5. Kapazitätsbewusstsein: Realistische Priorisierung berücksichtigt die tatsächlich verfügbaren Ressourcen (Zeit, Energie, Aufmerksamkeit) und vermeidet Übercommitment.

FOKUS-BOX

Wahre Priorisierung bedeutet nicht, alles in eine Reihenfolge zu bringen. Es bedeutet, bewusst zu entscheiden, was du NICHT tun wirst. Die Kraft der

Priorisierung liegt nicht im Hinzufügen, sondern im Weglassen.

Die Eisenhower-Matrix:

Diese klassische Priorisierungsmethode, benannt nach dem US-Präsidenten Dwight D. Eisenhower, ist ein kraftvolles visuelles Tool zur Entscheidungsfindung. Sie kategorisiert Aufgaben in vier Quadranten basierend auf ihrer Wichtigkeit und Dringlichkeit:

Quadrant 1: Wichtig und Dringend

- Typische Beispiele: Krisen, drängende Probleme, termingebundene Aufgaben mit hoher Bedeutung

- Handlung: Sofort persönlich erledigen

- Strategie: Versuchen, proaktiv die Menge dieser Aufgaben zu reduzieren

Quadrant 2: Wichtig, aber Nicht Dringend

- Typische Beispiele: Langfristige Planung, Beziehungspflege, persönliche Entwicklung, Prävention

- Handlung: Planvoll Zeit investieren

- Strategie: Ausbau dieses Quadranten für nachhaltige Produktivität und Erfüllung

Quadrant 3: Nicht Wichtig, aber Dringend

- Typische Beispiele: Manche Unterbrechungen, einige Meetings, viele E-Mails

- Handlung: Delegieren wenn möglich, ansonsten minimieren

- Strategie: Systematisch reduzieren durch klarere Grenzen und Erwartungsmanagement

Quadrant 4: Weder Wichtig noch Dringend

- Typische Beispiele: Triviale Beschäftigungen, manche Internet-Browsing-Aktivitäten, Ablenkungen

- Handlung: Eliminieren

- Strategie: Bewusste Erholungsphasen planen statt zufälliger Zeitvergeudung

Die Anwendung der Eisenhower-Matrix erfordert ehrliche Selbsteinschätzung und die Bereitschaft, Aktivitäten zu eliminieren oder zu delegieren, die nicht in Quadrant 1 oder 2 fallen.

Die ABCDE-Methode:

Diese von Brian Tracy entwickelte Technik bietet einen strukturierten Ansatz zur linearen Priorisierung:

A: Aufgaben mit sehr ernsten Konsequenzen, wenn sie nicht erledigt werden **B:** Aufgaben mit milden Konsequenzen, wenn sie nicht erledigt werden **C:** Aufgaben mit angenehmen, aber nicht konsequenzenreichen Ergebnissen **D:** Aufgaben, die delegiert werden können **E:** Aufgaben, die eliminiert werden können

Die Methodik:

1. Kategorisiere jede Aufgabe mit einem Buchstaben (A-E)

2. Nummeriere die Aufgaben innerhalb jeder Kategorie (A1, A2, B1, B2, etc.)

3. Beginne mit A1 und arbeite die Liste in strikter Reihenfolge ab

4. Gehe erst zu B-Aufgaben, wenn alle A-Aufgaben erledigt sind

Der Schlüssel dieser Methode liegt in der Disziplin, die Aufgaben in der festgelegten Reihenfolge abzuarbeiten, unabhängig von persönlichen Präferenzen oder dem Drang zur Prokrastination.

Das Pareto-Prinzip im Alltag nutzen:

Die 80/20-Regel lässt sich als praktische Priorisierungsmethode im Alltag anwenden:

1. Die 80/20-Analyse:

- Identifiziere in jedem Projekt die 20% der Aufgaben, die 80% des Wertes erzeugen

- Fokussiere zuerst auf diese hocheffektiven Elemente

- Überprüfe regelmäßig, ob deine Zeitverteilung dem 80/20-Prinzip entspricht

2. Die 80/20-Tagesplanung:

- Reserviere 80% deiner besten Zeit für die 20% wichtigsten Aktivitäten

- Plane bewusst "Power Hours" für hocheffektive Tätigkeiten

- Gruppiere niedrigwertige Aufgaben in Batches, die in Zeiten geringerer Energie erledigt werden

3. Die 80/20-Entscheidungsheuristik:

- Bei Unsicherheit zwischen mehreren Optionen, frage: "Welche Option wird wahrscheinlich 80% des Wertes erzeugen?"

- Reduziere Entscheidungszeit für Aktivitäten mit geringem Wertbeitrag

- Wende das Prinzip der "ausreichend guten" Entscheidung für alles außerhalb der kritischen 20% an

Fallbeispiel: Alexanders Priorisierungs-Transformation

Alexander, ein Produktmanager in einem Technologieunternehmen, war bekannt für seine Arbeitsethik – und sein permanentes Überlastungsgefühl. Trotz 60-Stunden-Wochen schien er nie alle Aufgaben bewältigen zu können, und wichtige strategische Initiativen blieben auf der Strecke.

Seine Transformation begann mit einer systematischen Überprüfung seiner Priorisierungsmethoden:

1. Er führte eine vollständige Eisenhower-Analyse seiner Tätigkeiten durch und stellte fest, dass er über 60% seiner Zeit in Quadrant 3 (dringend, aber nicht wichtig) verbrachte

2. Er implementierte die ABCDE-Methode für seine tägliche Planung und etablierte die Disziplin, alle

A-Aufgaben vor Beginn der B-Aufgaben zu erledigen

3. Er wandte das Pareto-Prinzip auf sein Produktportfolio an und identifizierte, dass 70% des Unternehmenswerts aus nur 15% der Features stammten

4. Er entwickelte ein persönliches "Wichtigkeits-Kriterien-System" basierend auf strategischem Impact, Skalierbarkeit und Alignment mit Unternehmenszielen

Die Ergebnisse waren transformativ: Nach vier Monaten dieser Praxis hatte Alexander nicht nur seine Arbeitszeit auf 45 Stunden reduziert, sondern auch zwei strategische Initiativen erfolgreich implementiert, die zuvor ständig verschoben wurden. Sein Team berichtete über klarere Prioritäten und weniger "Feuerwehr"-Situationen. Der entscheidende Durchbruch war nicht mehr zu arbeiten, sondern systematisch zu entscheiden, was nicht getan werden sollte.

6.3 Gewohnheiten für mehr Output aufbauen

Gewohnheiten – automatisierte Verhaltensroutinen, die mit minimaler bewusster Anstrengung ablaufen – sind die Bausteine nachhaltiger Produktivität. Während einmalige Willensanstrengungen kurzfristige Ergebnisse bringen können, sind es gut etablierte Gewohnheiten, die langfristig für konsistenten Output sorgen.

Die Wissenschaft der Gewohnheitsbildung:

Moderne Forschung hat ein tieferes Verständnis der neuropsychologischen Grundlagen von Gewohnheiten ermöglicht:

1. Der Gewohnheitskreislauf: Gewohnheiten folgen einem vorhersagbaren Muster, das von Charles Duhigg als "Habit Loop" beschrieben wurde:

- **Auslöser (Cue):** Ein Trigger, der die Routine in Gang setzt

- **Routine:** Das eigentliche Verhalten

- **Belohnung:** Eine positive Konsequenz, die das Gehirn verstärkt

2. Die Rolle des Striatums: Neurowissenschaftliche Studien zeigen, dass Gewohnheiten im Striatum – einem Teil der Basalganglien – gespeichert werden. Diese Hirnregion ist für automatisierte Verhaltensweisen zuständig und arbeitet unabhängig vom präfrontalen Kortex, der bewusste Entscheidungen trifft.

3. Kontextuelle Auslöser: Gewohnheiten werden stärker durch kontextuelle Auslöser (Zeit, Ort, vorhergehende Handlung) als durch bewusste Absichten aktiviert. Dies erklärt, warum Umgebungsveränderungen oft Gewohnheiten stören.

4. Die Automatisierungskurve: Die Entwicklung einer Gewohnheit folgt einer S-Kurve: Anfangs langsam, dann beschleunigter Fortschritt, schließlich Plateaubildung mit vollständiger Automatisierung.

FOKUS-BOX

Gewohnheiten sind wie das Betriebssystem deiner Produktivität. Sie laufen im Hintergrund und verbrauchen minimale bewusste Ressourcen. Je mehr produktive Verhaltensweisen du automatisieren kannst, desto mehr mentale Energie bleibt für kreative und anspruchsvolle Aufgaben.

Die vier Gesetze der Gewohnheitsbildung:

James Clear hat in seinem Buch "Atomic Habits" vier fundamentale Gesetze der Gewohnheitsbildung formuliert, die ein praktisches Framework für die Entwicklung produktiver Gewohnheiten bieten:

1. Mache es offensichtlich (Cue): Produktive Gewohnheiten benötigen klare, zuverlässige Auslöser:

- **Implementation Intentions:** Definiere genau wann und wo du die Gewohnheit ausführen wirst

- **Habit Stacking:** Verknüpfe eine neue Gewohnheit mit einer bestehenden

- **Umgebungsdesign:** Gestalte deine Umgebung mit visuellen Auslösern

- **Bewusstheit:** Achte bewusst auf Auslöser existierender Gewohnheiten

2. Mache es attraktiv (Craving): Produktive Gewohnheiten müssen begehrenswert sein:

- **Temptation Bundling:** Verbinde eine "Sollte"-Aktivität mit einer "Will"-Aktivität

- **Soziale Multiplier:** Verbinde dich mit Menschen, die deine gewünschte Gewohnheit bereits leben

- **Bedeutungsumkehr:** Fokussiere auf die Vorteile statt auf die Anstrengung

- **Motivationsrituale:** Schaffe ein Ritual, das positive Emotionen vor der Gewohnheit erzeugt

3. Mache es einfach (Response): Produktive Gewohnheiten sollten minimale Startenergie erfordern:

- **Umgebungs-Optimierung:** Reduziere Friction für gewünschte Gewohnheiten

- **Die 2-Minuten-Regel:** Reduziere jede neue Gewohnheit auf eine 2-Minuten-Version

- **Die Entscheidungsreduzierung:** Eliminiere unnötige Entscheidungen vor der Gewohnheit

- **Strategische Einmalinvestition:** Investiere einmalig Zeit, um zukünftige Gewohnheiten zu erleichtern

4. Mache es befriedigend (Reward): Produktive Gewohnheiten müssen unmittelbar belohnend sein:

- **Sofortige Belohnungen:** Schaffe unmittelbare positive Konsequenzen

- **Habit Tracker:** Visualisiere deinen Fortschritt

- **Niemals zweimal verpassen:** Etabliere die Regel, nie zweimal hintereinander eine Gewohnheit zu verpassen

- **Accountability Partner:** Nutze soziale Verpflichtung als Belohnung und Motivation

Strategien zur Gewohnheitsimplementierung:

1. Die Gewohnheits-Stacking-Methode: Diese Technik nutzt bestehende Gewohnheiten als Auslöser für neue:

Formel: "Nach [bestehende Gewohnheit], werde ich [neue Gewohnheit]."

Beispiele:

- "Nach dem Zähneputzen werde ich 5 Minuten meditieren."

- "Nach dem Einschalten meines Computers werde ich die wichtigste Aufgabe des Tages für 25 Minuten bearbeiten."

- "Nach dem Betreten meines Büros werde ich meine drei Prioritäten für den Tag aufschreiben."

Diese Methode ist besonders wirksam, weil sie keinen neuen Auslöser kreieren muss, sondern einen bestehenden nutzt.

2. Die Umgebungs-Design-Strategie: Diese Methode gestaltet die physische Umgebung so, dass sie produktive Gewohnheiten fördert:

- **Friktionsreduktion:** Entferne Hindernisse für positive Gewohnheiten (z.B. Sportkleidung bereitlegen)

- **Friktionserhöhung:** Schaffe Hindernisse für negative Gewohnheiten (z.B. Social-Media-Apps vom Homescreen entfernen)

- **Auslöser-Platzierung:** Positioniere visuelle Erinnerungen an strategischen Orten

- **Zonen-Design:** Gestalte spezifische Bereiche für bestimmte Aktivitäten (z.B. eine Leseecke)

3. Die Identitäts-basierte Gewohnheitsformung: Diese tiefgreifende Methode verankert Gewohnheiten in deiner Identität:

1. Entscheide, welche Person du sein willst

2. Beweise dir selbst diese Identität durch kleine Gewinne

3. Formuliere Gewohnheiten als Identitätsbestätigung ("Ich bin jemand, der...")

Diese Methode ist besonders wirksam für langfristige Verhaltensänderungen, da sie intrinsisch motiviert ist.

4. Die Minimal-Viable-Habit-Technik: Diese Methode nutzt das Prinzip der minimalen lebensfähigen Gewohnheit:

1. Reduziere die Gewohnheit auf die kleinste noch sinnvolle Einheit

2. Praktiziere diese Mini-Gewohnheit täglich für mindestens zwei Wochen

3. Erweitere schrittweise, sobald die Grundgewohnheit etabliert ist

Beispiele:

- Statt "jeden Tag eine Stunde lesen" beginne mit "eine Seite pro Tag"

- Statt "täglich 30 Minuten meditieren" starte mit "täglich drei bewusste Atemzüge"

- Statt "komplettes Workout" beginne mit "10 Liegestütze jeden Morgen"

Julia, eine Projektmanagerin und zweifache Mutter, kämpfte mit immer wiederkehrenden Produktivitätseinbrüchen. Trotz guter Absichten und regelmäßiger Motivationsschübe fiel sie immer wieder in unproduktive Muster zurück. Nach einem besonders frustrierenden Quartal beschloss sie, systematisch an ihren Gewohnheiten zu arbeiten:

1. Sie wandte die vier Gesetze der Gewohnheitsbildung auf ihre Morgenroutine an:

   o **Offensichtlich:** Sie legte ihr Workout-Outfit abends neben das Bett

   o **Attraktiv:** Sie erlaubte sich, während des Trainings ihren Lieblingspodcast zu hören

   o **Einfach:** Sie reduzierte das anfängliche Training auf nur 10 Minuten

   o **Befriedigend:** Sie führte einen visuellen Tracker ein und teilte ihre Erfolge in einer Gruppe

2. Sie nutzte Habit Stacking, um produktive Gewohnheiten zu verketten:

   o "Nach dem Aufstehen ziehe ich meine Trainingskleidung an"

   o "Nach dem Training schreibe ich meine drei wichtigsten Aufgaben für den Tag auf"

- "Nach dem Aufschreiben der Aufgaben arbeite ich 25 Minuten an der wichtigsten Aufgabe"

3. Sie implementierte die Identitäts-basierte Gewohnheitsformung:

    - Sie begann, sich selbst als "organisierte Person" zu definieren

    - Sie suchte aktiv nach Gelegenheiten, diese Identität zu bestätigen

    - Sie formulierte ihre Gewohnheiten als "Ich bin jemand, der jeden Morgen proaktiv startet"

4. Sie wandte die Minimal-Viable-Habit-Technik auf ihre chronischen Problembereiche an:

    - E-Mail-Management: Von "Inbox Zero" zu "Verarbeite 5 wichtige E-Mails zu Beginn und Ende des Tages"

    - Dokumentation: Von "Perfekte Dokumentation" zu "Täglich 10 Minuten Dokumentationsupdates"

    - Langfristige Projekte: Von "Großer Fortschritt" zu "Täglicher 20-Minuten-Block"

Die Ergebnisse überraschten selbst Julia: Nach drei Monaten konsequenter Gewohnheitsarbeit hatte sie nicht nur ihre Produktivität deutlich gesteigert, sondern auch ein Gefühl von Kontrolle und Gelassenheit entwickelt, das ihr zuvor gefehlt hatte. Sie erledigte mehr Arbeit in kürzerer Zeit und hatte mehr Energie für ihre Familie. Der entscheidende Unterschied war nicht härter zu arbeiten, sondern ihre täglichen Routinen so umzugestalten, dass produktives Handeln zum automatischen Standardmodus wurde.

6.4 Fortschritt messen und Feedback-Loops einrichten

Was nicht gemessen wird, wird selten verbessert. Dieser einfache Grundsatz gilt besonders für die Produktivität. Effektive Messsysteme und Feedback-Loops ermöglichen nicht nur die Verfolgung des Fortschritts, sondern katalysieren auch kontinuierliche Verbesserung und Anpassung.

Die Psychologie der Messung:

Die Messung von Fortschritt wirkt auf mehreren psychologischen Ebenen:

1. Der Hawthorne-Effekt: Die bloße Beobachtung eines Verhaltens tendiert dazu, es zu verändern. Wenn wir wissen, dass etwas gemessen wird, zeigen wir typischerweise verbesserte Leistung in diesem Bereich.

2. Die Fortschrittsmotivation: Die Sichtbarkeit von Fortschritt ist einer der stärksten intrinsischen Motivatoren. Studien zeigen, dass wahrgenommene Fortschritte die Arbeitszufriedenheit und Produktivität deutlich steigern.

3. Der Feedback-Mechanismus: Messung ermöglicht objektives Feedback, das notwendig ist, um die Lücke zwischen aktuellem und gewünschtem Zustand zu erkennen und zu schließen.

4. Der Fokus-Effekt: "Worauf wir uns konzentrieren, das wächst." Messung lenkt Aufmerksamkeit und Ressourcen auf die gemessenen Bereiche.

FOKUS-BOX

Die Wahl deiner Messgrößen ist eine der folgenreichsten Entscheidungen für deine Produktivität. Wähle sie mit Bedacht – du wirst das bekommen, was du misst, nicht unbedingt das, was du wirklich willst.

Effektive Messgrößen für persönliche Produktivität:

Die richtigen Messgrößen zu wählen ist entscheidend. Sie sollten relevant, actionable (handlungsweisend), einfach zu erfassen und aussagekräftig sein.

1. Output-Metriken: Diese messen die tatsächlich produzierten Ergebnisse:

- Abgeschlossene Projekte oder Aufgaben
- Produzierte Einheiten (Wörter, Produkte, Kunden, etc.)
- Erreichte Meilensteine
- Generierter Wert (finanziell, Kundenzufriedenheit, etc.)

2. Input-Metriken: Diese messen die investierten Ressourcen:

- Tiefenarbeitszeit (Deep Work Hours)

- Fokussierte Arbeitssitzungen

- Konsequenz bei Schlüsselgewohnheiten

- Verarbeitete Arbeitsmenge

3. Effizienz-Metriken: Diese messen das Verhältnis zwischen Input und Output:

- Output pro Zeiteinheit

- Verhältnis von tiefer vs. oberflächlicher Arbeit

- Durchlaufzeit von Projekten

- Ressourcenaufwand pro Ergebnis

4. Qualitäts-Metriken: Diese messen die Güte der Ergebnisse:

- Fehlerrate oder Nacharbeitsbedarf

- Kundenfeedback oder Bewertungen

- Langfristige Haltbarkeit von Lösungen

- Erfüllung definierter Qualitätsstandards

5. Wohlbefindens-Metriken: Diese messen die Nachhaltigkeit deiner Produktivität:

- Energielevel während und nach der Arbeit

- Stresslevel und Erholungsqualität

- Work-Life-Balance und Zufriedenheit

- Langfristige Motivation und Engagement

Implementierung effektiver Feedback-Loops:

Ein vollständiger Feedback-Loop besteht aus vier Phasen:

1. Messen: Erfasse Daten regelmäßig und zuverlässig:

- **Automatisierung:** Nutze Tools, die Daten automatisch erfassen

- **Einfachheit:** Halte den Erfassungsprozess minimal und reibungslos

- **Konsistenz:** Messe auf die gleiche Weise und zur gleichen Zeit

- **Relevanz:** Konzentriere dich auf wenige, aussagekräftige Metriken

2. Evaluieren: Analysiere und interpretiere die Daten:

- **Kontextualisierung:** Betrachte Daten im Kontext bisheriger Leistung und Ziele

- **Mustersuche:** Identifiziere Trends, Zyklen und Korrelationen

- **Ursachenanalyse:** Suche nach zugrundeliegenden Faktoren für Leistungsschwankungen

- **Bezugsrahmen:** Vergleiche mit Benchmarks und Best Practices

3. Anpassen: Treffe Entscheidungen basierend auf der Evaluation:

- **Experimentmindset:** Betrachte Anpassungen als Experimente zur Optimierung

- **Spezifität:** Definiere konkrete, machbare Veränderungen

- **Hypothesenbildung:** Formuliere klare Erwartungen, wie die Änderung wirken soll

- **Granularität:** Verändere jeweils nur wenige Variablen, um klare Kausalität zu erkennen

4. Implementieren: Setze Anpassungen um und starte den Zyklus neu:

- **Schnelle Umsetzung:** Reduziere die Zeit zwischen Erkenntnis und Handlung

- **Commitment:** Setze Änderungen konsequent um, bevor du sie bewertest

- **Dokumentation:** Halte Anpassungen und ihre Begründung fest

- **Re-Messung:** Schließe den Loop durch erneute Messung nach der Anpassung

Praktische Feedback-Systeme:

1. Das tägliche Scorecard-System: Diese Methode implementiert einen täglichen Mini-Feedback-Loop:

- Definiere 3-5 tägliche Schlüsselmetriken (z.B. Tiefenarbeitsstunden, abgeschlossene wichtige Aufgaben)

- Erstelle ein einfaches Scoring-System (z.B. 0-10 oder rot/gelb/grün)

- Bewerte am Ende jedes Tages deine Performance

- Identifiziere eine spezifische Anpassung für den nächsten Tag

- Führe ein rollierendes 7-Tage-Dashboard zur Erkennung von Trends

2. Die wöchentliche Retrospektive: Diese Technik implementiert einen wöchentlichen mittleren Feedback-Loop:

- Plane einen festen 30-60-minütigen Block am Ende jeder Woche

- Strukturiere die Reflexion mit konkrete Fragen:

  o Was hat diese Woche gut funktioniert?

  o Was hat nicht funktioniert?

  o Was habe ich gelernt?

  o Was werde ich nächste Woche anders machen?

- Dokumentiere Erkenntnisse und Anpassungen

- Prüfe in der Folgewoche die Wirkung deiner Anpassungen

3. Das OKR-System (Objectives and Key Results): Diese von Intel und Google popularisierte Methode implementiert einen Quartals-Feedback-Loop:

- Definiere 2-3 inspirierende Objectives (qualitative Ziele) pro Quartal

- Lege für jedes Objective 3-5 messbare Key Results fest

- Score am Ende jedes Monats den Fortschritt (typischerweise 0-1.0)

- Führe eine tiefgehende Retrospektive am Quartalsende durch

- Nutze die Erkenntnisse für die Planung des nächsten Quartals

Fallbeispiel: Markus' Feedback-Revolution

Markus, ein freiberuflicher Softwareentwickler, war frustriert von seinem unbeständigen Output und dem Gefühl, trotz großer Anstrengung nicht voranzukommen. Seine Transformation begann mit der Implementierung eines mehrstufigen Feedback-Systems:

1. Er etablierte eine tägliche Scorecard mit vier Schlüsselmetriken:

   o Fokussierte Tiefenarbeitsstunden (Ziel: 4+ Stunden)

   o Abgeschlossene Story Points (Ziel: 5+ Punkte)

   o Reaktionszeit auf Kundenanfragen (Ziel: <2 Stunden)

   o Energielevel am Tagesende (Ziel: 7+ auf einer 10er-Skala)

2. Er führte eine strukturierte wöchentliche Retrospektive ein:

   o Freitagnachmittag, 45 Minuten, an einem anderen Ort als seinem üblichen Arbeitsplatz

- o Detaillierte Analyse seiner Scorecard-Daten der Woche

- o Dokumentation spezifischer Produktivitätsmuster

- o Festlegung einer konkreten Optimierung für die Folgewoche

3. Er implementierte ein monatliches Dashboard für längerfristige Trends:

- o Visualisierung seiner wichtigsten Metriken über Zeit

- o Korrelationsanalyse zwischen verschiedenen Faktoren

- o Vergleich mit Vormonaten und Zielen

- o Anpassung seiner Systeme und Prozesse basierend auf den Erkenntnissen

Die Ergebnisse waren beeindruckend: Nach drei Monaten konsequenter Anwendung dieses Feedback-Systems hatte Markus seinen durchschnittlichen täglichen Output um 37% gesteigert, während sein subjektives Stresslevel sank. Besonders wertvoll waren unerwartete Erkenntnisse – etwa, dass seine Produktivität stark mit der Art des Vortagesabschlusses korrelierte oder dass bestimmte Projekttypen systematisch unterschätzt wurden. Diese Einsichten ermöglichten gezielte Optimierungen, die ohne systematisches Feedback unsichtbar geblieben wären.

6.5 Entscheidungsfindung optimieren

Die Qualität deiner Entscheidungen bestimmt maßgeblich die Qualität deiner Ergebnisse. In einer Welt voller Optionen und Komplexität ist die Fähigkeit, konsistent gute Entscheidungen zu treffen – von strategischen Weichenstellungen bis zu alltäglichen Mikroentscheidungen – ein entscheidender Produktivitätsfaktor.

Die Psychologie der Entscheidungsfindung:

Moderne kognitive Wissenschaft hat zahlreiche Entscheidungsverzerrungen (Cognitive Biases) identifiziert, die unsere Urteilsfähigkeit beeinträchtigen können:

1. Status-Quo-Bias: Die Tendenz, den aktuellen Zustand zu bevorzugen und Veränderungen zu vermeiden, selbst wenn diese vorteilhaft wären.

2. Confirmation Bias (Bestätigungsfehler): Die Neigung, Informationen zu suchen und zu interpretieren, die unsere bestehenden Überzeugungen bestätigen.

3. Sunk Cost Fallacy (Versunkene-Kosten-Falle): Die Tendenz, an Entscheidungen festzuhalten, in die wir bereits Zeit, Geld oder Mühe investiert haben, selbst wenn sie sich als suboptimal erweisen.

4. Recency Bias (Rezenz-Effekt): Die Überbetonung jüngster Ereignisse oder Informationen bei Entscheidungen.

5. Decision Fatigue (Entscheidungsmüdigkeit): Die verschlechterte Entscheidungsqualität nach mehreren sequentiellen Entscheidungen aufgrund kognitiver Erschöpfung.

FOKUS-BOX

Optimale Entscheidungsfindung bedeutet nicht, perfekte Entscheidungen zu treffen, sondern systematisch bessere Entscheidungen als der Durchschnitt zu treffen. Über die Zeit hinweg erzeugt dies einen massiven kumulativen Vorteil, der den Unterschied zwischen Mittelmäßigkeit und Exzellenz ausmacht.

Strategien zur Entscheidungsoptimierung:

1. Die Decision-Journal-Methode: Diese Technik erhöht die Qualität wichtiger Entscheidungen durch strukturierte Dokumentation:

- Erstelle für jede wichtige Entscheidung einen Eintrag mit:

    o Der genauen Entscheidungsfrage

    o Deinem mentalen und physischen Zustand zum Entscheidungszeitpunkt

    o Den verfügbaren Optionen und ihren Pro/Contra-Argumenten

    o Deinen Erwartungen über die Auswirkungen

    o Den entscheidenden Faktoren für deine Wahl

- o Deinem finalen Entschluss und seiner Begründung
- Überprüfe regelmäßig frühere Einträge, um:
  - o Die tatsächlichen vs. erwarteten Ergebnisse zu vergleichen
  - o Muster in deinem Entscheidungsprozess zu identifizieren
  - o Systematische Verzerrungen aufzudecken
  - o Deine Entscheidungsfähigkeit kontinuierlich zu verbessern

2. Die WRAP-Methode (nach Chip & Dan Heath):
Diese umfassende Strategie adressiert die häufigsten Entscheidungsfallen:

- **W**iden Your Options (Erweitere deine Optionen)
  - o Überwinde die "Entweder-Oder"-Falle
  - o Suche nach "Und"-Lösungen
  - o Betrachte Opportunitätskosten
  - o Führe eine Vanishing Options-Übung durch: "Was, wenn keine der aktuellen Optionen verfügbar wäre?"
- **R**eality-Test Your Assumptions (Teste deine Annahmen an der Realität)
  - o Suche gezielt nach widersprechenden Informationen

- o Führe eine "Vormortem"-Analyse durch (Was könnte schiefgehen?)

- o Hole externe, unvoreingenommene Perspektiven ein

- **Attain Distance Before Deciding (Gewinne Distanz vor der Entscheidung)**

  - o Schaffe emotionalen Abstand

  - o Wende die 10-10-10-Regel an (Wie wirst du in 10 Minuten, 10 Monaten, 10 Jahren über diese Entscheidung denken?)

  - o Nimm die Perspektive eines Beraters ein

- **Prepare to Be Wrong (Bereite dich darauf vor, falsch zu liegen)**

  - o Setze Auslöser für Korrekturen (Tripwires)

  - o Etabliere Obergrenzen für Risiken

  - o Führe kleine Experimente durch, bevor du dich vollständig festlegst

3. Die Entscheidungs-Matrix-Technik: Diese Methode strukturiert komplexe Entscheidungen mit multiplen Faktoren:

1. Identifiziere alle relevanten Entscheidungskriterien

2. Gewichte jedes Kriterium nach Wichtigkeit (z.B. 1-5 oder Prozentsätze)

3. Bewerte jede Option für jedes Kriterium (z.B. 1-10)

4. Multipliziere die Gewichtung mit der Bewertung für jeden Faktor

5. Summiere die gewichteten Bewertungen für jede Option

6. Vergleiche die Gesamtpunktzahlen als Entscheidungshilfe

Diese Technik ist besonders wertvoll für Entscheidungen mit zahlreichen Faktoren, die gegeneinander abgewogen werden müssen.

4. Die Quick-Decision-Framework-Strategie: Diese Methode optimiert alltägliche Entscheidungen, die sonst unnötig Zeit und Energie verbrauchen:

- Kategorisiere Entscheidungen nach Impact (Auswirkung) und Reversibilität:

  o Typ 1: Hoher Impact, schwer umkehrbar → Sorgfältige Analyse

  o Typ 2: Hoher Impact, leicht umkehrbar → Schnelles Experimentieren

  o Typ 3: Niedriger Impact, schwer umkehrbar → Standardisierung/Outsourcing

  o Typ 4: Niedriger Impact, leicht umkehrbar → Schnelle Entscheidung oder Delegation

- Erstelle Standard-Entscheidungsregeln für wiederkehrende Situationen

- Delegiere Entscheidungen mit geringem Impact wo möglich

- Setze Zeitlimits entsprechend dem Entscheidungstyp

Fallbeispiel: Sophias Entscheidungs-Transformation

Sophia, eine Startup-Gründerin, litt unter chronischer Entscheidungsparalyse. Wichtige Geschäftsentscheidungen wurden verschleppt, während triviale Fragen unverhältnismäßig viel Zeit konsumierten. Diese Ineffizienz begann, das Wachstum ihres Unternehmens zu behindern.

Ihre Transformation begann mit einem systematischen Ansatz zur Entscheidungsoptimierung:

1. Sie implementierte die Entscheidungstyp-Kategorisierung:

   o Typ 1 (z.B. Schlüsselpersonalentscheidungen): Strukturierter Prozess mit externem Input

   o Typ 2 (z.B. Marketingstrategien): Schnelle Experimente mit klaren Erfolgsmetriken

   o Typ 3 (z.B. Büroausstattung): Einmalige gründliche Recherche und dann Standardisierung

   o Typ 4 (z.B. tägliche operative Fragen): Delegation an das Team mit klaren Leitplanken

2. Sie führte das Decision-Journal für alle strategischen Entscheidungen ein:

   o Dokumentation aller wichtigen Entscheidungen in einem strukturierten Format

   o Quartalsmäßige Review der Entscheidungsqualität

   o Identifikation wiederkehrender Verzerrungen (bei ihr: übermäßiger Optimismus und Vermeidung von Konfrontation)

3. Sie nutzte die WRAP-Methode für kritische Richtungsentscheidungen:

   o Aktives Suchen nach alternativen Optionen bei wichtigen Weichenstellungen

   o Regelmäßige Pre-Mortem-Analysen für Schlüsselinitiativen

   o Einrichtung eines Beratergremiums für externe Perspektiven

4. Sie etablierte klare Entscheidungs-Defaults und Zeitlimits:

   o Standard-Meeting-Format: Maximal 30 Minuten für Entscheidungsfindung, dann Entscheidung oder klare Delegation

   o 24-Stunden-Regel für alle Team-Anfragen

- o "Frischer Blick"-Protokoll: Wichtige Entscheidungen nach einer Nacht Schlaf überprüfen, aber nicht endlos revidieren

Die Ergebnisse nach sechs Monaten waren transformativ: Die durchschnittliche Entscheidungszeit für strategische Fragen sank von Wochen auf Tage, während die Qualität der Entscheidungen (gemessen an den tatsächlichen Outcomes) stieg. Das Team berichtete über klarere Richtlinien und höhere Autonomie, und Sophia selbst erlebte deutlich weniger Entscheidungsstress. Das Unternehmenswachstum beschleunigte sich, da Chancen schneller ergriffen und Probleme prompter adressiert wurden.

6.6 Delegation und Teamarbeit für maximale Wirkung

Wahre Produktivität stößt schnell an Grenzen, wenn alles allein bewältigt werden soll. Die Fähigkeit, effektiv zu delegieren und in Teams zu arbeiten, ist ein wesentlicher Multiplikator für persönliche Wirksamkeit. Selbst wenn du aktuell nicht in einer Führungsposition bist oder kein formelles Team hast, kannst du Prinzipien der Delegation und Zusammenarbeit nutzen, um deinen Impact zu vervielfachen.

Die Prinzipien effektiver Delegation:

1. Der Delegations-Entscheidungsrahmen: Nicht alles sollte delegiert werden. Ein effektiver Rahmen hilft zu entscheiden, was zu delegieren ist:

- **Delegiere, wenn:**
  - o Die Aufgabe von anderen genauso gut oder besser erledigt werden kann

- o Die Aufgabe eine Entwicklungsmöglichkeit für andere darstellt

- o Die Aufgabe nicht zu deinen Kernkompetenzen oder Hauptverantwortlichkeiten gehört

- o Deine Zeit besser in höherwertige Tätigkeiten investiert wäre

- o Die Aufgabe wiederkehrend und standardisierbar ist

- **Behalte, wenn:**

  - o Die Aufgabe zu deinen einzigartigen Stärken oder Kernverantwortlichkeiten gehört

  - o Die Aufgabe hochsensible Informationen oder kritische Entscheidungen beinhaltet

  - o Die Aufgabe zentral für deine eigene Entwicklung ist

  - o Die Zeit für Delegation und Überwachung länger wäre als die Ausführung selbst

  - o Die Aufgabe hochgradig unstrukturiert und schwer zu erklären ist

2. Die Delegations-Stufenleiter: Delegation ist kein Alles-oder-Nichts-Prozess, sondern ein Kontinuum mit verschiedenen Intensitätsstufen:

- **Stufe 1: Recherchieren und Berichten** Der Delegationsempfänger sammelt Informationen und berichtet, trifft aber keine Entscheidungen.

- **Stufe 2: Optionen vorschlagen** Der Delegationsempfänger analysiert und präsentiert Optionen mit Empfehlungen, aber du triffst die Entscheidung.

- **Stufe 3: Entscheiden mit Veto-Recht** Der Delegationsempfänger trifft eine vorläufige Entscheidung, die du genehmigen oder ablehnen kannst.

- **Stufe 4: Entscheiden mit Benachrichtigung** Der Delegationsempfänger entscheidet selbstständig, informiert dich aber vor der Umsetzung.

- **Stufe 5: Vollständige Autonomie** Der Delegationsempfänger handelt vollständig selbstständig und berichtet nur periodisch.

Je nach Aufgabe, Person und Kontext kann die angemessene Delegationsstufe variieren.

FOKUS-BOX

Effektive Delegation ist mehr als nur Aufgabenverteilung – es ist ein Prozess der Kapazitätserweiterung und Entwicklung. Der ultimative Erfolg der Delegation zeigt sich nicht darin, dass eine Aufgabe erledigt wird, sondern darin, dass die Kapazität des Systems (Team, Organisation, Netzwerk) wächst.

Der Delegationsprozess optimieren:

Ein wirkungsvoller Delegationsprozess folgt einem klaren Ablauf:

1. Klare Auswahl: Wähle den richtigen Empfänger für die richtige Aufgabe:

- Berücksichtige aktuelle Fähigkeiten und Entwicklungspotenzial

- Berücksichtige Arbeitslast und verfügbare Kapazität

- Berücksichtige Interesse und Motivation

- Berücksichtige die strategische Entwicklung der Person

2. Präzise Kommunikation: Stelle sicher, dass der Auftrag klar verstanden wird:

- Definiere das erwartete Ergebnis präzise

- Erkläre den Kontext und die Bedeutung der Aufgabe

- Kläre verfügbare Ressourcen und Grenzen

- Spezifiziere Zeitrahmen und Meilensteine

- Definiere die Kommunikationsprozesse während der Ausführung

3. Angemessene Unterstützung: Biete die richtige Balance aus Hilfe und Autonomie:

- Stelle notwendige Ressourcen und Zugänge bereit

- Sei für Fragen verfügbar, ohne zu mikromanagen

- Schaffe eine sichere Umgebung für Problemlösung

- Biete Coaching bei neuen oder herausfordernden Aspekten

4. Effektives Monitoring: Überwache den Fortschritt, ohne die Autonomie zu untergraben:

- Etabliere klare Check-in-Punkte

- Fokussiere auf Ergebnisse, nicht auf Methoden (außer wo kritisch)

- Passe den Überwachungsgrad an Erfahrung und Risiko an

- Nutze die richtige Balance aus Push- und Pull-Kommunikation

5. Konstruktives Feedback: Schließe den Delegationszyklus mit wirkungsvollem Feedback:

- Gib zeitnahes, spezifisches Feedback

- Beginne mit positiven Aspekten, bevor du Verbesserungsbereiche ansprichst

- Fokussiere auf Beobachtungen und Impact, nicht auf Persönlichkeit

- Nutze Delegation als Entwicklungschance durch reflektierende Fragen

Strategien für laterale Kollaboration:

Auch ohne formelle Autorität kannst du durch laterale Zusammenarbeit deinen Wirkungsradius erweitern:

1. Die Skill-Swap-Methode: Diese Technik nutzt komplementäre Fähigkeiten zur gegenseitigen Stärkung:

- Identifiziere deine einzigartigen Stärken und Schwächen

- Identifiziere komplementäre Profile in deinem Netzwerk

- Initiiere Skill-Swap-Vereinbarungen mit klaren gegenseitigen Vorteilen

- Formalisiere die Vereinbarung mit klaren Erwartungen und Zeitrahmen

2. Die Mikro-Team-Strategie: Diese Methode schafft flexible, aufgabenspezifische Kooperationen:

- Definiere ein spezifisches Projekt oder eine konkrete Herausforderung

- Rekrutiere ein temporäres Team mit komplementären Fähigkeiten

- Etabliere klare, zeitlich begrenzte Commitments

- Sorge für faire Anerkennung und Wertschöpfungsverteilung

3. Die Personal-Board-of-Advisors-Technik: Diese Strategie schafft ein persönliches Beratergremium:

- Identifiziere 3-5 Schlüsselbereiche, in denen du regelmäßigen Input benötigst

- Rekrutiere Experten oder erfahrene Personen für jeden Bereich

- Etabliere regelmäßige Check-ins mit klaren Agenden

- Biete Gegenwert durch Anerkennung, Reziprozität oder andere Formen von Wert

4. Die Ressourcen-Pool-Methode: Diese Technik schafft Skalenvorteile durch gemeinsame Ressourcennutzung:

- Identifiziere wiederkehrende Ressourcenanforderungen in deinem Netzwerk

- Initiiere einen formellen oder informellen Ressourcenpool

- Etabliere klare Nutzungs- und Beitragsregeln

- Schaffe Transparenz über Verfügbarkeit und Nutzung

Fallbeispiel: Davids Multiplikator-Strategie

David, ein selbstständiger Marketingberater, erkannte, dass seine Wachstumsmöglichkeiten durch seine Einzelkämpfer-Mentalität begrenzt wurden. Obwohl er keine Mitarbeiter einstellen wollte, suchte er nach Wegen, seinen Impact zu multiplizieren:

1. Er entwickelte einen klaren Delegations-Entscheidungsrahmen:

   o Er identifizierte seine wahren Kernkompetenzen (Strategie, Kreativkonzeption, Kundenpflege)

   o Er listete alle Tätigkeiten, die nicht zu seinen einzigartigen Stärken gehörten

- o Er erstellte ein Budget für externe Delegation

- o Er entwickelte Standards und Templates für delegierbare Aufgaben

2. Er baute ein virtuelles Team aus Freelancern auf:

- o Grafiker für visuelle Umsetzung

- o Junior-Marketingexperte für Recherche und Erstkonzeption

- o VA (Virtuelle Assistenz) für administrative Aufgaben

- o Content-Spezialist für Textproduktion

3. Er optimierte seinen Delegationsprozess:

- o Er entwickelte klare Briefing-Templates für jeden Aufgabentyp

- o Er etablierte ein zentrales Projektmanagementsystem

- o Er definierte präzise Qualitätsstandards mit Beispielen

- o Er schuf einen strukturierten Feedback-Prozess mit Lernschleife

4. Er gründete eine Mikro-Agentur-Allianz:

- o Er identifizierte komplementäre Solo-Spezialisten (SEO, Social Media, Web-Entwicklung)

- Er initiierte eine formale Allianz für Großprojekte

- Er entwickelte gemeinsame Pitching- und Umsetzungsprozesse

- Er etablierte faire Umsatzverteilungsmodelle

Die Ergebnisse nach einem Jahr waren beeindruckend: David konnte seinen Umsatz verdreifachen, während er tatsächlich weniger Stunden arbeitete. Seine durchschnittliche Projektgröße wuchs um 70%, und er konnte erstmals längere Urlaube nehmen, ohne dass Projekte stockten. Der Schlüssel zum Erfolg war nicht härter zu arbeiten, sondern systematisch die Hebelwirkung durch Delegation und Kollaboration zu maximieren.

6.7 Praktische Übungen und Reflexionen

Übung 1: Persönliches Produktivitätssystem entwickeln Entwirf ein auf deine Bedürfnisse zugeschnittenes Produktivitätssystem:

- Führe eine Bestandsaufnahme deiner aktuellen Produktivitätspraktiken durch

- Identifiziere Lücken in deinem Capture-, Organisations-, Priorisierungs-, Ausführungs- und Feedback-System

- Wähle ein Basis-Systemmodell (Minimalistisch, Workflow oder Kanban)

- Passe es an deine spezifischen Bedürfnisse und Präferenzen an

- Implementiere zunächst nur die Kernkomponenten

- Plane eine 30-Tage-Testphase mit wöchentlicher Anpassung

Übung 2: Eisenhower-Matrix Tiefenanalyse Führe eine umfassende Analyse deiner aktuellen Tätigkeiten durch:

- Liste alle regelmäßigen und aktuellen Aktivitäten in deinem Leben/Beruf auf

- Kategorisiere sie in die vier Quadranten der Eisenhower-Matrix

- Analysiere: Wie verteilt sich deine Zeit auf die vier Quadranten?

- Identifiziere die Top-3-Aktivitäten in Quadrant 2 (wichtig, nicht dringend), die mehr Aufmerksamkeit verdienen

- Entwickle einen Plan, um mindestens 30% mehr Zeit in Quadrant 2 zu investieren

- Identifiziere drei konkrete Aktivitäten aus Quadrant 3 und 4, die du delegieren oder eliminieren kannst

Übung 3: Gewohnheits-Hackathon Gestalte eine intensive Sitzung zur Optimierung deiner produktiven Gewohnheiten:

- Reserviere einen 2-3 stündigen Block für diese Übung

- Identifiziere deine drei wichtigsten produktivitätssteigernden Gewohnheiten

- Analysiere für jede Gewohnheit die vier Elemente des Habit Loop (Auslöser, Verlangen, Reaktion, Belohnung)

- Optimiere jedes Element systematisch:

    o Mache den Auslöser offensichtlicher

    o Steigere das Verlangen durch attraktivere Verknüpfungen

    o Vereinfache die Reaktion durch Umgebungsdesign

    o Verstärke die Belohnung durch sofortige positive Konsequenzen

- Entwickle einen 21-Tage-Implementierungsplan für die optimierten Gewohnheiten

Übung 4: Fortschritts-Messungssystem erstellen
Entwickle ein personalisiertes System zur Messung deiner produktiven Leistung:

- Identifiziere 3-5 Schlüsselmetriken, die wirklich relevant für deine Ziele sind

- Entscheide, ob du Output-, Input-, Effizienz-, Qualitäts- oder Wohlbefindensmetriken priorisierst

- Entwickle ein einfaches Tracking-System (analog oder digital)

- Entwirf konkrete Feedback-Loops (täglich, wöchentlich, monatlich)

- Definiere, wie du auf verschiedene Ergebnisse reagieren wirst

- Starte mit einer 30-Tage-Messperiode und plane dann eine Systemrevision

Übung 5: Delegations-Audit Führe eine systematische Analyse deiner Delegationsmöglichkeiten durch:

- Liste alle wiederkehrenden Aufgaben in deinem Verantwortungsbereich auf

- Bewerte jede Aufgabe nach diesen Kriterien:

  o Ist sie ein zentraler Teil deiner Kernverantwortung?

  o Entspricht sie deinen einzigartigen Fähigkeiten?

  o Könnte jemand anderes sie genauso gut oder besser erledigen?

  o Würde Delegation langfristig Zeit sparen?

  o Bietet sie Entwicklungsmöglichkeiten für andere?

- Identifiziere die Top-5-Kandidaten für Delegation

- Entwickle für jeden einen konkreten Delegationsplan mit:

  o Potentiellen Delegationsempfängern

  o Angemessener Delegationsstufe

  o Notwendigem Training oder Briefing

o Monitoring- und Feedback-Prozess

FOKUS-BOX: Kapitelzusammenfassung

- **Konsistente Produktivität entsteht durch robuste Systeme, die unabhängig von schwankender Willenskraft und Motivation funktionieren**

- **Effektive Priorisierungsmethoden wie die Eisenhower-Matrix, ABCDE-Methode und das Pareto-Prinzip helfen, die wirklich wichtigen Aktivitäten zu identifizieren**

- **Produktive Gewohnheiten werden durch die vier Gesetze der Gewohnheitsbildung (offensichtlich, attraktiv, einfach, befriedigend) systematisch aufgebaut**

- **Fortschrittsmessung und Feedback-Loops sind entscheidend für kontinuierliche Verbesserung und nachhaltige Motivation**

- **Optimierte Entscheidungsfindung durch strukturierte Frameworks reduziert kognitive Verzerrungen und führt zu konsistent besseren Entscheidungen**

- **Delegation und effektive Teamarbeit fungieren als Multiplikatoren persönlicher Produktivität, selbst ohne formelle Führungsposition**

Reflexionsfragen:

1. Welcher Aspekt deines persönlichen Produktivitätssystems ist derzeit am schwächsten ausgeprägt?

2. Wie viel deiner Zeit verbringst du tatsächlich mit Aktivitäten in Quadrant 2 (wichtig, nicht dringend)?

3. Welche produktive Gewohnheit würde, wenn konsequent implementiert, den größten Unterschied in deinem Leben machen?

4. Welche Metriken nutzt du aktuell, um deinen Fortschritt zu messen, und wie gut funktionieren sie?

5. Welche wiederkehrenden Aufgaben in deinem Leben könntest du effektiv delegieren, automatisieren oder eliminieren?

Action-Steps für Kapitel 6:

1. Implementiere die Kernkomponenten eines vollständigen Produktivitätssystems (Capture, Organisation, Priorisierung, Ausführung, Feedback)

2. Wende die Eisenhower-Matrix auf alle deine aktuellen Projekte und Aufgaben an

3. Wähle eine Schlüsselgewohnheit und optimiere sie systematisch mit den vier Gesetzen der Gewohnheitsbildung

4. Etabliere ein einfaches tägliches Scorecard-System für deine wichtigsten Produktivitätsmetriken

5. Identifiziere und delegiere mindestens eine wiederkehrende Aufgabe, die nicht zu deinen Kernkompetenzen gehört.

Kapitel 7

"Wir formen unsere Werkzeuge, und danach formen unsere Werkzeuge uns." - Marshall McLuhan

Technologie kann ein mächtiger Verbündeter oder ein heimtückischer Feind auf dem Weg zu mehr Produktivität sein. In diesem Kapitel entdecken wir, wie du digitale Tools bewusst auswählst und einsetzt, um deine Produktivität zu steigern, statt von ihnen abgelenkt und überwältigt zu werden.

7.1 Digitale Tools für Fokus und Produktivität

Die Landschaft digitaler Produktivitätswerkzeuge ist schier grenzenlos. Die Herausforderung besteht nicht im Finden von Tools, sondern in der klugen Auswahl und Integration jener Werkzeuge, die deinen spezifischen Bedürfnissen und Arbeitsweisen am besten entsprechen.

Die Prinzipien der Tool-Auswahl:

Bevor wir spezifische Tools betrachten, ist es wichtig, die Grundprinzipien für die Auswahl und Bewertung von Produktivitätswerkzeugen zu verstehen:

1. Funktionale Ausrichtung: Das Tool sollte präzise auf deine tatsächlichen Bedürfnisse zugeschnitten sein, nicht auf hypothetische Anwendungsfälle.

2. Reibungslosigkeit: Je geringer die Einstiegshürde (Friction), desto wahrscheinlicher ist die konsequente Nutzung. Einfachheit trumpft oft Funktionsvielfalt.

3. Integrierbarkeit: Das Tool sollte nahtlos mit deinen anderen Systemen und Workflows zusammenarbeiten.

4. Langfristige Tragfähigkeit: Betrachte die Zukunftssicherheit, Datenportabilität und Stabilität des Anbieters.

5. Kosten-Nutzen-Verhältnis: Berücksichtige nicht nur finanzielle Kosten, sondern auch den Aufwand für Einarbeitung und Wartung.

6. Ablenkungspotenzial: Einige Tools fördern Fokus, während andere durch Design ablenkend wirken. Wähle bewusst.

7. Lernkurve: Eine anfängliche Lernkurve ist akzeptabel, wenn der langfristige Nutzen dies rechtfertigt.

FOKUS-BOX

Die besten Produktivitätstools verstärken deine Fähigkeiten und Prozesse, ohne sich in den Vordergrund zu drängen. Ein wahrhaft großartiges Tool wird fast unsichtbar – es integriert sich so nahtlos in deinen Workflow, dass du kaum bemerkst, dass du es benutzt.

Essentielle Werkzeugkategorien für moderne Produktivität:

1. Aufgaben- und Projektmanagement-Tools: Diese Tools helfen dir, Aufgaben zu erfassen, zu organisieren und zu verfolgen:

Schlüsselfunktionen zu beachten:

- Einfache und schnelle Aufgabenerfassung
- Flexible Organisationsstrukturen (Listen, Boards, Kalender, etc.)
- Priorisierungs- und Filteroptionen
- Erinnerungen und Benachrichtigungen
- Kollaborationsmöglichkeiten
- Mobile und Desktop-Verfügbarkeit

Populäre Optionen:

- Für Einfachheit: Todoist, Microsoft To-Do
- Für visuelle Organisation: Trello, Asana
- Für komplexe Projekte: ClickUp, Monday.com
- Für GTD-Methodik: Things, OmniFocus
- Für flexible Ansichten: Notion, Airtable

2. Notiz- und Wissensmanagement-Tools: Diese Tools helfen dir, Ideen, Informationen und Wissen zu erfassen und zu organisieren:

Schlüsselfunktionen zu beachten:

- Schnelle Texterfassung

- Strukturierungsmöglichkeiten (Ordner, Tags, Verknüpfungen)

- Durchsuchbarkeit

- Multimedia-Unterstützung (Bilder, Audio, Links)

- Synchronisation zwischen Geräten

- Offline-Verfügbarkeit

Populäre Optionen:

- Für schnelle Notizen: Apple Notes, Google Keep

- Für umfassende Wissensdatenbanken: Notion, Obsidian

- Für akademisches Wissen: Zotero, Roam Research

- Für kollaboratives Wissen: Confluence, Wiki.js

- Für visuelles Denken: Miro, XMind

3. Zeit- und Fokusmanagement-Tools: Diese Tools helfen dir, deine Zeit bewusst zu planen und Fokus zu bewahren:

Schlüsselfunktionen zu beachten:

- Zeitmessung und -tracking

- Pomodoro-Timer oder andere Fokus-Techniken

- Ablenkungsblockierung

- Timeboxing und Kalenderintegration

- Analysen und Berichte

- Erinnerungen und Benachrichtigungen

Populäre Optionen:

- Für Pomodoro-Technik: Forest, Focus To-Do

- Für Ablenkungsblockierung: Freedom, Cold Turkey

- Für Zeiterfassung: Toggl, RescueTime

- Für Timeboxing: Sunsama, TickTick

- Für Gewohnheits-Tracking: Habitica, Streaks

4. Kommunikations- und Kollaborations-Tools: Diese Tools ermöglichen effektive Zusammenarbeit und Kommunikation:

Schlüsselfunktionen zu beachten:

- Asynchrone vs. synchrone Kommunikation

- Organisationsstruktur (Kanäle, Threads, Direktnachrichten)

- Integrationen mit anderen Werkzeugen

- Suchfunktionen und Archivierung

- Benachrichtigungsmanagement

- Datenschutz und Sicherheit

Populäre Optionen:

- Für Team-Kommunikation: Slack, Microsoft Teams

- Für Video-Konferenzen: Zoom, Google Meet

- Für E-Mail-Management: Superhuman, Hey

- Für dokumentenbasierte Zusammenarbeit: Google Workspace, Microsoft 365

- Für Projektkoordination: Basecamp, Asana

5. Automatisierungs- und Integrationstools: Diese Meta-Tools verbinden andere Werkzeuge und automatisieren Workflows:

Schlüsselfunktionen zu beachten:

- Anzahl und Qualität der unterstützten Integrationen

- Benutzerfreundlichkeit der Automatisierungserstellung

- Zuverlässigkeit und Fehlerbehandlung

- Skalierbarkeit und Komplexitätsunterstützung

- Überwachungs- und Benachrichtigungsoptionen

Populäre Optionen:

- Für Low-Code-Automatisierung: Zapier, IFTTT

- Für E-Mail-Automatisierung: Sanebox, Clean Email

- Für Textexpansion: TextExpander, Espanso

- Für Keyboard-Shortcuts: Alfred, Keyboard Maestro

- Für Datenintegration: Integromat, Automate.io

Das Minimalistische Produktivitäts-Stack:

Für viele Menschen ist ein einfaches, gut integriertes Toolset effektiver als ein komplexes Ökosystem. Hier ist ein minimalistischer Stack, der die meisten Produktivitätsbedürfnisse abdeckt:

1. Ein zentrales Aufgabensystem: Wähle ein einzelnes, zuverlässiges Tool zur Aufgabenverwaltung, das deine präferierte Methodik unterstützt (z.B. Todoist, Things oder Notion).

2. Ein digitales Notizbuch: Etabliere ein einziges System für Notizen und Informationserfassung (z.B. Notion, Evernote oder Apple Notes).

3. Ein Fokus-Tool: Integriere ein einfaches Werkzeug für Zeitblockierung oder Fokussitzungen (z.B. Forest, Focus To-Do oder einfach die Stoppuhr deines Telefons).

4. Ein Kalender: Nutze einen synchronisierten Kalender für Zeitplanung und Termine (z.B. Google Calendar, Apple Calendar oder Outlook).

5. Eine Kommunikationsplattform: Konsolidiere Kommunikation wenn möglich auf einer Hauptplattform (z.B. E-Mail + ein Messaging-Tool).

Fallbeispiel: Martins digitale Produktivitätstransformation

Martin, ein freiberuflicher Designer, kämpfte mit einem überladenen digitalen Workflow: 5 verschiedene Aufgaben-Apps, 3 Notiz-Systeme, zahlreiche Design-Tools und ein chaotisches E-Mail-Management.

Die Pflege dieser "Produktivitäts"-Tools kostete ihn mehr Zeit als sie einsparte.

Seine Transformation begann mit einer systematischen Neugestaltung seines digitalen Workflows:

1. Er führte ein Tool-Audit durch:

   o Er listete alle genutzten Apps und Tools auf

   o Er bewertete jedes nach tatsächlicher Nutzungshäufigkeit und Wertbeitrag

   o Er identifizierte Überlappungen und Ineffizienzen

   o Er dokumentierte die Kernfunktionen, die für seinen Workflow unverzichtbar waren

2. Er entwickelte einen minimalistischen Stack:

   o **Zentrales System:** Notion für Projektmanagement, Notizen und Kundendatenbank

   o **Fokus:** Forest App für Pomodoro-Sitzungen

   o **Design-Werkzeuge:** Nur die drei meistgenutzten Tools behalten

   o **Kommunikation:** E-Mail plus ein Messaging-Tool

   o **Automatisierung:** Zapier für repetitive Workflows

3. Er implementierte einen strukturierten Migrations- und Lernprozess:

- o Zeitplan für die schrittweise Migration von Daten

- o Dedizierte Trainingszeit für die Haupttools

- o Template-Erstellung für wiederkehrende Prozesse

- o Temporäres "App-Diät"-Protokoll: Nur die ausgewählten Tools durften verwendet werden

Die Ergebnisse nach drei Monaten waren beeindruckend: Martin verbrachte 76% weniger Zeit mit Tool-Management, seine Projektübergabezeit verkürzte sich um die Hälfte, und sein subjektives Stresslevel sank deutlich. Er berichtete, dass die Begrenzung seiner Toolauswahl paradoxerweise zu mehr Kreativität führte, da weniger mentale Kapazität für Werkzeugwechsel und Systemwartung aufgewendet werden musste.

7.2 Technologiebedingte Ablenkungen minimieren

Während Technologie enorme Produktivitätsvorteile bieten kann, ist sie gleichzeitig eine der größten Quellen von Ablenkung und Zerstreuung. Die Fähigkeit, technologiebedingte Ablenkungen zu minimieren, ist heute eine zentrale Produktivitätskompetenz.

Die Psychologie der digitalen Ablenkung:

Um digitale Ablenkungen effektiv zu bekämpfen, müssen wir zunächst verstehen, wie und warum sie so mächtig sind:

1. Das Dopamin-Belohnungssystem: Digitale Plattformen sind oft bewusst so gestaltet, dass sie unser Dopamin-Belohnungssystem auslösen – denselben neurologischen Mechanismus, der auch bei Suchtverhalten eine Rolle spielt.

2. Variable Belohnungsschemata: Unregelmäßige, unvorhersehbare Belohnungen (wie bei Social Media, E-Mail oder Messaging) erzeugen besonders starke Gewohnheitsmuster, ähnlich wie bei Spielautomaten.

3. Der FOMO-Effekt (Fear of Missing Out): Die Angst, etwas Wichtiges zu verpassen, treibt uns zu ständigen Checks und Unterbrechungen.

4. Der Novelty Bias: Unser Gehirn ist evolutionär darauf programmiert, auf neue Reize zu reagieren – ein Überlebensmechanismus, der in der Informationsüberflutung zum Hindernis wird.

5. Kognitive Überlastung: Je erschöpfter unser präfrontaler Kortex ist, desto anfälliger werden wir für ablenkende Reize und impulsives Verhalten.

FOKUS-BOX

Viele digitale Dienste sind nicht neutral gestaltet – ihre Business-Modelle basieren auf der Maximierung deiner Aufmerksamkeitszeit und Engagement-Rate. Das Erkennen dieser fundamentalen Interessenkollision ist der erste Schritt, um bewusster mit digitalen Plattformen umzugehen.

Strategien zur Minimierung digitaler Ablenkungen:

1. Die digitale Umgebung umgestalten: Diese Methode nutzt Umgebungsdesign, um Ablenkungen zu reduzieren:

- **Benachrichtigungsmanagement:**
    - Deaktiviere alle nicht-essentiellen Push-Benachrichtigungen
    - Gruppiere verbleibende Benachrichtigungen in Batches
    - Nutze "Nicht stören"-Modi während Fokuszeiten
    - Unterscheide zwischen Echtzeit- und verzögerten Benachrichtigungen
- **Visuelle Entschlackung:**
    - Reduziere visuelle Ablenkungen auf Bildschirmen (Minimalistische UI)
    - Entferne ablenkende Apps vom Homescreen/Desktop
    - Nutze Fokus-Modi oder dedizierte Arbeitskonten
    - Aktiviere Graustufen-Modi für bestimmte Zeiträume
- **Physische Trennung:**
    - Schaffe device-freie Zonen und Zeiten

o Nutze separate Geräte für unterschiedliche Kontexte wenn möglich

o Lagere ablenkende Geräte außerhalb der Reichweite während Fokuszeiten

o Implementiere bewusste "Checkpoints" für gerätebezogene Aktivitäten

2. Technologische Gegenmaßnahmen: Diese Methode nutzt Technologie, um Technologie-Ablenkungen zu bekämpfen:

- **Fokusbasierte Browser-Erweiterungen:**

  o Website-Blocker für ablenkende Seiten

  o Tab-Manager zur Reduzierung von Tab-Überflutung

  o Lesemodus-Erweiterungen zur Entfernung störender Elemente

  o Website-Zeitlimits und -budgets

- **Ablenkungsblockierende Apps:**

  o App-Blocker mit zeitbasierten Einschränkungen

  o Fokus-Timer mit Website/App-Sperrung

  o Nutzungsstatistik-Tracker mit Interventionen

  o Tiefe-Arbeit-Modi mit automatisierten Einstellungen

- **Digitale Minimalismus-Tools:**

  o Text-basierte oder minimalistische Interfaces

  o E-Mail-Batchingtools

  o Alternative Frontends für ablenkende Plattformen

  o Offline-Modi und -Editoren

3. Verhaltensbasierte Interventionen: Diese Methode fokussiert auf bewusste Verhaltensänderungen:

- **Implementationsabsichten:**

  o Definiere vorab, wie du auf digitale Unterbrechungen reagieren wirst

  o Formuliere konkrete Wenn-Dann-Pläne: "Wenn ich den Impuls spüre, E-Mails zu checken, dann werde ich drei tiefe Atemzüge nehmen und mich wieder auf meine aktuelle Aufgabe konzentrieren."

  o Etabliere konsistente Reaktionen auf Ablenkungsauslöser

- **Die 10-Minuten-Regel:**

  o Warte 10 Minuten, bevor du einem plötzlichen Impuls zur digitalen Ablenkung nachgibst

  o Nutze diese Zeit für kurze Fokus-Übungen (z.B. Meditation, Atemübungen)

- o Nach 10 Minuten entscheide bewusst, ob der Impuls noch relevant ist

- **Batch-Processing:**

  - o Führe ablenkende Aktivitäten (E-Mail-Checks, Social Media) in definierten Zeitblöcken aus

  - o Reserviere spezifische Zeiten für diese Aktivitäten

  - o Halte dich strikt an diese Zeitblöcke, um Streuung zu vermeiden

4. Kognitive Strategien: Diese Methode adressiert die mentalen Prozesse hinter digitalen Ablenkungen:

- **Aufmerksamkeitstraining:**

  - o Praktiziere regelmäßige Meditationsübungen zur Stärkung der Aufmerksamkeitskontrolle

  - o Führe "Attention Anchoring"-Übungen durch (bewusste Rückkehr zum Fokus)

  - o Trainiere das Erkennen von Ablenkungsimpulsen, bevor du handelst

- **FOMO-Neutralisierung:**

  - o Reframe: "Ich verpasse etwas Unwichtiges, um etwas Wichtiges zu erreichen"

  - o Praktiziere bewusste Informationsdiät und akzeptiere Nicht-Allwissenheit

- o Dokumentiere, wie selten tatsächlich wichtige Informationen verpasst werden

- **Meta-Kognition:**

  - o Beobachte und benenne deine digitalen Impulse: "Ah, das ist mein Social-Media-Ablenkungsimpuls"

  - o Analysiere Auslöser und emotionale Zustände, die zu digitalen Ablenkungsmustern führen

  - o Führe ein "Ablenkungstagebuch" zur Identifikation von Mustern

Fallbeispiel: Anjas digitale Entgiftung

Anja, eine erfolgreiche Marketing-Managerin, bemerkte, dass ihre berufliche Effektivität und persönliche Zufriedenheit durch ständige digitale Ablenkungen beeinträchtigt wurden. Ihr Smartphone wurde im Durchschnitt 142 Mal täglich entsperrt, und sie verbrachte über 3 Stunden täglich mit nicht-zielbezogener digitaler Aktivität.

Ihre Transformation begann mit einem systematischen Ansatz zur digitalen Entgiftung:

1. Sie führte ein 10-tägiges "Digitales Ablenkungstagebuch":

   - o Sie dokumentierte jeden Ablenkungsimpuls und dessen Auslöser

   - o Sie notierte die emotionalen Zustände vor der Ablenkung

o Sie maß die Dauer und den tatsächlichen Nutzen jeder Ablenkungsepisode

o Sie identifizierte ihre "Top-5-Ablenkungsquellen" und typische Ablenkungsmuster

2. Sie gestaltete ihre digitale Umgebung radikal um:

   o Sie entfernte alle Social-Media-Apps von ihrem Smartphone

   o Sie deaktivierte 95% aller Benachrichtigungen

   o Sie gestaltete ihren Homescreen und Desktop minimalistisch

   o Sie installierte Website- und App-Blocker für fokussierte Arbeitszeiten

3. Sie implementierte strukturierte Verhaltensinterventionen:

   o Sie definierte klare Wenn-Dann-Pläne für typische Ablenkungsauslöser

   o Sie etablierte dreimal tägliche "Kommunikations-Batches" für E-Mail und Messaging

   o Sie führte eine "Digitale Sabbatzeit" von 20:00 bis 9:00 Uhr ein

   o Sie praktizierte täglich 10 Minuten Meditation zur Stärkung ihrer Aufmerksamkeitskontrolle

Die Ergebnisse nach zwei Monaten waren transformativ: Ihre täglichen Smartphone-Entsperrungen sanken auf 37, ihre nicht-zielbezogene digitale Zeit reduzierte sich um 78%, und ihre selbst eingeschätzte Arbeitsproduktivität stieg deutlich. Das Überraschendste für sie war jedoch der positive Effekt auf ihr allgemeines Wohlbefinden – sie berichtete von verbessertem Schlaf, reduzierten Angstzuständen und einer wiederentdeckten Fähigkeit, sich auf Gespräche und Freizeitaktivitäten vollständig einzulassen.

7.3 Automatisierungsmöglichkeiten für höheren Output

Automatisierung – der Prozess, wiederkehrende Aufgaben ohne menschliches Eingreifen ausführen zu lassen – ist einer der mächtigsten Produktivitätshebel im digitalen Zeitalter. Sie ermöglicht es dir, Zeit und Energie von repetitiven Tätigkeiten zu höherwertigen, kreativen und strategischen Aufgaben zu verlagern.

Die Automatisierungspyramide:

Nicht alle Automatisierungen sind gleich geschaffen. Sie existieren auf einem Spektrum von einfach bis komplex:

Ebene 1: Persönliche Mikro-Automatisierungen

- Einfache, persönliche Workflows ohne Programmierung

- Beispiele: Textersetzungen, Keyboard-Shortcuts, E-Mail-Filter

- Tools: TextExpander, Keyboard Maestro, native OS-Funktionen

- Einstiegshürde: Sehr niedrig

- ROI: Sofort spürbar bei häufig wiederholten Aufgaben

Ebene 2: Regel-basierte Workflow-Automatisierungen

- Verbindung verschiedener Dienste durch einfache Auslöser und Aktionen

- Beispiele: E-Mail zu Task-Konvertierung, automatische Dateiorganisation

- Tools: Zapier, IFTTT, Microsoft Power Automate

- Einstiegshürde: Niedrig bis mittel

- ROI: Hoch für wiederkehrende Prozesse mit klaren Regeln

Ebene 3: Fortgeschrittene Prozess-Automatisierungen

- Komplexere Workflows mit Bedingungen, Schleifen und Datenverarbeitung

- Beispiele: Dokumentenerstellung, Datenextraktion, CRM-Automatisierung

- Tools: Integromat, Airtable Automations, n8n

- Einstiegshürde: Mittel

- ROI: Sehr hoch für komplexe, zeitintensive Prozesse

Ebene 4: Programmatische Automatisierungen

- Benutzerdefinierte Skripte und Programme für hochspezifische Anforderungen

- Beispiele: Datenanalyse, API-Integrationen, benutzerdefinierte Software

- Tools: Python, JavaScript, spezialisierte APIs

- Einstiegshürde: Hoch (Programmierkenntnisse erforderlich)

- ROI: Extrem hoch für die richtigen Anwendungsfälle

Ebene 5: KI-unterstützte Automatisierungen

- Systeme, die aus Daten lernen und sich adaptiv verhalten

- Beispiele: Intelligente E-Mail-Kategorisierung, prädiktive Textvorschläge

- Tools: Spezielle KI-Dienste, Machine Learning-Plattformen

- Einstiegshürde: Variabel (von einfach nutzbar bis hochkomplex)

- ROI: Potenziell transformativ, aber schwieriger vorherzusagen

FOKUS-BOX

Der Schlüssel zu effektiver Automatisierung liegt nicht in der Komplexität, sondern in der strategischen Auswahl der zu automatisierenden Prozesse. Beginne mit hochfrequenten, niedrigwertigen Aufgaben, die klar definiert und regelbasiert sind. Der kumulative Zeitgewinn dieser "kleinen" Automatisierungen ist oft größer als der einer einzelnen komplexen Automatisierung.

Strategische Herangehensweise an Automatisierung:

1. Der Automatisierungs-Audit-Prozess: Diese Methode hilft, die besten Automatisierungskandidaten zu identifizieren:

Schritt 1: Erfassung wiederkehrender Aufgaben

- Führe 1-2 Wochen ein detailliertes Aktivitätenprotokoll

- Identifiziere alle wiederkehrenden Tätigkeiten

- Dokumentiere Häufigkeit, Dauer und Komplexität

Schritt 2: Bewertung nach Automatisierungspotenzial
Bewerte jede Aufgabe nach diesen Kriterien (1-5 Skala):

- Häufigkeit (wie oft wird die Aufgabe ausgeführt?)

- Zeitaufwand (wie lange dauert die manuelle Ausführung?)

- Regelklarheit (wie klar und konsistent sind die Regeln?)

- Fehleranfälligkeit (wie wahrscheinlich sind menschliche Fehler?)

- Wertschöpfung (wie viel Wert erzeugt die Aufgabe direkt?)

Schritt 3: Priorisierung

- Berechne den "Automatisierungs-Score" (Häufigkeit × Zeitaufwand × Regelklarheit × Fehleranfälligkeit ÷ Wertschöpfung)

- Beginne mit den höchsten Scores

- Berücksichtige auch den Implementierungsaufwand

2. Die Stufenweise Implementierung: Diese Methode nutzt einen inkrementellen Ansatz für nachhaltige Automatisierung:

Phase 1: Dokumentation

- Dokumentiere den aktuellen manuellen Prozess im Detail

- Identifiziere alle Variationen und Ausnahmen

- Erstelle ein Flussdiagramm des idealen Prozesses

Phase 2: Vereinfachung

- Optimiere den Prozess vor der Automatisierung

- Eliminiere unnötige Schritte und Redundanzen

- Standardisiere Inputs und Outputs

Phase 3: Teilautomatisierung

- Beginne mit der Automatisierung der einfachsten Teilschritte

- Validiere jeden Schritt, bevor du weitermachst

- Bewahre zunächst manuelle Kontrollpunkte

Phase 4: Vollautomatisierung

- Verbinde die automatisierten Teilschritte

- Implementiere Fehlerbehandlung und Monitoring

- Entwickle Prozesse für Ausnahmebehandlung

Phase 5: Kontinuierliche Verbesserung

- Überwache die Leistung und sammle Feedback

- Optimiere regelmäßig für höhere Zuverlässigkeit

- Erweitere den Automatisierungsumfang schrittweise

3. Das Atomare Automatisierungsprinzip: Diese Methode fokussiert auf kleine, wiederverwendbare Automatisierungsbausteine:

- Erstelle kleine, einzelzweckgerichtete Automatisierungen statt monolithischer Systeme

- Gestalte Bausteine, die miteinander kombiniert werden können

- Beginne mit den häufigsten "Atomen" deiner täglichen Arbeit

- Baue schrittweise ein persönliches Automatisierungsökosystem auf

Hochwertige Automatisierungsbeispiele für verschiedene Bereiche:

1. E-Mail-Management:

- Automatische Kategorisierung und Labeling eingehender E-Mails

- Vorlagen-basierte Antworten auf häufige Anfragen

- Automatische Weiterleitung basierend auf Inhalt oder Absender

- E-Mail-zu-Aufgaben-Konvertierung für actionable Items

- Automatisierte Follow-up-Erinnerungen für unbeantwortete Nachrichten

2. Dokumenten-Management:

- Automatische Dateiorganisation basierend auf Typ, Datum oder Inhalt

- Template-basierte Dokumentgenerierung für wiederkehrende Formate

- OCR und Datenextraktion aus eingescannten Dokumenten

- Automatisierte Versionierung und Backup wichtiger Dateien

- Dynamisches Tagging und Kategorisierung nach Inhalt

3. Daten-Management:

- Automatische Datensammlung aus verschiedenen Quellen

- Regelmäßige Datenbereinigung und -validierung

- Zeitgesteuerte Berichterstellung und -verteilung

- Automatische Datensynchronisation zwischen Systemen

- Bedingungsbasierte Datenanalyse und Alerting

4. Termin- und Zeitmanagement:

- Automatische Terminplanung basierend auf Verfügbarkeit

- Intelligente Vorbereitung für bevorstehende Meetings

- Automatische Zeiterfassung und -kategorisierung

- Kontextbasierte Erinnerungen und Benachrichtigungen

- Automatisierte Vor- und Nachbereitung von Meetings

5. Social Media und Content:

- Zeitgesteuertes Posting und Cross-Posting

- Automatische Content-Kuration basierend auf definierten Themen

- Monitoring und Alerting bei relevanten Erwähnungen

- Systematische Wiederverwendung von Evergreen-Content

- Automatische Formatanpassung für verschiedene Plattformen

Fallbeispiel: Lukas' Automatisierungsrevolution

Lukas, ein selbstständiger Unternehmensberater, verbrachte etwa 40% seiner Arbeitszeit mit administrativen und repetitiven Aufgaben – Zeit, die nicht direkt wertschöpfend für seine Klienten war. Trotz minimaler technischer Vorkenntnisse entschied er sich für einen systematischen Automatisierungsansatz:

1. Er führte einen detaillierten Automatisierungs-Audit durch:

    o Er dokumentierte zwei Wochen lang alle wiederkehrenden Tätigkeiten

    o Er identifizierte die Top-10-Kandidaten für Automatisierung

    o Er priorisierte nach Frequenz × Zeitaufwand × Regelklarheit

2. Er implementierte schrittweise Automatisierungen, beginnend mit den einfachsten:

    o **Ebene 1:** Text-Snippets für häufige E-Mail-Antworten und Berichtsabschnitte

    o **Ebene 2:** Automatische Konvertierung von E-Mails zu Aufgaben in seinem Task-System

    o **Ebene 2:** Zapier-Workflow für die automatische Dokumentation von Kundengesprächen

    o **Ebene 3:** Automatisierte Rechnungsstellung basierend auf Zeiterfassungsdaten

    o **Ebene 3:** Dynamische Berichterstellung durch templatebasierte Dokumentgenerierung

3. Er entwickelte ein kontinuierliches Verbesserungssystem:

  o Wöchentliches Review aller Automatisierungen

  o Monatliche Suche nach neuen Automatisierungskandidaten

  o Vierteljährliche Optimierung bestehender Automatisierungen

Die Ergebnisse nach sechs Monaten übertrafen seine Erwartungen: Lukas reduzierte seinen administrativen Zeitaufwand um 68%, was ihm erlaubte, 30% mehr Klienten zu betreuen ohne längere Arbeitszeiten. Die Konsistenz seiner Dienstleistungen verbesserte sich, Fehler in Rechnungen und Berichten sanken auf nahe Null, und er konnte sogar während des Urlaubs einen reduzierten Betrieb aufrechterhalten – etwas, das vorher unmöglich schien. Der wichtigste Aspekt war jedoch die psychologische Entlastung: Das Wissen, dass administrative Routinen zuverlässig im Hintergrund abliefen, erlaubte ihm, sich vollständig auf seine Klienten zu konzentrieren.

7.4 Die analoge-digitale Balance finden

In einer zunehmend digitalisierten Welt übersehen wir oft den Wert analoger Werkzeuge und Methoden. Die optimale Produktivität entsteht nicht durch die vollständige Digitalisierung aller Prozesse, sondern durch die bewusste Balance zwischen digitalen und analogen Ansätzen – basierend auf den spezifischen Stärken jeder Modalität.

Die komparativen Vorteile digitaler und analoger Tools:

Digitale Stärken:

- Skalierbarkeit und unbegrenzte Speicherkapazität

- Durchsuchbarkeit und schneller Zugriff

- Synchronisierung zwischen Geräten und Orten

- Kollaborationsmöglichkeiten und Teilen

- Automatisierung und Programmierbarkeit

- Multimediale Integration (Text, Bild, Audio, Video)

Analoge Stärken:

- Haptisches Feedback und physische Interaktion

- Räumliche Kognition und visuelle Übersicht

- Ablenkungsfreie Umgebung und Fokusförderung

- Gestaltungsfreiheit ohne vordefinierte Strukturen

- Neuronale Aktivierung durch handschriftliches Schreiben

- Kontextgebundene Erinnerung durch physische Artefakte

FOKUS-BOX

Die Wahl zwischen analog und digital sollte nie ideologisch, sondern immer pragmatisch sein. Jede Modalität hat ihre Stärken und optimalen Anwendungsbereiche. Die produktivsten Menschen

verstehen diese Stärken und kombinieren beide Welten für maximale Wirkung.

Aufgabenspezifische Modal-Wahl:

1. Ideation und Kreativprozesse:

- **Analoger Vorteil:** Studien zeigen, dass handschriftliches Brainstorming und Skizzieren zu mehr divergentem Denken und kreativeren Lösungen führt

- **Optimale Praxis:** Beginne kreative Prozesse analog (Notizbuch, Whiteboard) und digitalisiere die Ergebnisse für Weiterverarbeitung und Teilen

2. Informationsaufnahme und Lernen:

- **Gemischter Zugang:** Forschungen zeigen bessere Informationsverarbeitung und Erinnerung bei handschriftlichen Notizen, aber bessere Langzeitspeicherung bei digitalem Management

- **Optimale Praxis:** Nutze handschriftliche Notizen während des Lernens, transferiere Schlüsselerkenntnisse in ein digitales System für Langzeitnutzung

3. Planung und Zeitmanagement:

- **Kontextabhängig:** Digitale Kalender bieten bessere Benachrichtigungen und Synchronisation, während physische Planer bessere visuelle Übersicht und Bewusstsein schaffen

- **Optimale Praxis:** Nutze digitale Tools für spezifische Termine und Erinnerungen, analoge für die Wochen- und Tagesplanung

4. Aufgabenmanagement:

- **Volumenabhängig:** Digitale Systeme skalieren besser für große Aufgabenmengen, während physische Listen für überschaubare Tagespläne fokussierter wirken

- **Optimale Praxis:** Halte das Masterprojekt- und Aufgabenrepository digital, extrahiere tägliche To-Do-Listen analog

5. Lesen und Recherche:

- **Inhaltsabhängig:** Digitales Lesen ermöglicht bessere Suche und Annotation, während physisches Lesen tiefere Konzentration und räumliches Verständnis fördert

- **Optimale Praxis:** Nutze physische Bücher für tiefes, konzentriertes Lesen; digitale Formate für Recherche, Referenz und unterwegs

6. Kommunikation:

- **Bedeutungsabhängig:** Digitale Kommunikation ist effizienter für sachliche Information, während analoge (persönliche) Kommunikation bei emotionalen oder komplexen Themen überlegen ist

- **Optimale Praxis:** Wähle den Kommunikationskanal basierend auf der emotionalen Tiefe und Komplexität des Gesprächs

Hybride Workflows entwickeln:

1. Die Modal-Transitionen-Strategie: Diese Methode definiert bewusst die Übergänge zwischen analogem und digitalem Arbeiten:

- Identifiziere für jeden Hauptworkflow die optimalen modalen Phasen

- Definiere klare Übergangspunkte zwischen den Modalitäten

- Entwickle effiziente Übertragungsprozesse (analog → digital und umgekehrt)

- Etabliere Konventionen, um Redundanzen und Informationsverlust zu vermeiden

Beispiel: Projektideation-Workflow:

1. Analoges Brainstorming (Papier, Whiteboard)

2. Dokumentation und erste Strukturierung (Papier)

3. Digitalisierung der Hauptpunkte (Scanner/Foto + OCR)

4. Digitale Weiterentwicklung und Kollaboration (Projektmanagement-Tool)

5. Analoge Tages-To-Dos für die Umsetzungsphase (Notizbuch)

2. Das Cockpit-Konzept: Diese Methode schafft einen integrierten analogen und digitalen Arbeitsplatz:

- Gestalte einen physischen Arbeitsbereich, der optimale analoge Tools bereitstellt

- Integriere digitale Displays und Zugriffspunkte an strategischen Positionen

- Organisiere räumlich nach Workflow-Phasen statt nach Medientyp

- Schaffe nahtlose Übergänge zwischen physischen und digitalen Objekten

Beispiel: Hybrides Schreibcockpit:

- Analoger Bereich: Notizbuch für Brainstorming, physische Referenzmaterialien

- Digitaler Bereich: Computer für Schreiben, Recherche und Bearbeitung

- Übergangsbereich: Scanner/Kamera für die Digitalisierung, Drucker für die Materialisierung

3. Die Medien-Stärken-Mapping-Methode: Diese Methode weist Aufgaben bewusst dem optimalen Medium zu:

- Erstelle eine Matrix deiner häufigsten Tätigkeiten

- Bewerte jede Tätigkeit nach verschiedenen Dimensionen (Kreativität, Struktur, Kollaboration, etc.)

- Ordne basierend auf den Dimensionswerten das optimale Medium zu

- Überprüfe und verfeinere die Zuordnungen basierend auf persönlicher Erfahrung

Beispiel: Aufgaben-Medien-Matrix:

- Brainstorming neuer Ideen → Analoges Whiteboard/Notizbuch

- Strukturierung komplexer Inhalte → Digitales Mind-Mapping-Tool

- Tageszielplanung → Analoger Planer

- Langfristige Projektplanung → Digitales Projektmanagement-Tool

Fallbeispiel: Sophies hybride Produktivitätsrevolution

Sophie, eine Produktmanagerin in einem Technologieunternehmen, kämpfte mit den Extremen der Modalitäten. Sie hatte komplett digitale Phasen, die zu Bildschirmmüdigkeit und Fokusproblemen führten, und vollständig analoge Phasen, die Kollaboration und Kontinuität erschwerten.

Ihre Transformation begann mit einer systematischen Analyse ihrer Workflows:

1. Sie führte ein detailliertes Modal-Audit durch:

    o Sie protokollierte zwei Wochen ihre Tätigkeiten mit Bewertungen nach modalen Präferenzen

    o Sie analysierte, welche Aufgaben in welcher Modalität besser funktionierten

    o Sie identifizierte problematische modale Übergänge

2. Sie entwickelte personalisierte hybride Workflows:

- o **Morgenroutine:** Analoge Tagesplanung mit physischem Planer und handschriftlicher Reflexion

- o **Kreativ-Sessions:** Beginn mit analogem Mind-Mapping, Digitalisierung für Weiterentwicklung

- o **Meeting-Workflow:** Handschriftliche Notizen während Meetings, strukturierte digitale Zusammenfassung danach

- o **Produktentwicklung:** Papier-Prototyping für erste Konzepte, digitale Tools für finale Spezifikationen

3. Sie gestaltete einen optimierten hybriden Arbeitsplatz:

- o Definierter analoger Bereich mit Notizbüchern, Stiften, Whiteboards

- o Digitaler Hauptbereich mit ergonomischem Monitor-Setup

- o Übergangsbereich mit Scanner und Dokumentenkamera

- o Separate "Deep Work"-Zone ohne digitale Ablenkungen

Die Ergebnisse nach vier Monaten waren bemerkenswert: Sophie berichtete von deutlich verbesserten kreativen Outputs, reduzierter digitaler Ermüdung und einer 27% höheren durchschnittlichen Fokuszeit. Besonders wertvoll war die Entdeckung, dass bestimmte komplexe Probleme, die in einer Modalität festgefahren waren, oft durch einen bewussten Modalitätswechsel gelöst werden konnten. Ihr Team adoptierte viele ihrer hybriden Praktiken, was zu einer kollaborativeren und ausgeglicheneren Arbeitskultur führte.

7.5 Informationsmanagement: Vom Datenflut zur Wissensordnung

In einer Zeit, in der Informationsüberflutung zur Norm geworden ist, wird effektives Informationsmanagement zu einer entscheidenden Produktivitätskompetenz. Die Fähigkeit, relevante Informationen zu finden, zu speichern, zu organisieren und wiederzuverwenden, unterscheidet hochproduktive Menschen von jenen, die in der Datenflut untergehen.

Die Herausforderungen des modernen Informationsmanagements:

1. Informationsüberflutung: Die tägliche Informationsmenge übersteigt bei weitem unsere Verarbeitungskapazität.

2. Fragmentierung: Informationen sind über zahlreiche Plattformen, Geräte und Formate verstreut.

3. Signal-Rausch-Verhältnis: Das Identifizieren wertvoller Information inmitten von Rauschen wird zunehmend schwieriger.

4. Halbwertszeit von Wissen: Informationen veralten in vielen Bereichen immer schneller.

5. Kontext-Verlust: Isolierte Informationen verlieren ohne Kontext an Wert und Anwendbarkeit.

FOKUS-BOX

Modernes Informationsmanagement sollte nicht das Sammeln von immer mehr Informationen zum Ziel haben, sondern das Kuratieren eines wertvollen, anwendbaren Wissensbestands. Die Kunst liegt nicht im Besitzen, sondern im Filtern, Verbinden und Anwenden von Information.

Die Prinzipien eines effektiven Wissensmanagementsystems:

1. Einheitlicher Erfassungspunkt: Ein zentrales System für die initiale Informationserfassung reduziert kognitive Belastung.

2. Progressive Verfeinerung: Information wird schrittweise von rohen Daten zu strukturiertem Wissen verarbeitet.

3. Kontextuelle Organisation: Wissen wird nicht isoliert, sondern in Bezugsnetzen und Anwendungskontexten organisiert.

4. Wiederauffindbarkeit: Mehrfache, redundante Zugangswege (Tags, Kategorien, Volltextsuche) sichern das Wiederfinden.

5. Regelmäßige Review-Zyklen: Periodische Überprüfung und Aktualisierung halten die Wissensbasis relevant.

6. Anwendungsorientierung: Das System priorisiert die praktische Anwendbarkeit über pure Archivierung.

Implementierung eines persönlichen Wissensmanagementsystems:

1. Das PARA-Organisationssystem: Diese von Tiago Forte entwickelte Methode bietet eine klare, skalierbare Struktur:

- Projekte: Aktive Unternehmungen mit definiertem Ziel und Zeitrahmen

- Areas: Langfristige Verantwortungsbereiche mit Standards

- Ressourcen: Themen oder Interessen, die potenziell wertvoll sind

- Archiv: Inaktive Items aus den anderen Kategorien

Der Schlüssel: Diese Struktur wird universell über alle digitalen und analogen Werkzeuge angewendet.

2. Die CODE-Methode: Dieser Prozess beschreibt den Informationsfluss durch das System:

- Capture: Erfasse alles Potentiell-Wertvolle an einem zentralen Ort

- Organize: Sortiere Information nach Projekten, Bereichen, Ressourcen

- Distill: Extrahiere und verdichte die Kernaussagen

- Express: Wende das Wissen an und teile es in neuen Kontexten

Diese Methode schafft einen kontinuierlichen Kreislauf der Informationsveredelung.

3. Progressive Summarization: Diese Technik verdichtet Information schrittweise für bessere Wiederverwendbarkeit:

- **Ebene 1:** Vollständiger Originalinhalt

- **Ebene 2:** Wichtige Passagen fett markieren

- **Ebene 3:** Hervorgehobene Passagen der Ebene 2 unterstreichen

- **Ebene 4:** Eigene Zusammenfassung der Hauptideen

- **Ebene 5:** Kreative Anwendung in neuem Kontext

Diese Methode schafft mehrere "Einstiegspunkte" je nach verfügbarer Zeit.

4. Das Zettelkasten-Prinzip: Diese von Niklas Luhmann entwickelte Methode verbindet Ideen zu einem Wissensnetzwerk:

- Erstelle atomare Notizen (eine Idee pro Notiz)

- Verknüpfe jede Notiz mit mehreren anderen

- Füge Metadaten und Kontext hinzu

- Folge emergenten Strukturen statt vordefinierten Kategorien

- Entwickle Ideen entlang der Verbindungspfade

Diese Methode fördert kreatives Denken und unerwartete Verbindungen.

Tools und Workflows für modernes Wissensmanagement:

1. Capture-System:

- **Digital:** Notion, Evernote, Apple Notes, Obsidian

- **Analog:** Notizbuch, Index-Karten

- **Hybrid:** Scanner-Apps, Smart-Pens, Digitale Notizbücher

Implementierungstipps:

- Reduziere Friction für maximale Erfassungswahrscheinlichkeit

- Etabliere klare Verarbeitungsroutinen für den Eingang

- Unterscheide zwischen permanenten und temporären Notizen

2. Organisationssystem:

- **Digital:** Notion, Obsidian, Roam Research, DEVONthink

- **Analog:** Ordner-Systeme, Archivboxen, Index-Kartensysteme

- **Hybrid:** Scanning-Workflow, digitale Indizes für analoge Materialien

Implementierungstipps:

- Wende konsistente Organisationsstrukturen über alle Medien an

- Implementiere bewusste Review-Zyklen (täglich, wöchentlich, monatlich)

- Nutze progressive Verfeinerung statt sofortiger perfekter Organisation

3. Distillation-System:

- **Digital:** Zusammenfassungs-Apps, Highlighting-Tools, Mind-Mapping-Software

- **Analog:** Farbcodierte Markierungen, Margin Notes, Synthese-Notizbücher

- **Hybrid:** Annotierte PDFs, digitalisierte handschriftliche Notizen

Implementierungstipps:

- Etabliere eine persönliche Markierungssprache für Konsistenz

- Praktiziere aktives statt passives Lesen und Informationsverarbeitung

- Schaffe regelmäßige Zeiten für Wissensvertiefung und -synthese

4. Expression-System:

- **Digital:** Blogs, Wikis, soziale Medien, digitale Präsentationen

- **Analog:** Vorträge, Workshops, physische Publikationen

- **Hybrid:** Digitale Vorlagen für analoge Outputs, QR-Codes

Implementierungstipps:

- Entwickle persönliche Wissensprodukte (Vorlagen, Frameworks, Checklisten)

- Schaffe Feedback-Loops durch Wissensteilung

- Nutze Lehren als höchste Form des Lernens

Fallbeispiel: Markus' Wissensmanagement-Transformation

Markus, ein Berater im Bereich digitale Transformation, kämpfte mit der wachsenden Informationsflut in seinem Bereich. Wertvolle Informationen gingen verloren, Recherchen wurden mehrfach durchgeführt, und das Gefühl, den Überblick zu verlieren, nahm zu.

Seine Transformation begann mit der systematischen Entwicklung eines integrierten Wissensmanagementsystems:

1. Er implementierte ein PARA-basiertes Organisationssystem:

    o **Projekte:** Aktive Kundenprojekte und persönliche Initiativen

    o **Areas:** Expertise-Bereiche und langfristige berufliche Verantwortungen

    o **Resources:** Branchentrends, Technologien, Methodiken, Best Practices

    o **Archive:** Abgeschlossene Projekte, veraltete Ressourcen

2. Er etablierte einen konsistenten Informationsverarbeitungsworkflow:

- o **Tägliche Erfassung:** Notion als zentraler Eingang für alle Informationen

- o **Wöchentliche Verarbeitung:** Organisation der Eingangsnotizen nach PARA

- o **Monatliche Synthese:** Verbindung und Verdichtung verwandter Informationen

- o **Quartalsmäßige Review:** Überprüfung und Aktualisierung der Wissensstruktur

3. Er entwickelte ein System progressiver Vertiefung:

- o Level 1: Schnelle Erfassung mit Kontextnotizen

- o Level 2: Highlighting der Schlüsselpassagen

- o Level 3: Eigene Zusammenfassung und Synthese

- o Level 4: Anwendungsmöglichkeiten und praktische Implikationen

4. Er schuf mehrere Wissensoutputs:

- o Interne Wissensartikel für sein Beratungsteam

- o Monatlicher Newsletter für Klienten

- o Framework-Bibliothek für Beratungsprojekte

- o Persönliche Checklisten und Entscheidungshilfen

Die Ergebnisse nach sechs Monaten waren transformativ: Markus berichtete von einer 40% schnelleren Projektvorbereitungszeit, einer deutlichen Qualitätssteigerung seiner Beratungsleistungen und einem erhöhten Vertrauen in seine Expertise. Besonders wertvoll waren die unerwarteten Verbindungen zwischen verschiedenen Wissensgebieten, die zu innovativen Lösungsansätzen führten. Sein Wissensmanagementsystem entwickelte sich von einem reinen Produktivitätswerkzeug zu einem strategischen Wettbewerbsvorteil.

7.6 Kommunikationstechnologien effektiv einsetzen

Kommunikationstechnologien können Produktivität dramatisch steigern oder erheblich behindern – je nachdem, wie wir sie einsetzen. Die Kunst liegt darin, diese Werkzeuge so zu nutzen, dass sie Zusammenarbeit fördern und Informationsfluss optimieren, ohne zu ständigen Unterbrechungen und Ablenkungen zu führen.

Die Kommunikations-Ökologie verstehen:

Bevor wir spezifische Strategien betrachten, ist es wichtig, die grundlegende Ökologie moderner Kommunikation zu verstehen:

1. Synchrone vs. asynchrone Kommunikation:

- **Synchron:** Echtzeit-Interaktion (Meetings, Videocalls, Chat)

- **Asynchron:** Zeitversetzte Kommunikation (E-Mail, Kommentare, Dokumentation)

2. Push vs. Pull Kommunikation:

- **Push:** Information wird aktiv zugestellt (Benachrichtigungen, E-Mails)

- **Pull:** Information wird bei Bedarf abgerufen (Wikis, Dokumentation)

3. Ephemere vs. persistente Kommunikation:

- **Ephemer:** Kurzlebig, oft nicht archiviert (Gespräche, einige Chats)

- **Persistent:** Langfristig verfügbar und auffindbar (Dokumentation, E-Mails)

4. Formelle vs. informelle Kommunikation:

- **Formell:** Strukturiert, mit klaren Protokollen (Reports, offizielle E-Mails)

- **Informell:** Unstrukturiert, spontan (Chats, Kurznachrichten)

FOKUS-BOX

Der Schlüssel zu produktiver Kommunikation liegt nicht in der Wahl eines bestimmten Tools, sondern in der bewussten Abstimmung des Mediums auf die Art der Kommunikation. Kein Kommunikationskanal ist inhärent gut oder schlecht – es geht darum, den

richtigen Kanal für den richtigen Zweck zu verwenden.

Das kommunikative Werkzeug dem Zweck anpassen:

1. Die Kommunikationsmatrix-Methode: Diese Technik hilft, den optimalen Kommunikationskanal basierend auf Inhalt und Kontext zu wählen:

Dimension	Niedrig	Mittel	Hoch
Komplexität	Chat	E-Mail/Dokument	Video/Persönl
Dringlichkeit	Dokument	E-Mail	Anruf/Chat
Emotionaler Gehalt	Dokument	E-Mail	Video/Persönl
Audience Size	Anruf/Chat	E-Mail	Dokument/W
Persistenzbedarf	Chat	E-Mail	Dokument/W

Anwendung: Bewerte deine Kommunikation entlang dieser Dimensionen und wähle entsprechend.

2. Die Kommunikationsregeln-Strategie: Diese Methode etabliert klare Regeln für verschiedene Kommunikationskanäle:

- **E-Mail:**

    o Für formelle, längere Kommunikation mit externen Stakeholdern

    o Für Themen, die dokumentiert werden müssen

    o Antworterwartung: 24-48 Stunden

- **Chat (Slack, Teams, etc.):**

    o Für kurze, informelle Abstimmungen

- o Für dringende Fragen, die schnelle Antworten erfordern

- o Antworterwartung: Innerhalb des Arbeitstages

- **Videocalls:**

  - o Für komplexe Diskussionen, die Nuancen erfordern

  - o Für Beziehungsaufbau und sensible Gespräche

  - o Immer mit Agenda und Zeitlimit

- **Dokumentation (Wikis, Notion, etc.):**

  - o Für langfristig relevante Information

  - o Für Wissen, das von vielen genutzt wird

  - o Regelmäßig aktualisiert und referenziert

3. Die Kommunikationszyklus-Methode: Diese Technik etabliert bewusste Kommunikationsrhythmen:

- **Tägliche Kommunikation:**

  - o Morgen: Check-in und Prioritäten

  - o Mittag: Fortschritts-Updates

  - o Nachmittag: Abschluss und nächste Schritte

- **Wöchentliche Kommunikation:**

  - o Montag: Wochenziele und -plan

- o Mittwoch: Midweek-Review

- o Freitag: Wochenrückblick und Lessons Learned

- **Monatliche Kommunikation:**

  - o Monatsbeginn: Strategische Ausrichtung

  - o Monatsende: Ergebnisreview und Planung

Strategien für produktive digitale Kommunikation:

1. E-Mail-Management-System: Diese Methode transformiert E-Mail von einer Belastung zu einem Produktivitätswerkzeug:

- **Batch-Processing:**

  - o Definiere 2-3 tägliche E-Mail-Blöcke statt kontinuierlichen Checks

  - o Deaktiviere Benachrichtigungen außerhalb dieser Zeiten

  - o Kommuniziere deine E-Mail-Rhythmen an relevante Kontakte

- **Triage-System:**

  - o Entwickle ein schnelles Entscheidungssystem für Eingang

  - o Optionen: Sofort bearbeiten (< 2 Min.) / Planen / Delegieren / Archivieren

  - o Nutze Labels/Ordner für kontextbasierte Organisation

- **Template-Bibliothek:**

  o Erstelle wiederverwendbare Antworten für häufige Anfragen

  o Entwickle modulare Textbausteine für schnelle Personalisierung

  o Pflege und aktualisiere diese Bibliothek regelmäßig

- **Produktive Autoresponder:**

  o Nutze intelligente Abwesenheitsnotizen mit Alternativen zur Kontaktaufnahme

  o Erwäge dauerhafte Responder mit Kommunikationserwartungen

  o Biete alternative Kanäle für tatsächlich dringende Angelegenheiten

2. Meeting-Optimierungs-Strategie: Diese Methode steigert die Effektivität digitaler Meetings:

- **Vorbereitungs-Protokoll:**

  o Sende detaillierte Agenda mindestens 24 Stunden vorher

  o Fordere spezifische Vorbereitung von Teilnehmern

  o Stelle relevante Unterlagen rechtzeitig bereit

- **Durchführungs-Disziplin:**

- o Starte und ende pünktlich, ohne Ausnahmen

- o Halte visuelle Unterstützung minimal und fokussiert

- o Etabliere klare Rollen (Moderator, Zeitwächter, Protokollant)

- o Erlaube parallele Textkanäle für Fragen und Links

- **Nachbereitungs-Workflow:**

  - o Dokumentiere Entscheidungen und nächste Schritte sofort

  - o Versende Zusammenfassung innerhalb von 24 Stunden

  - o Integriere Aufgaben in Tracking-Systeme

3. Chat-Produktivitäts-Protokoll: Diese Methode verhindert, dass Chat-Tools zu Produktivitätskillern werden:

- **Kanalorganisation:**

  - o Strukturiere Kanäle nach Projekten/Themen, nicht nach Teams

  - o Implementiere klare Namensschemata für schnelle Navigation

  - o Archiviere inaktive Kanäle nach definierten Zeiträumen

- **Benachrichtigungsmanagement:**

- o Aktiviere Benachrichtigungen nur für direkte Erwähnungen und wirklich relevante Kanäle

- o Nutze Status-Updates, um Verfügbarkeit zu kommunizieren

- o Praktiziere regelmäßige "Do Not Disturb"-Zeiten für Tiefenarbeit

- **Kommunikationshygiene:**

  - o Halte Nachrichten prägnant und zweckgerichtet

  - o Nutze Threads für Unterdiskussionen

  - o Verschiebe längere Diskussionen in angemessenere Formate (Dokument, Call)

Fallbeispiel: Jans Kommunikationstransformation

Jan, ein Produktmanager in einem internationalen Technologieunternehmen, kämpfte mit der wachsenden Kommunikationsflut: 200+ tägliche E-Mails, ständige Slack-Nachrichten, und bis zu 6 Stunden tägliche Meetings fraßen seine Produktivität auf und führten zu 60+ Stunden-Wochen.

Seine Transformation begann mit einem systematischen Ansatz zur Kommunikationsoptimierung:

1. Er führte eine umfassende Kommunikationsanalyse durch:

   - o Er protokollierte eine Woche lang sämtliche Kommunikation (Kanal, Inhalt, Notwendigkeit)

o   Er identifizierte Muster in unnötigen
Meetings und redundanten
Informationsflüssen

o   Er klassifizierte Kommunikationsarten
nach Dringlichkeit, Wichtigkeit und
optimalem Kanal

2. Er implementierte ein strukturiertes
E-Mail-Management-System: - E-Mail-Batching dreimal
täglich mit klaren Zeitlimits - Automatische Filter für
verschiedene Prioritätsstufen - Eine Template-Bibliothek
für 80% seiner Standardantworten - Ein konsequentes
"Touch it once"-Prinzip: sofort bearbeiten, delegieren
oder terminieren

3. Er revolutionierte seine Meeting-Kultur:

o   Reduzierte Standard-Meetings von 60 auf
30 Minuten

o   Implementierte "No-Meeting-Wednesdays"
für Tiefenarbeit

o   Forderte obligatorische Agenden mit
klaren Entscheidungszielen

o   Entwickelte ein
"Meeting-Berechtigungsformular" für neue
Meetings

o   Führte regelmäßige Mccting-Audits zur
Elimination unnötiger Meetings durch

4. Er optimierte seinen Chat-Workflow:

o   Reorganisierte Slack-Kanäle nach Priorität
und Relevanz

- Reduzierte aktive Kanäle von 32 auf 12

- Implementierte Status-Rotationen: "Verfügbar" / "Bitte nicht stören" / "Abwesend"

- Etablierte klare Kanalrichtlinien (was gehört wohin)

- Schuf eine "Dringend"-Protokoll für echte Notfälle

Die Ergebnisse nach drei Monaten waren dramatisch: Jan reduzierte seine wöchentliche Arbeitszeit von 62 auf 47 Stunden, während seine tatsächliche Produktivität stieg. Seine Meeting-Zeit sank um 40%, die täglichen E-Mails reduzierten sich auf unter 100, und seine Teamzufriedenheit stieg merklich. Der größte Gewinn war jedoch seine wiedergewonnene Fähigkeit zu fokussierter, kreativer Arbeit in längeren, ununterbrochenen Blöcken – etwas, das zuvor durch ständige Kommunikationsunterbrechungen unmöglich geworden war.

7.7 Praktische Übungen und Reflexionen

Übung 1: Digitales Toolset-Audit Führe eine systematische Analyse deiner aktuellen Produktivitätswerkzeuge durch:

- Erstelle eine vollständige Liste aller genutzten digitalen Tools

- Bewerte jedes Tool nach: Nutzungshäufigkeit, Wertbeitrag, Lernaufwand, Überlappung

- Identifiziere Redundanzen und Lücken in deinem Toolset

- Entwickle einen minimalistischen Core-Stack aus 3-5 zentralen Tools

- Erstelle einen konkreten Migrationsplan für die Konsolidierung

Übung 2: Digitale Entgiftungs-Challenge Reduziere systematisch digitale Ablenkungen für einen definierten Zeitraum:

- Wähle eine 7-Tage-Periode für die Challenge

- Implementiere täglich eine neue digitale Hygienemaßnahme:

    o Tag 1: Entferne alle nicht-essentiellen Apps vom Homescreen

    o Tag 2: Deaktiviere alle Push-Benachrichtigungen

    o Tag 3: Implementiere App-Zeitlimits für ablenkende Anwendungen

    o Tag 4: Schaffe festgelegte Offline-Zeiten

    o Tag 5: Aktiviere "Nicht stören"-Modi während Fokusperioden

    o Tag 6: Implementiere einen digitalen Sonnenuntergang (keine Screens 1h vor dem Schlafengehen)

    o Tag 7: Praktiziere einen kompletten oder teilweisen Digital Detox

- Protokolliere täglichen Produktivitätsimpact und emotionales Wohlbefinden

- Identifiziere die drei wirkungsvollsten Maßnahmen zur dauerhaften Implementation

Übung 3: Personal Automation Workshop Entwickle einen systematischen Ansatz zur persönlichen Automatisierung:

- Führe ein 3-tägiges Aktivitäts-Logging durch mit Fokus auf repetitive Tätigkeiten

- Identifiziere die Top-10-Kandidaten für Automatisierung nach Häufigkeit × Zeitaufwand

- Kategorisiere sie nach Automatisierungsebene (1-5)

- Implementiere innerhalb von zwei Wochen:

  o Mindestens drei Ebene-1-Automatisierungen (z.B. Text-Snippets)

  o Mindestens eine Ebene-2-Automatisierung (z.B. einfacher Zapier-Workflow)

  o Plane eine komplexere Ebene-3-Automatisierung

- Dokumentiere Zeitersparnis und ROI für jede Automatisierung

Übung 4: Analog-Digital-Balance-Experiment Führe ein strukturiertes Experiment zur Optimierung deiner modalen Balance durch:

- Wähle drei Kernarbeitsprozesse (z.B. Brainstorming, Aufgabenplanung, Notizen)

- Praktiziere jeden Prozess für jeweils drei Tage in drei Modalitäten:

  o Vollständig analog

  o Vollständig digital

  o Hybride Methode

- Bewerte jede Variante nach: Effizienz, Kreativität, Fokus, emotionale Zufriedenheit

- Identifiziere die optimale Modalität für jeden Prozess

- Entwickle einen integrierten hybriden Workflow basierend auf deinen Erkenntnissen

Übung 5: Kommunikationsoptimierungs-Protokoll
Transformiere deine digitale Kommunikation für höhere Produktivität:

- Führe ein 5-tägiges Kommunikationsaudit durch:

  o Dokumentiere jeden Kommunikationsakt nach Kanal, Zeit, Dauer, Zweck

  o Identifiziere Muster in Unterbrechungen und Produktivitätsblockern

  o Analysiere die Notwendigkeit und Effizienz jeder Kommunikationsform

- Entwickle kanalspezifische Optimierungsstrategien:

- o E-Mail: Batch-Zeiten, Vorlagen, Filter

- o Chat: Kanalorganisation, Benachrichtigungsmanagement

- o Meetings: Standardformate, Zeitlimits, Agendavorlagen

- Implementiere diese Strategien für zwei Wochen

- Führe ein zweites Audit durch und vergleiche die Ergebnisse

FOKUS-BOX: Kapitelzusammenfassung

- Digitale Produktivitätswerkzeuge sind am effektivsten, wenn sie nach klaren Prinzipien ausgewählt und zu einem kohärenten System integriert werden

- Technologiebedingte Ablenkungen können durch bewusstes Umgebungsdesign, technologische Gegenmaßnahmen und Verhaltensinterventionen minimiert werden

- Automatisierung bietet einen der stärksten Produktivitätshebel, wenn sie strategisch auf hochfrequente, regelbasierte Prozesse angewendet wird

- Die optimale Balance zwischen analogen und digitalen Werkzeugen nutzt die spezifischen Stärken jeder Modalität für verschiedene Aufgabentypen

- Effektives Informationsmanagement transformiert die Datenflut in eine strukturierte, anwendbare Wissensbasis

- Kommunikationstechnologien steigern die Produktivität, wenn sie bewusst dem jeweiligen Kommunikationszweck angepasst werden

Reflexionsfragen:

1. Welche deiner digitalen Tools bieten den höchsten Wertbeitrag, und welche verursachen mehr Overhead als Nutzen?

2. Welche spezifischen digitalen Ablenkungen kosten dich am meisten Zeit und mentale Energie?

3. Welche wiederkehrenden Aufgaben in deinem Alltag haben das größte Automatisierungspotenzial?

4. In welchen Bereichen deiner Arbeit könntest du von mehr analogen Elementen profitieren?

5. Wie effektiv ist dein aktuelles System zur Organisation und Wiederauffindung wichtiger Informationen?

Action-Steps für Kapitel 7:

1. Konsolidiere dein digitales Toolset auf einen minimalistischen Core-Stack von 3-5 zentralen Werkzeugen

2. Implementiere ein systematisches Benachrichtigungsmanagement auf allen Geräten

3. Automatisiere mindestens drei häufig wiederkehrende Aufgaben in deinem Workflow

4. Experimentiere mit einem hybriden Ansatz für einen deiner Kernarbeitsprozesse

5. Etabliere ein strukturiertes Batch-System für deine digitale Kommunikation

Kapitel 8:

Produktive Umgebungen gestalten

"Die Umgebung, die du dir erschaffst, erschafft dich." - Winston Churchill

Unsere Umgebung – physisch, sozial und digital – beeinflusst unser Verhalten und unsere Produktivität oft stärker, als wir wahrnehmen. In diesem Kapitel entdecken wir, wie du deine Umgebungen bewusst so gestalten kannst, dass sie fokussiertes Handeln und Höchstleistung unterstützen, statt sie zu behindern.

8.1 Der Einfluss der physischen Umgebung auf den Fokus

Die Räume, in denen wir arbeiten, lernen und leben, formen unsere Gedanken, Gefühle und Verhaltensweisen auf tiefgreifende Weise. Die Wissenschaft der

Umgebungspsychologie hat zahlreiche Zusammenhänge zwischen Raumgestaltung und kognitiver Leistungsfähigkeit nachgewiesen.

Die psychologischen Mechanismen der Umgebungswirkung:

1. Kognitive Belastung durch Umgebungsreize: Jeder visuelle, auditive oder andere sensorische Reiz in unserer Umgebung benötigt Verarbeitungskapazität unseres Gehirns – selbst wenn wir ihn nicht bewusst wahrnehmen. Eine überladene Umgebung erhöht die kognitive Grundlast und reduziert verfügbare Ressourcen für fokussierte Arbeit.

2. Priming-Effekte: Elemente in unserer Umgebung aktivieren unbewusst assoziierte Konzepte und Verhaltensweisen. Bestimmte Objekte, Farben oder Arrangements können produktivitätsfördernde mentale Modelle und Verhaltensweisen "primen" (voraktivieren).

3. Statussignale und Wohlfühlfaktoren: Unsere Umgebung sendet kontinuierlich Signale über unseren Status und unsere Identität – sowohl an andere als auch an uns selbst. Diese Signale beeinflussen unser Selbstbild und damit unser Verhalten.

4. Umgebungsstress und Erholung: Faktoren wie Lärm, schlechte Beleuchtung oder ergonomische Mängel erzeugen subtilen chronischen Stress, während naturnahe Elemente und Rückzugsräume Erholungseffekte fördern.

5. Verhaltensleitsysteme: Die physische Anordnung von Objekten und Räumen kann gewünschte Verhaltensweisen erleichtern oder erschweren, indem sie bestimmte Handlungspfade nahelegt oder Hindernisse schafft.

261

FOKUS-BOX

Deine Umgebung ist kein neutraler Hintergrund, sondern ein aktiver Teilnehmer in deinem Produktivitätssystem. Sie sendet ständig Signale, die subtil deine Entscheidungen und dein Verhalten beeinflussen. Die bewusste Gestaltung dieser Signale ist ein mächtiger Hebel für nachhaltige Produktivitätssteigerung.

Schlüsselfaktoren einer fokussfördernden Umgebung:

1. Visuelle Ordnung und Reduktion: Visuelle Überladung erhöht die kognitive Belastung und reduziert die Fokuskapazität.

Optimierungsstrategien:

- Implementiere das Minimalismusprinzip: Jedes Element im Sichtfeld sollte einen klaren Zweck erfüllen

- Etabliere "visuelle Ruhezonen" ohne Ablenkungen

- Organisiere Arbeitsmaterialien in geschlossenen Systemen (Schubladen, Schränke)

- Praktiziere regelmäßiges Decluttering (Entrümpeln)

- Verwende neutrale, beruhigende Farbschemata für Hauptflächen

2. Akustische Umgebung: Lärmbelastung gehört zu den stärksten Konzentrationskillern, selbst wenn wir uns daran "gewöhnt" haben.

Optimierungsstrategien:

- Identifiziere und minimiere Lärmquellen (Geräte, Türen, externe Quellen)

- Schaffe akustische Barrieren (Raumteiler, Vorhänge, Akustikpaneele)

- Nutze White/Pink Noise oder Naturklänge zur Maskierung störender Geräusche

- Verwende bei Bedarf hochwertige Noise-Cancelling-Kopfhörer

- Etabliere Ruhezeiten oder -zonen für tiefe Konzentration

3. Beleuchtung und Lichtqualität: Licht beeinflusst nicht nur unsere Sehfähigkeit, sondern auch unseren circadianen Rhythmus und unsere kognitive Leistungsfähigkeit.

Optimierungsstrategien:

- Maximiere natürliches Tageslicht (Arbeitsplatz nahe am Fenster)

- Vermeide Bildschirmblendung durch richtige Positionierung

- Implementiere dynamische Beleuchtung, die sich dem Tagesrhythmus anpasst

- Nutze verschiedene Lichtquellen für unterschiedliche Aktivitäten

- Reduziere blaues Licht in den Abendstunden

4. Ergonomie und Körperunterstützung: Körperliches Unbehagen wirkt als kontinuierlicher Aufmerksamkeitsdieb und Stressfaktor.

Optimierungsstrategien:

- Investiere in einen qualitativ hochwertigen, ergonomischen Stuhl

- Stelle die korrekte Höhe für Tisch, Monitor, Tastatur und Stuhl ein

- Wechsle regelmäßig zwischen Sitzen, Stehen und Bewegen

- Positioniere häufig genutzte Gegenstände in optimaler Reichweite

- Berücksichtige individuelle körperliche Bedürfnisse und Präferenzen

5. Temperatur und Luftqualität: Diese oft übersehenen Faktoren haben signifikanten Einfluss auf kognitive Leistung und Wohlbefinden.

Optimierungsstrategien:

- Halte die Raumtemperatur im optimalen Bereich (20-22°C für die meisten Menschen)

- Stelle ausreichende Frischluftzufuhr sicher (regelmäßiges Lüften, ggf. Luftreiniger)

- Überwache und optimiere die Luftfeuchtigkeit (40-60%)

- Integriere Luftreinigende Pflanzen für bessere Luftqualität und Wohlbefinden

- Erkenne und beseitige potenzielle Schadstoffe (VOCs, Schimmel, etc.)

6. Naturelemente und biophiles Design: Die Integration natürlicher Elemente in Innenräume verbessert nachweislich Fokus, Kreativität und Wohlbefinden.

Optimierungsstrategien:

- Integriere lebende Pflanzen in deinen Arbeitsbereich

- Schaffe Sichtlinien zu natürlichen Außenbereichen wo möglich

- Nutze natürliche Materialien (Holz, Stein, Textilien)

- Integriere Naturbilder oder -darstellungen

- Maximiere natürliches Licht und frische Luft

Fallbeispiel: Julias Fokus-Oase

Julia, eine freiberufliche Grafikdesignerin, kämpfte in ihrem Homeoffice mit Konzentrationsschwierigkeiten und Produktivitätseinbrüchen. Ihre Arbeitsumgebung war funktional, aber nicht bewusst gestaltet – ein chaotischer Schreibtisch in einer Ecke des Wohnzimmers, umgeben von Alltagsgegenständen, mit Blick auf eine kahle Wand.

Ihre Transformation begann mit einer systematischen Analyse ihrer Umgebung:

1. Sie führte ein "Fokus-Tagebuch", in dem sie zwei Wochen lang Unterbrechungen, Ablenkungen und Unbehagen dokumentierte:

- o Häufige visuelle Ablenkungen durch herumliegende Gegenstände

- o Wiederkehrende Geräuschunterbrechungen vom Flur und von Nachbarn

- o Unbehagen durch schlechte Sitzposition nach 1-2 Stunden

- o Müdigkeit und Kopfschmerzen nachmittags bei schlechter Belüftung

2. Sie gestaltete ihren Arbeitsbereich grundlegend um:

- o Sie schuf einen dedizierten Arbeitsbereich mit Raumteiler zur visuellen Abgrenzung

- o Sie investierte in einen ergonomischen Stuhl und eine höhenverstellbare Tischplattform

- o Sie positionierte den Schreibtisch mit Blick aus dem Fenster auf Bäume

- o Sie integrierte mehrere Zimmerpflanzen und natürliche Materialien

- o Sie implementierte ein Drei-Zonen-Beleuchtungssystem (Umgebungs-, Aufgaben- und Akzentlicht)

- o Sie schuf ein visuelles Ordnungssystem mit geschlossenen Aufbewahrungslösungen

3. Sie etablierte klare Umgebungsroutinen:

o   Morgendliches Setup-Ritual für optimale Arbeitsumgebung

o   Stündliche 2-Minuten-Belüftungen

o   Tägliches 10-Minuten-Aufräumen am Arbeitsende

o   Wöchentliches tieferes Decluttering am Freitagnachmittag

Die Ergebnisse waren beeindruckend: Nach zwei Monaten in ihrer neu gestalteten Umgebung berichtete Julia von einer 40% längeren durchschnittlichen Fokuszeit, deutlich weniger Unterbrechungen und einer signifikanten Steigerung ihrer kreativen Outputs. Besonders bemerkenswert war die Verbesserung ihres subjektiven Wohlbefindens – die Arbeit fühlte sich weniger anstrengend an, und die nachmittäglichen Energieeinbrüche verschwanden fast vollständig. Als unerwarteten Bonus stellte sie fest, dass Klienten ihre Arbeitsumgebung während Videocalls oft bemerkten und kommentierten, was zu einem professionelleren Erscheinungsbild beitrug.

8.2 Optimale Arbeitsplatzgestaltung

Ein gut gestalteter Arbeitsplatz ist mehr als nur eine Ansammlung funktionaler Möbel – er ist ein strategisches Werkzeug zur Optimierung deiner Produktivität. Die bewusste Gestaltung dieses Raums kann deine Konzentration, Kreativität und Ausdauer erheblich steigern.

Grundprinzipien der produktivitätsorientierten Arbeitsplatzgestaltung:

1. Zweckorientierte Zonierung: Verschiedene Arbeitsmodi erfordern unterschiedliche Umgebungen. Ein gut gestalteter Arbeitsplatz berücksichtigt diese verschiedenen Modi.

Implementierungsstrategien:

- Identifiziere deine Hauptarbeitsmodi (z.B. tiefe Fokusarbeit, kreativer Modus, Kommunikationsmodus)

- Schaffe dedizierte Bereiche für jeden Modus, selbst wenn der Gesamtraum begrenzt ist

- Gestalte jede Zone spezifisch für ihren Zweck (unterschiedliche Möbel, Beleuchtung, Atmosphäre)

- Etabliere klare visuelle oder physische Grenzen zwischen den Zonen

- Entwickle Übergangsrituale zwischen den verschiedenen Arbeitsmodi

2. Ergonomische Optimierung: Körperliches Wohlbefinden ist die Grundlage für mentale Leistungsfähigkeit. Ergonomische Probleme wirken als kontinuierliche Ablenkungen.

Implementierungsstrategien:

- Investiere in qualitativ hochwertige Kernkomponenten (Stuhl, Tisch, Monitor)

- Befolge ergonomische Grundprinzipien für Körperhaltung und Positionierung:

o   Bildschirm auf Augenhöhe, etwa eine
    Armlänge entfernt

o   Unterarme parallel zum Boden bei
    Tastaturnutzung

o   Füße flach auf dem Boden oder einer
    Fußstütze

o   Rückenlehne mit leichter Neigung für
    natürliche Wirbelsäulenkurvatur

- Implementiere Wechsel zwischen Sitzen und
  Stehen

- Integriere Bewegungsmöglichkeiten in den
  Arbeitsplatz

- Halte ergonomisches Zubehör bereit
  (Handgelenkstützen, Dokumentenhalter, etc.)

3. Flow-unterstützende Anordnung: Die räumliche
Anordnung kann Arbeitsflüsse entweder unterstützen oder
behindern.

Implementierungsstrategien:

- Kartiere deine typischen Arbeitsabläufe und
  -bewegungen

- Platziere häufig gemeinsam genutzte Gegenstände
  nahe beieinander

- Optimiere Bewegungswege für Effizienz und
  Natürlichkeit

- Stelle häufig genutzte Werkzeuge in optimaler
  Griffweite bereit

- Schaffe klare, funktionale Arbeitsoberflächen ohne Hindernisse

4. Psychologisches Design: Die symbolische und emotionale Wirkung eines Arbeitsplatzes beeinflusst mentale Zustände und Identität.

Implementierungsstrategien:

- Integriere persönlich bedeutsame Objekte, die Motivation und Identität stärken

- Schaffe visuelle Erinnerungen an Ziele und Werte

- Nutze Farben strategisch für die gewünschte psychologische Wirkung

- Gestalte den Raum so, dass er die gewünschte professionelle Identität widerspiegelt

- Berücksichtige den emotionalen Eindruck des Raums und seine Wirkung auf dich

FOKUS-BOX

Ein optimaler Arbeitsplatz vereint funktionale Effizienz mit psychologischem Wohlbefinden. Er unterstützt nicht nur die physischen Aspekte der Arbeit, sondern auch die mentalen und emotionalen Zustände, die für Höchstleistung notwendig sind.

Verschiedene Arbeitsplatzmodelle für unterschiedliche Anforderungen:

1. Der minimalistische Fokus-Arbeitsplatz: Dieses Modell priorisiert Ablenkungsreduktion und tiefe Konzentration.

Kernelemente:

- Reduzierte visuelle Umgebung mit klaren Linien

- Neutrale Farbpalette mit minimalen Akzenten

- Hochwertige, aber wenige Werkzeuge, die bei Nichtgebrauch verstaut werden

- Ausrichtung zum Fenster oder einer neutralen Wand

- Exzellente akustische Isolation und Kontrolle

- Minimale, aber hochwertige digitale Ausstattung

Ideal für: Tiefe Wissensarbeit, Programmierung, Schreiben, analytische Aufgaben

2. Der kreative Aktivitäts-Arbeitsplatz: Dieses Modell fördert divergentes Denken und kreative Prozesse.

Kernelemente:

- Visuelle Stimulation durch inspirierende Objekte und Bilder

- Flexible, rekonfigurierbare Arbeitsflächen für verschiedene Aktivitäten

- Vielfältige analoge und digitale Werkzeuge in Sichtweite

- Natürliches Licht und lebendigere Farbakzente

- Raum für Bewegung und verschiedene Arbeitspositionen

- Zugängliche Materialien, die zum Experimentieren einladen

Ideal für: Design, Konzeption, Brainstorming, künstlerische Arbeit

3. Der integrierte Kommunikations-Arbeitsplatz: Dieses Modell optimiert für kollaborative und kommunikative Arbeit.

Kernelemente:

- Optimiertes Setup für Videokonferenzen (Beleuchtung, Hintergrund, Akustik)

- Ergonomie für längere Gesprächsperioden

- Organisierte Präsentations- und Teilungsmöglichkeiten

- Schneller Zugriff auf Referenzmaterialien und gemeinsame Ressourcen

- Professionelle Umgebung mit vertrauensfördernder Atmosphäre

- Technische Zuverlässigkeit und Redundanzsysteme

Ideal für: Beratung, Coaching, Management, Verkauf, Teamarbeit

4. Der hybride Flex-Arbeitsplatz: Dieses Modell unterstützt schnelle Wechsel zwischen verschiedenen Arbeitsmodi.

Kernelemente:

- Modulare, leicht rekonfigurierbare Komponenten

- Klare visuelle Signale für verschiedene Modi

- Schnelle Umschaltmöglichkeiten zwischen digitalen Setups

- Harmonische Integration verschiedener Funktionsbereiche

- Rituale und physische Elemente für Moduswechsel

- Balance zwischen Konsistenz und Flexibilität

Ideal für: Multifunktionale Rollen, häufig wechselnde Aufgaben, begrenzte Raumressourcen

Praktische Implementierungsstrategien:

1. Die Budget-Optimierungs-Methode: Diese Technik maximiert die Wirkung begrenzter Ressourcen:

- Priorisiere Investitionen nach Nutzungshäufigkeit und Gesundheitsrelevanz

- Fokussiere auf die "Big Three": Stuhl, Tisch/Arbeitsplatte, primärer Bildschirm

- Suche nach hochwertigen Second-Hand-Optionen für teure Komponenten

- Improvisiere kreativ für nicht-kritische Elemente

- Plane schrittweise Upgrades basierend auf tatsächlichen Schmerzpunkten

2. Die Mikro-Arbeitsplatz-Strategie: Diese Methode optimiert auch sehr begrenzte Räume:

- Nutze vertikalen Raum durch effiziente Wandorganisation

- Implementiere klappbare oder mehrfach nutzbare Möbel

- Schaffe visuelle Abgrenzung durch Farbe, Licht oder mobile Teiler

- Etabliere mentale Rituale als Ersatz für physische Zonierung

- Entwickle kompakte Aufbewahrungs- und Ordnungssysteme

3. Die iterative Optimierungsmethode: Diese Technik entwickelt den Arbeitsplatz durch kontinuierliches Feedback:

- Erstelle eine Basisversion deines Arbeitsplatzes

- Führe ein "Arbeitsplatz-Journal" für zwei Wochen

- Notiere alle Reibungspunkte, Unbehagen und Ineffizienzen

- Priorisiere die häufigsten oder störendsten Probleme

- Implementiere gezielte Verbesserungen

- Wiederhole den Zyklus regelmäßig

Fallbeispiel: Markus' Arbeitsplatz-Transformation

Markus, ein IT-Projektleiter im Homeoffice, kämpfte mit einem ineffizienten Arbeitsplatz, der seine verschiedenen Arbeitsmodi nicht unterstützte. Seine Ausrüstung war hochwertig, aber die Gesamtgestaltung war zufällig gewachsen, nicht strategisch konzipiert.

Seine Transformation begann mit einer funktionalen Analyse seiner Arbeit:

1. Er identifizierte seine drei Hauptarbeitsmodi:

    o Tiefenarbeit: Programmierung, Dokumentation, strategische Planung

    o Kommunikation: Virtuelle Meetings, Teammitglieder-Coaching, Kundengespräche

    o Kreative Problemlösung: Systemarchitektur, komplexe Problemanalyse, Brainstorming

2. Er gestaltete seinen Arbeitsraum in dedizierte Zonen um:

    o Tiefenarbeitszone: Minimalistischer Schreibtisch mit ergonomischem Stuhl, ausgerichtet zum Fenster mit Blick ins Grüne, noise-cancelling Kopfhörer, reduzierte visuelle Umgebung

    o Kommunikationszone: Optimiertes Video-Setup mit professionellem Hintergrund, guter Beleuchtung und Akustik, bequemerer Stuhl für längere Gespräche

- o Kreativzone: Stehtisch mit Whiteboard-Wand, analoges Skizzenmaterial, bewegungsfreundlicher Bereich

3. Er entwickelte Übergangsrituale zwischen den Modi:

   - o Kurze Bewegungs- und Dehnungsroutine bei Zonenwechsel

   - o Spezifische Musik oder Klanglandschaften für jeden Modus

   - o Visuelle Signale (unterschiedliche Beleuchtungseinstellungen)

   - o Kontextspezifische Starter-Rituale für jeden Modus

4. Er implementierte zusätzliche Optimierungen:

   - o Kabelmanagement für aufgeräumte, störungsfreie Oberflächen

   - o Integrierte Pflanzen für verbesserte Luftqualität und Wohlbefinden

   - o Dynamisches Beleuchtungssystem, das sich dem Tagesrhythmus anpasst

   - o Effiziente Aufbewahrungssysteme für kontextspezifische Werkzeuge

Die Ergebnisse waren signifikant: Nach zwei Monaten berichtete Markus von 35% längeren Fokusphasen, erheblich verbesserten Kundenbewertungen für virtuelle Meetings und einer deutlich höheren Zufriedenheit mit seiner Arbeit. Er stellte fest, dass die klare räumliche Trennung der verschiedenen Arbeitsmodi auch zu einer klareren mentalen Trennung führte – er fühlte sich im "richtigen Kopf" für die jeweilige Aufgabe. Ein unerwarteter Vorteil war die verbesserte Work-Life-Balance, da das Ende des Arbeitstages nun mit einem klaren physischen Rückzug aus dem Arbeitsbereich verbunden war.

8.3 Ein unterstützendes soziales Umfeld aufbauen

So wichtig die physische Umgebung auch ist, unser soziales Umfeld hat einen ebenso starken – wenn nicht sogar stärkeren – Einfluss auf unsere Produktivität und Handlungsfähigkeit. Die Menschen, mit denen wir uns umgeben, formen unsere Gewohnheiten, Überzeugungen, Standards und letztlich unser Verhalten.

Die psychologischen Mechanismen sozialer Einflüsse:

1. Soziale Normierung: Menschen orientieren sich stark an den wahrgenommenen Standards und Verhaltensweisen ihrer Bezugsgruppen. Diese "sozialen Normen" beeinflussen unser Verhalten oft stärker als formelle Regeln oder persönliche Absichten.

2. Emotionale Ansteckung: Emotionen und Energielevel "infizieren" uns unbewusst. Wir neigen dazu, die emotionalen Zustände der Menschen um uns herum zu übernehmen – sei es Motivation und Begeisterung oder Zynismus und Lethargie.

3. Accountability-Effekte: Das Wissen, dass andere unsere Handlungen beobachten oder an ihnen interessiert sind, verändert unser Verhalten. Diese soziale Rechenschaftspflicht kann ein mächtiger Motivator sein.

4. Spiegelneuronenaktivierung: Unser Gehirn ist darauf programmiert, das Verhalten anderer Menschen zu spiegeln. Wenn wir produktive, fokussierte Menschen beobachten, werden entsprechende neuronale Muster in unserem eigenen Gehirn aktiviert.

5. Identitätsformung durch Zugehörigkeit: Wir definieren uns teilweise durch die Gruppen, zu denen wir gehören. Diese soziale Identität beeinflusst, welche Verhaltensweisen wir als "passend" für uns betrachten.

FOKUS-BOX

Du bist der Durchschnitt der fünf Menschen, mit denen du am meisten Zeit verbringst. Diese oft zitierte Weisheit hat eine solide wissenschaftliche Grundlage – soziale Umgebungen formen unsere Gewohnheiten, Ambitionen und Selbstwahrnehmung oft unbewusst, aber tiefgreifend.

Strategien zum Aufbau eines produktivitätsfördernden sozialen Umfelds:

1. Die bewusste Umfeldgestaltung: Diese Methode fokussiert auf die strategische Selektion deines sozialen Umfelds:

- **Audit deines aktuellen sozialen Umfelds:**

    o   Erstelle eine Liste der Menschen, mit denen du am meisten Zeit verbringst

- o Bewerte ihren Einfluss auf deine Produktivität, Motivation und Wohlbefinden

- o Identifiziere "Energiegeber" und "Energienehmer"

- o Erkenne fehlende Einflüsse oder Rollenmodelle

- **Strategische Verstärkung positiver Einflüsse:**

  - o Verbringe bewusst mehr Zeit mit produktivitätsfördernden Menschen

  - o Suche aktiv nach Mentoren oder Vorbildern in relevanten Bereichen

  - o Tritt Gruppen oder Gemeinschaften bei, die deine Ziele teilen

  - o Schaffe regelmäßige Berührungspunkte mit inspirierenden Personen

- **Bewusstes Management herausfordernder Beziehungen:**

  - o Setze klare Grenzen in Beziehungen mit negativem Einfluss

  - o Kommuniziere deine Ziele und Bedürfnisse offen

  - o Reduziere wo nötig Zeit und emotionales Investment

  - o Entwickle Strategien zum emotionalen Schutz bei unvermeidbaren Kontakten

2. Accountability-Systeme: Diese Methode nutzt soziale Verpflichtung als Produktivitätstreiber:

- **Accountability Partnerships:**

    o Finde einen oder mehrere Accountability Partner mit ähnlichen Zielen

    o Etabliere regelmäßige Check-ins mit klarer Struktur

    o Definiere spezifische, messbare Commitments

    o Entwickle ein System für ehrliches, konstruktives Feedback

- **Mastermind-Gruppen:**

    o Bilde eine kleine Gruppe (3-6 Personen) mit komplementären Stärken

    o Führe regelmäßige strukturierte Treffen durch

    o Implementiere Protokolle für Zielsetzung und Fortschrittsmessung

    o Nutze die kollektive Intelligenz für Problemlösung und Innovation

- **Öffentliche Commitments:**

    o Teile deine Ziele und Pläne mit relevanten Anderen

    o Schaffe Strukturen für regelmäßige Updates

- o Suche öffentliche Foren für deine Commitments

- o Nutze soziale Medien oder Blogs strategisch für Verbindlichkeit

3. Kollaborative Produktivitätstechniken: Diese Methoden nutzen direkte soziale Interaktion für gesteigerte Produktivität:

- **Body Doubling:**

  - o Arbeite in physischer oder virtueller Präsenz einer anderen Person

  - o Keine direkte Zusammenarbeit notwendig, nur paralleles Arbeiten

  - o Besonders wirksam bei Aufschieberitis und Fokusproblemen

  - o Funktioniert sowohl in Person als auch virtuell

- **Working Sprints:**

  - o Organisiere zeitlich begrenzte, intensive Arbeitssessions mit anderen

  - o Implementiere klare Zeitstrukturen (z.B. Pomodoro-Technik)

  - o Integriere kurze Austausch- und Feedbackphasen

  - o Schaffe einen Rahmen für gegenseitige Motivation

- **Skill-Sharing-Sessions:**

  - o Tausche Fähigkeiten und Wissen regelmäßig mit anderen

  - o Lehre anderen deine Expertenbereiche (Teaching is Learning Twice)

  - o Lerne von den Stärken anderer

  - o Schaffe Synergien durch Kompetenzaustausch

4. Kommunikationskompetenz entwickeln: Diese Strategien fokussieren auf die Qualität sozialer Interaktionen:

- **Bedürfniskommunikation:**

  - o Lerne, deine Produktivitätsbedürfnisse klar zu artikulieren

  - o Kommuniziere präventiv statt reaktiv

  - o Drücke Grenzen positiv und lösungsorientiert aus

  - o Praktiziere regelmäßiges Feedback-Geben und -Nehmen

- **Konfliktkompetenz:**

  - o Entwickle Strategien für konstruktiven Umgang mit Konflikten

  - o Unterscheide zwischen Person und Verhalten

- Finde Win-Win-Lösungen für Interessenkonflikte
- Praktiziere aktives Zuhören und Perspektivübernahme

- **Erwartungsmanagement:**

  - Setze klare Erwartungen bezüglich Verfügbarkeit und Reaktionszeiten
  - Kommuniziere proaktiv über Kapazitäten und Prioritäten
  - Schaffe Transparenz über deine Arbeitsweise und -rhythmen
  - Verhandle explizite Vereinbarungen statt impliziter Annahmen

Fallbeispiel: Sarahs soziale Produktivitätstransformation

Sarah, eine Freelance-Texterin, kämpfte mit Isolation und fehlender Struktur in ihrer selbstständigen Tätigkeit. Ohne Team, Vorgesetzte oder klare externe Deadlines fiel es ihr zunehmend schwer, sich zu motivieren und fokussiert zu bleiben.

Ihre Transformation begann mit dem gezielten Aufbau eines unterstützenden sozialen Umfelds:

1. Sie führte ein soziales Produktivitäts-Audit durch:

   - Sie analysierte, mit wem sie die meiste Zeit verbrachte (vor allem nicht-beruflich orientierte Freunde) o Sie identifizierte fehlende Einflüsse (keine Mentoren, keine Peer-Accountability)

o Sie erkannte einen Mangel an fachlichem Austausch und beruflichen Impulsen

2. Sie implementierte mehrere soziale Produktivitätsstrategien:

o Sie gründete eine virtuelle "Writer's Room"-Gruppe mit vier anderen Textern für wöchentliche Video-Sessions

o Sie fand einen Accountability-Partner für tägliche 5-Minuten-Check-ins morgens und abends

o Sie trat einer Mastermind-Gruppe für Kreativfreiberufler bei, die sich monatlich traf

o Sie begann, regelmäßig in einem Co-Working-Space zu arbeiten, um produktive Umgebungsreize zu erhalten

3. Sie entwickelte strukturierte Formate für produktiven Austausch:

o Monatliche "Peer Review"-Sessions, in denen Gruppenmitglieder gegenseitig Arbeiten bewerteten

o Vierteljährliche Zielplanungs-Workshops mit ihrem Accountability-Partner

- o Wöchentliche "Focus Fridays", an denen sie mit anderen in zeitlich strukturierten Sprints arbeitete

- o Ein System gegenseitiger Klienten- und Projektempfehlungen innerhalb ihres Netzwerks

Die Ergebnisse waren beeindruckend: Nach vier Monaten hatte Sarah ihre durchschnittliche tägliche Produktivität um 60% gesteigert, ihre Arbeitszufriedenheit deutlich verbessert und sogar höhere Honorare durchsetzen können – teilweise dank des gestiegenen Selbstvertrauens durch Peer-Feedback. Die regelmäßige soziale Validierung ihrer Arbeit reduzierte auch ihre Tendenz zum Perfektionismus, was zu schnelleren Projektabschlüssen führte. Am wichtigsten war jedoch ihre veränderte Selbstwahrnehmung: Sie begann sich als Teil einer professionellen Gemeinschaft zu sehen, nicht als isolierte Einzelkämpferin.

8.4 Umgebungstrigger für mehr Produktivität einsetzen

Unsere Umgebung ist nicht nur ein passiver Rahmen, sondern kann aktiv als System von Auslösern (Triggern) gestaltet werden, die gewünschte Verhaltensweisen fördern und unerwünschte erschweren. Dieses "Choice Architecture" oder "Nudging" kann subtil aber wirksam unsere Produktivität steigern.

Die Wissenschaft der Umgebungstrigger:

Umgebungstrigger wirken über verschiedene psychologische Mechanismen:

1. Aktivierung assoziierter mentaler Modelle: Bestimmte Umgebungselemente aktivieren automatisch damit verbundene Gedanken, Gefühle und Verhaltenstendenzen.

2. Reduzierung der Entscheidungsbelastung: Gut gestaltete Trigger eliminieren die Notwendigkeit bewusster Entscheidungen, indem sie den "Standardpfad" vorgeben.

3. Verringerung der Aktivierungsenergie: Trigger können die initiale Hürde (Aktivierungsenergie) für gewünschte Verhaltensweisen senken.

4. Schaffung von Handlungsgelegenheiten: Strategisch platzierte Trigger erzeugen Momente der Möglichkeit für produktives Verhalten.

5. Bereitstellung von Erinnerungen und Hinweisen: Trigger fungieren als externe Gedächtnisstützen für wichtige Verhaltensweisen oder Werte.

FOKUS-BOX

Umgebungstrigger sind besonders wirkungsvoll, weil sie das Verhalten beeinflussen, ohne von der begrenzten Ressource Willenskraft abhängig zu sein. Sie wirken oft unbewusst und kontinuierlich, was sie zu mächtigen Verbündeten für nachhaltige Verhaltensänderung macht.

Strategien zum Einsatz von Umgebungstriggern:

1. Visuelle Trigger-Systeme: Diese Methode nutzt sichtbare Hinweise zur Verhaltenssteuerung:

- **Strategische Sichtbarkeit:**

    o Platziere Werkzeuge für gewünschte Verhaltensweisen in optimaler Sichtweite

    o Entferne visuelle Hinweise für ablenkende Aktivitäten

    o Nutze das "Augen-Niveau-Prinzip" – was auf Augenhöhe ist, wird häufiger beachtet

    o Implementiere das "Out of sight, out of mind"-Prinzip für Ablenkungen

- **Visuelle Fortschrittsdarstellung:**

    o Schaffe sichtbare Repräsentationen deines Fortschritts

    o Nutze analoge oder digitale Visualisierungen (Diagramme, Fortschrittsbalken)

    o Mache erreichte Meilensteine dauerhaft sichtbar

    o Implementiere visuelle "Streak"-Systeme (ununterbrochene Ketten)

- **Ziel- und Werteerinnerungen:**

    o Platziere visuelle Erinnerungen an langfristige Ziele im Sichtfeld

- o Kreiere symbolische Repräsentationen deiner Kernwerte

- o Nutze inspirierende Bilder oder Zitate als visuelle Anker

- o Gestalte ein visuelles "Warum"-Board für intrinsische Motivation

2. Räumliche Trigger-Systeme: Diese Methode nutzt die physische Anordnung zur Verhaltenssteuerung:

- **Wegpfad-Optimierung:**

  - o Gestalte den physischen Weg zu produktivem Verhalten als "Pfad des geringsten Widerstands"

  - o Schaffe physische Hindernisse für unproduktives Verhalten

  - o Optimiere Übergänge zwischen verschiedenen Aktivitäten

  - o Nutze natürliche Bewegungsmuster für produktive Gewohnheiten

- **Entfernungspsychologie:**

  - o Nutze das Prinzip, dass Nähe die Nutzungswahrscheinlichkeit erhöht

  - o Platziere produktivitätsfördernde Elemente näher als ablenkende

  - o Berücksichtige die "Reichweitenhierarchie" (Handreichweite, Armreichweite, Aufstehen nötig)

- o Implementiere das "20-Sekunden-Regel"-Prinzip für Verhaltensänderung

- **Kontextuelle Zonierung:**

  - o Schaffe dedizierte physische Zonen für spezifische Verhaltensweisen

  - o Nutze die Kraft der kontextuellen Assoziation

  - o Entwickle räumliche Trennung zwischen widerstreitenden Aktivitäten

  - o Implementiere klare Übergangssignale zwischen Zonen

3. Zeitliche Trigger-Systeme: Diese Methode nutzt zeitliche Strukturen zur Verhaltenssteuerung:

- **Zeitlich verankerte Routinen:**

  - o Verbinde spezifische Verhaltensweisen mit konkreten Tageszeiten

  - o Nutze natürliche Tagesrhythmen für passende Aktivitäten

  - o Schaffe "heilige Zeitblöcke" für Kernaktivitäten

  - o Implementiere zeitliche Puffer zwischen unterschiedlichen Aktivitätstypen

- **Übergangssignale:**

- o Etabliere klare zeitliche Marker für Aktivitätswechsel

- o Nutze akustische, visuelle oder digitale Signale als Übergangstrigger

- o Entwickle Mikrorituale für Statuswechsel

- o Schaffe bewusste Anfangs- und Endpunkte für wichtige Aktivitäten

- **Tempo-Modulation:**

  - o Gestalte die Umgebung für verschiedene Arbeitstempi

  - o Nutze Musik, Beleuchtung oder andere Umgebungsfaktoren für Temposteuerung

  - o Implementiere visuelle "Countdown"-Elemente für zeitkritische Aufgaben

  - o Schaffe Umgebungsunterstützung für fokussiertes vs. exploratives Arbeiten

4. Technologische Trigger-Systeme: Diese Methode nutzt digitale Werkzeuge zur Verhaltenssteuerung:

- **Smarte Benachrichtigungen:**

  - o Gestalte ein strategisches System relevanter Erinnerungen

  - o Nutze kontextbasierte Triggers (Zeit, Ort, vorhergehende Aktivität)

- o Implementiere progressive Hinweise (von subtil bis unmissverständlich)

- o Personalisiere Benachrichtigungen für maximale Wirksamkeit

- **Ambient Information:**

  - o Nutze periphere Informationsdarstellung für unbewusste Awareness

  - o Implementiere subtile visuelle Indikatoren für wichtige Metriken

  - o Entwickle "Glance-able" Displays für Statusüberblick

  - o Integriere IoT-Geräte für umgebungsbasierte Signale

- **Digitale Verhaltensarchitektur:**

  - o Gestalte digitale Umgebungen nach Produktivitätsprinzipien

  - o Nutze Defaults und Voreinstellungen strategisch

  - o Implementiere digitale Friction für unerwünschtes Verhalten

  - o Entwickle technologische "Wenn-Dann"-Trigger

Fallbeispiel: Alexanders Umgebungstrigger-System

Alexander, ein selbstständiger Softwareentwickler und Vater zweier Kinder, kämpfte mit Ablenkungen, inkonsistenter Produktivität und der Vermischung von

Arbeits- und Privatleben im Home-Office. Trotz guter Absichten und zahlreicher Produktivitätstechniken fiel er immer wieder in unproduktive Muster zurück.

Seine Transformation begann mit der systematischen Implementierung von Umgebungstriggern:

1. Er entwickelte ein umfassendes visuelles Trigger-System:

   o Er schuf ein "Mission Control"-Dashboard mit aktuellen Projekten und Zielen, direkt im Blickfeld seines Arbeitsplatzes

   o Er implementierte ein physisches Kanban-Board mit farbcodierten Aufgabenkarten als visuellen Workflow

   o Er platzierte subtile visuelle Symbole seiner Kernwerte und langfristigen Ziele als dezente aber wirksame Erinnerungen

   o Er gestalte einen "Focus Mode"-visuellen Indikator, der für Familie und sich selbst seinen Konzentrationsstatus anzeigte

2. Er optimierte die räumliche Triggerstruktur:

   o Er reorganisierte seinen Arbeitsplatz nach Nutzungshäufigkeit und Produktivitätswert

   o Er schuf verschiedene "Stationen" für verschiedene Arbeitsmodi, mit jeweils spezifischer Ausstattung

   o Er implementierte physische Barrieren für digitale Ablenkungen (z.B.

Smartphone-Box am Eingang des
Arbeitszimmers)

- o Er gestaltete den Übergang zwischen
  Wohn- und Arbeitsbereich als bewusstes
  "Portal" mit Übergangsritual

3. Er etablierte ein zeitliches Trigger-System:

- o Er synchronisierte sein
  Produktivitätssystem mit seinem
  natürlichen Energierhythmus

- o Er schuf zeitbasierte Umgebungssignale
  für verschiedene Arbeitsphasen (z.B.
  wechselnde Beleuchtung)

- o Er implementierte ein Timeboxing-System
  mit visuellen und akustischen
  Übergangssignalen

- o Er entwickelte spezifische Rituale für
  Start, Übergänge und Ende des
  Arbeitstages

4. Er integrierte technologische Trigger:

- o Er nutzte eine Smart-Home-Integration für
  automatisierte Umgebungswechsel
  (Beleuchtung, Musik, Temperatur)

- o Er implementierte gezieltes
  Benachrichtigungsmanagement basierend
  auf Arbeitsphasen

- o Er entwickelte ein automatisiertes
  Tracking-System, das

Produktivitätsmetriken ambient
visualisierte

- o Er schuf digitale Wenn-Dann-Trigger für
  spezifische Arbeitsszenarien

Die Ergebnisse waren transformativ: Nach zwei Monaten berichtete Alexander von einer 45% Steigerung seiner fokussierten Arbeitszeit, deutlich weniger Ablenkungszyklen und einer verbesserten Work-Life-Balance. Besonders bemerkenswert war die Reduzierung des benötigten Willensaufwands – produktives Verhalten wurde zunehmend zum "Pfad des geringsten Widerstands". Seine Familie bemerkte nicht nur seine gesteigerte Produktivität, sondern auch seine verbesserte Präsenz in gemeinsamen Zeiten, da die klaren Umgebungstrigger auch seine mentale Trennung zwischen Arbeits- und Familienzeit unterstützten.

8.5 Rituale und Routinen als Umgebungsanker

Rituale und Routinen fungieren als zeitliche und verhaltensbasierte Umgebungsanker, die Fokus und Produktivität fördern. Diese strukturierten Verhaltenssequenzen schaffen mentale Kontextsignale, reduzieren Entscheidungsmüdigkeit und verankern produktives Verhalten in unserem Alltag.

Die psychologische Kraft von Ritualen und Routinen:

1. Kontextuelle Konditionierung: Regelmäßig wiederholte Verhaltenssequenzen erschaffen eine starke neuronale Assoziation zwischen Situation und Verhalten. Diese Assoziation kann automatisch den gewünschten mentalen Zustand aktivieren.

2. Entscheidungsreduktion: Vorbestimmte Routinen eliminieren die Notwendigkeit ständiger Entscheidungen und schonen damit unsere begrenzte Entscheidungskapazität für wichtigere Fragen.

3. Psychologische Sicherheit: Verlässliche Strukturen schaffen ein Gefühl von Vorhersehbarkeit und Kontrolle, das besonders in Zeiten von Unsicherheit oder Stress stabilisierend wirkt.

4. Fokusfördernde Signale: Gut gestaltete Rituale senden dem Gehirn klare Signale über den zu aktivierenden mentalen Modus und die zu erwartende Aktivität.

5. Automatisierung komplexer Sequenzen: Routinen ermöglichen die Bündelung mehrerer Einzelhandlungen zu einer automatisierten Sequenz, die weniger mentale Ressourcen verbraucht.

FOKUS-BOX

Rituale sind mehr als bloße Gewohnheiten – sie sind bewusst gestaltete Verhaltenssequenzen mit symbolischer Bedeutung. Ihre Kraft liegt in ihrer Fähigkeit, nicht nur Verhalten, sondern auch mentale und emotionale Zustände zuverlässig zu aktivieren.

Strategische Rituale für produktive Übergänge:

1. Morgenrituale zum Arbeitsbeginn: Der Start in den Tag setzt den Ton für alles Folgende. Ein produktives Morgenritual schafft mentale Klarheit und aktiviert fokussierte Energie.

Elemente wirksamer Morgenrituale:

- Bewusste Trennung vom "Schlafmodus" durch definierte Weckroutine

- Körperliche Aktivierung (Bewegung, Dehnung, Atemübungen)

- Mentale Zentrierung (Meditation, Journaling, Visualisierung)

- Intentionale Tagesplanung und Prioritätensetzung

- Kontrollierte Informationsaufnahme (vs. reaktives Checken)

- Konkrete "First Action" zur Aktivierung des Produktivitätsmodus

2. Transitionsrituale zwischen Aktivitäten: Übergänge zwischen verschiedenen Aufgaben oder Kontexten sind kritische Momente für Fokuserhalt oder -verlust. Transitionsrituale schaffen klare Grenzen und erleichtern mentale Umschaltprozesse.

Elemente wirksamer Transitionsrituale:

- Bewusster Abschluss der vorherigen Aktivität (Checkpoint, Notiz, Speichern)

- Kurze physische oder mentale Reset-Sequenz (Aufstehen, Strecken, tiefes Atmen)

- Bewusste Umgebungsveränderung (Beleuchtung, Position, Werkzeuge)

- Klare Intention für die nächste Aktivität

- Mikro-Fokussierungsübung vor dem Neubeginn (z.B. 30 Sekunden Konzentration)

- Kontextspezifische Auslöser (Musik, visuelles Signal, Mantra)

3. Abschlussrituale am Arbeitsende: Ein definiertes Arbeitsende ist entscheidend für nachhaltige Produktivität und mentale Erholung. Abschlussrituale schaffen einen klaren psychologischen Übergang.

Elemente wirksamer Abschlussrituale:

- Systematisches "Herunterkühlen" der mentalen Aktivität

- Reflexion und Erfassung der Tagesleistungen

- Bewusstes Ablegen unfertiger Gedanken und Aufgaben

- Organisation des Arbeitsplatzes für den nächsten Tag

- Symbolische Handlung des Abschließens (z.B. Herunterfahren, Abdecken, Aufräumen)

- Intentionale Aktivierung des "Erholungsmodus"

4. Wochenstart- und Wochenend-Rituale: Wochenrhythmen bieten wertvolle Struktur für größere Produktivitätszyklen. Die Übergänge zwischen Wochen sind wichtige Ankerpunkte für Reflexion und Neuausrichtung.

Elemente wirksamer Wochenrituale:

- Wochenstart: Review der Ziele und Prioritäten, mentale Vorbereitung, Systemcheck

- Wochenende: Evaluation der Fortschritte, Lessons Learned, bewusstes Loslassen

- Regelmäßige Systemwartung (physisch und digital)

- Geplante Erholungsphasen zur Regeneration

- Vorbereitung physischer und mentaler Ressourcen für die kommende Woche

Adaptive Routinen für verschiedene Produktivitätsphasen:

1. Tiefenarbeits-Routinen: Diese Routinen optimieren für langanhaltende, konzentrierte Arbeit an komplexen Aufgaben.

Kernelemente:

- Klare Zeitblöcke (typischerweise 60-90 Minuten)

- Vollständige Eliminierung von Unterbrechungen

- Optimierte physische Umgebung (Komfort für Langzeitfokus)

- Strukturierte Vor- und Nachbereitungsphasen

- Integrierte Mikropausen für nachhaltige Konzentration

- Klare Erfolgskriterien und Abschlussmarker

2. Kreativitäts-Routinen: Diese Routinen fördern divergentes Denken und kreative Problemlösung.

Kernelemente:

- Bewusster Wechsel zwischen Fokus und Diffusmodus

- Integrierte Bewegung und Umgebungswechsel

- Multimodale Interaktion (visuell, haptisch, auditiv)

- Spielerische Elemente und Exploration

- Reduzierte Selbstkritik und erhöhte Experimentierfreude

- Erfassung und Entwicklung emergenter Ideen

3. Energiemanagement-Routinen: Diese Routinen erhalten Energie und Leistungsfähigkeit über den Tag hinweg.

Kernelemente:

- Synchronisation mit persönlichen Energiezyklen

- Strategische Pausen und Erholungsphasen

- Bewusste Modulation von Aktivierungs- und Entspannungszuständen

- Integrierte physische Aktivität zur Energieregulation

- Achtsames Ernährungs- und Hydratationsmanagement

- Bewusste Umgebungswechsel zur mentalen Erfrischung

4. Reflexions- und Lernroutinen: Diese Routinen fördern kontinuierliche Verbesserung und Integration von Erfahrungen.

Kernelemente:

- Regelmäßige Selbstevaluationszyklen (täglich, wöchentlich, monatlich)

- Strukturierte Reflexionsfragen und -formate

- Systematische Erfassung von Lessons Learned

- Integration von Feedback und Anpassung von Systemen

- Bewusste Experimentierzyklen mit neuen Methoden

- Zielbezogene Fortschrittsmessung und -analyse

Fallbeispiel: Emmas Ritual-Transformation

Emma, eine vielbeschäftigte Managerin und Mutter zweier Kinder, kämpfte mit ständigen Kontextwechseln, mentaler Fragmentierung und dem Gefühl, nie vollständig präsent zu sein – weder bei der Arbeit noch in der Familie. Ihr Tag fühlte sich wie ein einziger großer Multitasking-Strom an, ohne klare Grenzen zwischen verschiedenen Lebensbereichen.

Ihre Transformation begann mit der systematischen Implementation von Ritualen und Routinen:

1. Sie entwickelte ein kraftvolles Morgenritual:

- o 30 Minuten "heilige Zeit" vor dem Familienerwachen

- o 5 Minuten Meditation für mentale Zentrierung

- o 10 Minuten Journal-Schreiben für Klarheit und Intention

- o 10 Minuten achtsame Tagesplanung mit Prioritätensetzung

- o 5 Minuten Fokusvisualisierung für die wichtigste Tagesaufgabe

2. Sie implementierte strukturierte Kontextwechsel-Rituale:

- o "Brückenmomente" zwischen Elternrolle und Berufsrolle

- o 5-Minuten-Transitions-Routine zwischen verschiedenen Arbeitsmodi

- o Physische Repositionierung bei Kontextwechseln

- o Symbolische Objekte für verschiedene Rollen und Modi

- o Mikro-Meditations-Momente als mentale Cleansing-Technik

3. Sie etablierte ein konsequentes Abend-Abschlussritual:

- o Systematisches Arbeitsende mit Checkpoint für offene Schleifen

- o Digitaler Sonnenuntergang (Technologiefreie Zeit vor dem Schlafengehen)

- o Achtsames Transitions-Ritual zwischen Arbeit und Familie

- o Kurze Tagesreflexion und Dankbarkeitsnotiz

- o Vorbereitungsroutine für den nächsten Tag

4. Sie entwickelte kontextspezifische Mikro-Routinen:

- o "Fokus-Trigger"-Routine für tiefe Arbeitsblöcke

- o "Präsenz-Anker" für Familienzeiten

- o "Energie-Reset"-Sequenz für Nachmittagstiefs

- o "Mentaler Kontextwechsel" für verschiedene Arbeitsmodi

- o "Kreative Öffnung" für Innovationsphasen

Die Ergebnisse nach drei Monaten waren bemerkenswert: Emma berichtete von einer deutlich verbesserten mentalen Präsenz in allen Lebensbereichen, einer Steigerung ihrer beruflichen Effizienz um etwa 35% und einer signifikanten Reduktion des täglichen Stresslevels. Die klar definierten Rituale schafften mentale Grenzen zwischen verschiedenen Lebensbereichen, was sowohl ihre Arbeitsqualität als auch ihre Familienzeit verbesserte. Besonders wertvoll war die Erkenntnis, dass wohlgestaltete Rituale nicht zusätzliche Zeit kosten, sondern Zeit freisetzen, indem sie mentale Klarheit schaffen und Entscheidungsmüdigkeit reduzieren.

8.6 Störungsfreie Zonen schaffen

In einer Welt konstanter Unterbrechungen wird die Fähigkeit, störungsfreie Zonen zu schaffen und zu schützen, zu einer entscheidenden Produktivitätskompetenz. Diese Zonen – sowohl physisch als auch zeitlich, sozial und digital – ermöglichen die tiefe Konzentration, die für Höchstleistung notwendig ist.

Die Wissenschaft der Unterbrechungen:

Moderne Forschung zeigt die tiefgreifenden Auswirkungen von Unterbrechungen auf unsere Produktivität und mentale Verfassung:

1. Der Context-Switching-Verlust: Jeder Aufmerksamkeitswechsel verursacht kognitive Kosten – nach Unterbrechungen benötigen wir durchschnittlich 23 Minuten, um zu tiefer Konzentration zurückzukehren.

2. Die Residual-Attention-Fragmentierung: Selbst nach der Rückkehr zur Hauptaufgabe bleibt ein Teil unserer Aufmerksamkeit beim Unterbrechungsthema – ein Phänomen, das als "Attention Residue" bezeichnet wird.

3. Die kumulative kognitive Erschöpfung: Wiederholte Unterbrechungen erhöhen die mentale Belastung und führen zu schnellerer kognitiver Erschöpfung – ähnlich wie ständiges Anfahren einen höheren Kraftstoffverbrauch verursacht als konstantes Fahren.

4. Die Fehleranfälligkeit nach Unterbrechungen: Studien zeigen eine deutlich erhöhte Fehlerrate nach

Unterbrechungen, besonders bei komplexen Aufgaben, die tiefes Arbeitsgedächtnis erfordern.

5. Die psychologischen Stresseffekte: Häufige Unterbrechungen erhöhen nachweislich das Stresshormon Cortisol und können langfristig zu Burnout-Symptomen beitragen.

FOKUS-BOX

Eine einzige Stunde wirklich ungestörter Tiefenarbeit kann produktiver sein als ein ganzer Tag mit häufigen Unterbrechungen. Die Schaffung störungsfreier Zonen ist daher keine Luxus, sondern eine wirtschaftliche Notwendigkeit für wissensbasierte Arbeit.

Strategien zur Schaffung verschiedener störungsfreier Zonen:

1. Physische Störungsfreiheit: Diese Strategien fokussieren auf die Gestaltung physischer Räume, die Unterbrechungen minimieren.

- **Designprinzipien für störungsfreie Räume:**
  - Klare visuelle Signale für "Nicht-Stören"-Status
  - Akustische Isolation oder Maskierung
  - Reduzierte visuelle Ablenkungen und Bewegung im Sichtfeld
  - Ergonomische Optimierung für längere Konzentrationsphasen
  - Kontrollierte Umgebungsparameter (Temperatur, Beleuchtung, Luftqualität)

- **Implementierungsstrategien:**

  o Schaffe physische Barrieren oder dedizierte Fokusräume

  o Nutze visuelle Signalisierungssysteme (z.B. Fokus-Flaggen, Lichtsignale)

  o Implementiere Sound-Masking-Technologien oder Noise-Cancelling

  o Gestalte den Raum für minimale visuelle Stimulation

  o Halte alle notwendigen Ressourcen für längere Fokusperioden bereit

2. Zeitliche Störungsfreiheit: Diese Strategien schaffen geschützte Zeitblöcke für tiefe, ungestörte Arbeit.

- **Designprinzipien für störungsfreie Zeiten:**

  o Regelmäßigkeit für Gewohnheitsbildung und Erwartungsmanagement

  o Realistische Dauern basierend auf persönlicher Fokuskapazität

  o Strategische Platzierung in Einklang mit natürlichen Energiezyklen

  o Klare Anfangs- und Endmarkierungen

  o Puffer für Übergänge und unerwartete Situationen

- **Implementierungsstrategien:**

- o Blockiere dedizierte Fokuszeiten im Kalender als unverrückbare Termine

- o Kommuniziere proaktiv deine "Fokuszeiten" an relevante Personen

- o Entwickle standardisierte Antworten für Unterbrechungsversuche

- o Schaffe zeitliche Pufferzonen vor und nach Tiefenarbeitsblöcken

- o Implementiere regelmäßige "Nicht-Stören"-Zeiten als Team- oder Organisationskultur

3. Soziale Störungsfreiheit: Diese Strategien managen soziale Unterbrechungen und Erwartungen.

- **Designprinzipien für soziale Grenzen:**

  - o Klarheit und Konsistenz in der Kommunikation

  - o Proaktives statt reaktives Erwartungsmanagement

  - o Balance zwischen Verfügbarkeit und Fokusschutz

  - o Respektvolle aber bestimmte Grenzsetzung

  - o Alternative Kommunikationswege für echte Dringlichkeiten

- **Implementierungsstrategien:**

- o Entwickle und kommuniziere klare "Störungsrichtlinien"

- o Trainiere aktiv dein Umfeld durch konsistentes Verhalten

- o Implementiere Kommunikationspufferung (z.B. dedizierte Check-in-Zeiten)

- o Nutze visuelle oder digitale Statussignale

- o Schaffe alternative Ressourcen für häufige Anfragen (FAQs, Dokumentation)

4. Digitale Störungsfreiheit: Diese Strategien minimieren technologische Unterbrechungen und digitale Ablenkungen.

- **Designprinzipien für digitale Fokusräume:**

  - o Konsequente Benachrichtigungskontrolle

  - o Modale Trennung verschiedener digitaler Aktivitäten

  - o Reduzierte visuelle Komplexität und Ablenkung

  - o Präventive statt reaktive Ablenkungsblockierung

  - o Bewusstes Management der digitalen Verfügbarkeit

- **Implementierungsstrategien:**

  - o Implementiere regelmäßige "Digitale Sabbatzeiten"

- o Nutze spezielle Fokus-Modi auf allen Geräten

- o Deaktiviere nicht-essentielle Benachrichtigungen dauerhaft

- o Installiere Website- und App-Blocker für Fokuszeiten

- o Etabliere digitale Monostasking-Umgebungen

5. Mentale Störungsfreiheit: Diese Strategien adressieren interne Ablenkungen und mentale Unterbrechungen.

- **Designprinzipien für mentale Klarheit:**

  - o Externalisierung offener Schleifen vor Fokusperioden

  - o Mentale Vorbereitungsrituale für tiefe Konzentration

  - o Strategien für den Umgang mit auftauchenden Gedanken

  - o Bewusste Modulation des Erregungsniveaus

  - o Integration meditativer Praktiken für Aufmerksamkeitstraining

- **Implementierungsstrategien:**

- Praktiziere "Mind Dumping" vor Fokusperioden (Aufschreiben aller offenen Gedanken) - Implementiere Meditation oder Achtsamkeitsübungen als Fokus-Vorbereitung - Nutze die "Parkplatz-Methode" für während der Arbeit auftauchende Gedanken - Entwickle persönliche Anker-Techniken für mentale Rückkehr zum Fokus - Trainiere systematisch deine Aufmerksamkeitskontrolle durch regelmäßige Übungen

Fallbeispiel: Toms Störungsfreie Zonen

Tom, ein Datenwissenschaftler in einem hektischen Tech-Startup, kämpfte mit einer Umgebung konstanter Unterbrechungen - Slack-Nachrichten, spontane Meetings, Kollegen mit Fragen, und seine eigene digitale Ablenkungsanfälligkeit. Trotz 50+ Stunden-Wochen fühlte er sich unproduktiv und ausgelaugt durch die ständige Aufmerksamkeitsfragmentierung.

Seine Transformation begann mit der systematischen Schaffung störungsfreier Zonen:

1. Er implementierte ein mehrschichtiges physisches Abschirmungssystem:

   o Er verlegte seinen Arbeitsplatz in eine ruhigere Ecke des Büros

   o Er schuf visuelle Abschirmung durch strategisch platzierte Pflanzen und Raumteiler

   o Er etablierte ein klares visuelles Signalsystem (rote/grüne Karte an seinem Arbeitsplatz)

   o Er investierte in hochwertige Noise-Cancelling-Kopfhörer für akustische Isolation

- o Er hielt eine Grundausstattung bereit, um seinen Arbeitsplatz für längere Zeit nicht verlassen zu müssen

2. Er schuf ein strukturiertes zeitliches Störungsfreiheitssystem:

   - o Er etablierte zwei tägliche 90-Minuten-"Deep Work"-Blöcke im Kalender

   - o Er führte ein "Time Blocking"-System für seine gesamte Arbeitszeit ein

   - o Er implementierte "Kommunikations-Batching" mit festen Check-in-Zeiten

   - o Er verhandelte zwei "Meeting-freie Tage" pro Woche mit seinem Team

   - o Er entwickelte ein klares Protokoll für echte Notfälle vs. aufschiebbarer Anfragen

3. Er transformierte seine soziale Störungsfreiheit:

   - o Er kommunizierte proaktiv sein neues Arbeitsmodell an Kollegen und Vorgesetzte

   - o Er erstellte eine FAQ-Dokumentation für häufige Anfragen

   - o Er bildete ein "Buddy-System" mit einem Kollegen für gegenseitige Abschirmung

- o Er trainierte sein Team in asynchroner Kommunikation und besserer Meetingkultur

- o Er etablierte klare Erwartungen bezüglich Reaktionszeiten in verschiedenen Modi

4. Er revolutionierte seine digitale Umgebung:

- o Er deinstallierte alle nicht-essentiellen Apps von seinem Smartphone

- o Er implementierte ein radikales Benachrichtigungsmanagement auf allen Geräten

- o Er nutzte Website-Blocker während seiner Fokuszeiten

- o Er schuf separate Browserfenster für verschiedene Arbeitsmodi

- o Er etablierte regelmäßige "Internet-freie" Arbeitsblöcke für tiefe Konzentration

Die Ergebnisse nach drei Monaten waren dramatisch: Tom steigerte die Zeit in tiefem Fokus von durchschnittlich 45 Minuten auf über 4 Stunden täglich. Seine Arbeitsqualität verbesserte sich signifikant, was zu schnellerer Beförderung führte. Gleichzeitig reduzierte er seine Arbeitszeit auf 40 Stunden pro Woche. Das Überraschendste für ihn war jedoch die Verbesserung seiner Teamkollaboration – durch die klarere Strukturierung der Kommunikation wurden Interaktionen zwar seltener, aber substantieller und wertvoller. Seine Methoden wurden schließlich von mehreren

Teamkollegen übernommen und führten zu einer breiteren Kulturveränderung in seinem Unternehmen.

8.7 Praktische Übungen und Reflexionen

Übung 1: Umgebungsaudit für Fokus und Produktivität Führe eine systematische Analyse deiner aktuellen Umgebung durch:

- Fotografiere deinen Haupt-Arbeitsbereich aus verschiedenen Perspektiven

- Verbring einen typischen Arbeitstag mit bewusster Beobachtung aller Umgebungseinflüsse

- Dokumentiere alle Störungen, Unterbrechungen und Ablenkungen mit Zeit und Dauer

- Identifiziere Muster in produktiven vs. unproduktiven Phasen

- Bewerte deine Umgebung nach den Schlüsselfaktoren: Visuelle Ordnung, Akustik, Beleuchtung, Ergonomie, Temperatur, Luftqualität, Naturelemente

- Erstelle eine priorisierte Liste von 3-5 konkreten Verbesserungsmöglichkeiten

Übung 2: Optimierter Arbeitsplatz-Prototyp Gestalte eine verbesserte Version deines Arbeitsplatzes:

- Wähle ein Arbeitsplatzmodell, das zu deinen Hauptarbeitsmodi passt

- Skizziere einen idealen Arbeitsplatz basierend auf diesem Modell

- Erstelle eine Liste der notwendigen Änderungen, sortiert nach Aufwand/Kosten

- Implementiere zunächst die "Low-Hanging Fruits" (einfache, kostengünstige Verbesserungen)

- Teste diese optimierte Umgebung für mindestens eine Woche

- Dokumentiere Verbesserungen und verbliebene Schmerzpunkte

- Entwickle einen langfristigen Plan für größere Umgestaltungen

Übung 3: Soziales Umfeld-Assessment Analysiere und optimiere dein produktivitätsbezogenes soziales Umfeld:

- Erstelle eine Liste aller Menschen, mit denen du regelmäßig interagierst

- Bewerte ihren Einfluss auf deine Produktivität, Motivation und Wohlbefinden (-5 bis +5)

- Identifiziere die Top-3-"Energiegeber" und Top-3-"Energienehmer"

- Entwickle konkrete Strategien für mehr Kontakt mit Energiegebern

- Erstelle klare Grenzsetzungsstrategien für Interaktionen mit Energienehmern

- Identifiziere fehlende Einflüsse in deinem sozialen Umfeld (z.B. Mentoren, Accountability-Partner)

- Implementiere mindestens eine konkrete soziale Produktivitätsstrategie

Übung 4: Umgebungstrigger-Installation
Implementiere strategische Produktivitätstrigger in deiner
Umgebung:

- Identifiziere 3-5 gewünschte produktive
  Verhaltensweisen, die du fördern möchtest

- Entwickle für jedes Verhalten mindestens einen
  visuellen, räumlichen und zeitlichen Trigger

- Platziere diese Trigger strategisch in deiner
  täglichen Umgebung

- Erstelle ein bewusstes mentales
  Verknüpfungsritual für jeden Trigger

- Teste jeden Trigger für mindestens eine Woche

- Dokumentiere Wirksamkeit und
  Anpassungsbedarf

- Optimiere die effektivsten Trigger für
  langfristigen Einsatz

Übung 5: Ritual-Design-Workshop Entwickle
personalisierte Produktivitätsrituale für verschiedene
Kontexte:

- Gestalte ein 10-15 minütiges Morgenritual für
  produktiven Tagesstart

- Entwickle ein 3-5 minütiges Transitionsritual
  zwischen verschiedenen Arbeitsmodi

- Kreiere ein 5-10 minütiges Abschlussritual für das
  Arbeitsende

- Experimentiere mit 2-3 Mikro-Ritualen (30-60 Sekunden) für schnelle Fokusaktivierung

- Dokumentiere jedes Ritual schriftlich mit konkreten Schritten

- Praktiziere jedes Ritual mindestens 5 Tage in Folge

- Reflektiere und optimiere basierend auf deinen Erfahrungen

FOKUS-BOX: Kapitelzusammenfassung

- **Die physische Umgebung beeinflusst unsere kognitive Leistungsfähigkeit durch verschiedene psychologische Mechanismen wie kognitive Belastung, Priming-Effekte und Umgebungsstress**

- **Ein optimal gestalteter Arbeitsplatz berücksichtigt sowohl funktionale Effizienz als auch psychologisches Wohlbefinden und unterstützt verschiedene Arbeitsmodi durch bewusste Zonierung**

- **Das soziale Umfeld formt unsere Produktivität durch soziale Normierung, emotionale Ansteckung und Accountability-Effekte – die bewusste Gestaltung dieses Umfelds ist daher ein mächtiger Produktivitätshebel**

- **Strategisch platzierte Umgebungstrigger können gewünschte Verhaltensweisen fördern und unerwünschte erschweren, indem sie assoziierte mentale Modelle**

aktivieren und die Aktivierungsenergie für produktives Handeln senken

- **Gut gestaltete Rituale fungieren als zeitliche und verhaltensbasierte Umgebungsanker, die kontextuelle Konditionierung schaffen, Entscheidungsbelastung reduzieren und mentale Übergänge erleichtern**

- **Die Schaffung störungsfreier Zonen – physisch, zeitlich, sozial und digital – ermöglicht die tiefe Konzentration, die für Höchstleistung notwendig ist und minimiert die kognitiven Kosten durch Kontextwechsel**

Reflexionsfragen:

1. Welche Elemente deiner aktuellen physischen Umgebung fördern deinen Fokus, welche behindern ihn?

2. Wie gut unterstützt dein Arbeitsplatz deine verschiedenen Arbeitsmodi und Tätigkeiten?

3. Welche Personen in deinem sozialen Umfeld haben den stärksten Einfluss auf deine Produktivität – positiv wie negativ?

4. Welche Umgebungstrigger könntest du implementieren, um deine wichtigsten produktiven Verhaltensweisen zu fördern?

5. Welche Übergänge in deinem Arbeitsalltag würden am meisten von klaren Ritualen profitieren?

Action-Steps für Kapitel 8:

1. Führe ein vollständiges Umgebungsaudit durch und implementiere mindestens drei konkrete Verbesserungen

2. Gestalte deinen Arbeitsplatz bewusst für mindestens einen deiner Hauptarbeitsmodi um

3. Implementiere eine konkrete soziale Produktivitätsstrategie (z.B. Accountability-Partnership)

4. Installiere mindestens drei strategische Umgebungstrigger für wichtige produktive Verhaltensweisen

5. Entwickle und praktiziere konsequent ein Morgen- und ein Abschlussritual

Ich werde Kapitel 9 mit besonderer Sorgfalt ausarbeiten. Dieses Kapitel ist tatsächlich entscheidend, da langfristige Motivation und Durchhaltevermögen oft die größten Herausforderungen für nachhaltige Produktivität darstellen. Ich schreibe jetzt das Kapitel mit Fokus auf praktische, umsetzbare Strategien.

Kapitel 9

Langfristige Motivation und Durchhaltevermögen

"Es ist nicht wichtig, wie langsam du gehst, solange du nicht stehen bleibst." - Konfuzius

Während kurzfristige Produktivitätsschübe relativ leicht zu erreichen sind, liegt die wahre Herausforderung in der Aufrechterhaltung fokussierten Handelns über längere Zeiträume. In diesem Kapitel entdecken wir wirksame Strategien, um langfristige Motivation zu kultivieren und Durchhaltevermögen auch in schwierigen Phasen zu bewahren.

9.1 Die Psychologie der langfristigen Motivation

Um nachhaltige Motivation zu entwickeln, müssen wir zunächst verstehen, wie Motivation auf psychologischer Ebene funktioniert und warum traditionelle Ansätze oft scheitern.

Die Motivationsmythen:

Viele verbreitete Vorstellungen über Motivation erweisen sich bei näherer Betrachtung als kontraproduktiv:

Mythos 1: Motivation entsteht durch Willenskraft Die Vorstellung, dass wir uns einfach "zusammenreißen" müssen, ignoriert die komplexen psychologischen und neurologischen Mechanismen der Motivation. Willenskraft ist eine begrenzte Ressource, die sich erschöpft – keine nachhaltige Motivationsquelle.

Mythos 2: Motivation muss der Handlung vorausgehen Entgegen der intuitiven Annahme entsteht Motivation oft erst durch initiales Handeln. Der berühmte Ausspruch "Motivation folgt der Handlung, nicht umgekehrt" beschreibt dieses Phänomen treffend.

Mythos 3: Motivation ist hauptsächlich von Belohnungen abhängig Externe Belohnungen können kurzfristig wirksam sein, unterminieren jedoch oft die intrinsische Motivation und schaffen Abhängigkeit von immer größeren Anreizen.

Mythos 4: Motivation ist eine individuelle Charaktereigenschaft Die Idee, dass manche Menschen "einfach motivierter" sind als andere, übersieht die Tatsache, dass Motivation stark kontextabhängig und durch spezifische Strategien beeinflussbar ist.

Mythos 5: Motivation erfordert Begeisterung und positive Gefühle Die Vorstellung, dass wir für nachhaltige Motivation stets begeistert sein müssen, ist unrealistisch. Wahre Langzeitmotivation umfasst die Fähigkeit, auch bei negativen Gefühlen produktiv zu bleiben.

Das moderne Verständnis von Motivation:

Die Motivationsforschung hat in den letzten Jahrzehnten ein differenzierteres Bild entwickelt:

1. Die Selbstbestimmungstheorie: Diese von Deci und Ryan entwickelte Theorie identifiziert drei psychologische Grundbedürfnisse, die für intrinsische Motivation zentral sind:

- **Autonomie:** Das Gefühl, selbstbestimmt zu handeln statt kontrolliert zu werden

- **Kompetenz:** Das Erleben von Wirksamkeit und Wachstum

- **Verbundenheit:** Das Gefühl, mit anderen Menschen in bedeutsamer Weise verbunden zu sein

Je mehr diese Bedürfnisse erfüllt werden, desto nachhaltiger ist die Motivation.

2. Das Motivations-Kontinuum: Motivation existiert nicht binär (motiviert vs. unmotiviert), sondern auf einem Spektrum:

- **Amotivation:** Komplettes Fehlen von Handlungsantrieb

- **Externe Regulation:** Handeln aufgrund äußerer Belohnungen oder Bestrafungen

- **Introjizierte Regulation:** Handeln aus internalisiertem Druck ("sollte", "müsste")

- **Identifizierte Regulation:** Handeln aufgrund persönlicher Wertschätzung des Ziels

- **Integrierte Regulation:** Handeln im Einklang mit dem eigenen Selbstbild und Werten

- **Intrinsische Motivation:** Handeln aus inhärenter Freude an der Tätigkeit selbst

Die nachhaltigsten Formen der Motivation befinden sich am rechten Ende dieses Spektrums.

3. Die Dualität der Motivationssysteme: Neuere Forschung unterscheidet zwischen zwei komplementären motivationalen Systemen:

- **Das Annäherungssystem:** Aktiviert durch potenzielle Belohnungen und positive Ergebnisse

- **Das Vermeidungssystem:** Aktiviert durch potenzielle Bedrohungen und negative Ergebnisse

Beide Systeme können Motivation erzeugen, funktionieren jedoch unterschiedlich und eignen sich für verschiedene Situationen.

4. Die Rolle der Erwartungen: Motivation wird stark von unseren Erwartungen beeinflusst:

- **Ergebnis-Erwartung:** Die Überzeugung, dass eine bestimmte Handlung zu einem bestimmten Ergebnis führt

- **Selbstwirksamkeits-Erwartung:** Der Glaube an die eigene Fähigkeit, die notwendige Handlung erfolgreich ausführen zu können

- **Wert-Erwartung:** Die subjektive Bedeutsamkeit des angestrebten Ergebnisses

Diese drei Faktoren multiplizieren sich: Ist einer niedrig oder null, sinkt die Gesamtmotivation dramatisch.

FOKUS-BOX

Nachhaltige Motivation entsteht nicht primär durch Willenskraft oder Disziplin, sondern durch die bewusste Gestaltung von Bedingungen, die unsere intrinsischen Antriebe aktivieren. Der Schlüssel liegt darin, die Handlung selbst – nicht nur ihr Ergebnis – mit unseren tieferen Bedürfnissen und Werten zu verbinden.

Strategien zur Kultivierung langfristiger Motivation:

1. Die Autonomie-Stärkung: Diese Methode fokussiert darauf, das Gefühl der Selbstbestimmung zu erhöhen:

- **Wahlfreiheit schaffen:**

    - Identifiziere Aspekte deiner Aufgaben, die du selbst bestimmen kannst

    - Gestalte flexible Rahmenbedingungen statt starrer Vorgaben

    - Praktiziere das "Warum-Wie-Was"-Prinzip: Definiere das Warum und Was, aber lasse Freiheit beim Wie

- **Die "Opt-In"-Technik:**

    - Formuliere Aufgaben als bewusste Entscheidungen statt als Pflichten

    - Verwandle "Ich muss" in "Ich entscheide mich für"

    - Vergegenwärtige dir regelmäßig die ursprüngliche Entscheidung für das Ziel

- **Die Werteverbindungs-Methode:**

o Identifiziere deine Kernwerte und tieferen Antriebe

o Stelle explizite Verbindungen zwischen diesen Werten und deinen täglichen Handlungen her

o Reflektiere regelmäßig, wie deine aktuellen Aktivitäten deine wichtigsten Werte unterstützen

2. Die Kompetenz-Kultivierung: Diese Methode fokussiert auf das Erleben von Wachstum und Wirksamkeit:

- **Die Fortschritts-Sichtbarmachung:**

  o Implementiere Systeme zur Visualisierung von Fortschritten

  o Führe ein "Erfolgsjournal" für tägliche, auch kleine Fortschritte

  o Schaffe regelmäßige Reflexionspunkte, um Entwicklung bewusst zu machen

- **Die optimale Herausforderungs-Kalibrierung:**

  o Gestalte Aufgaben an der Grenze deiner aktuellen Fähigkeiten

  o Implementiere progressive Steigerungen des Schwierigkeitsgrads

  o Nutze das "Goldilocks-Prinzip": nicht zu leicht, nicht zu schwer

- **Die Kompetenzfokus-Technik:**

- o Lenke die Aufmerksamkeit auf Fähigkeiten statt auf Defizite

- o Zergliedere komplexe Aufgaben in beherrschbare Teilkompetenzen

- o Schaffe Gelegenheiten zum Demonstrieren und Teilen deiner Expertise

3. Die Verbundenheits-Förderung: Diese Methode nutzt soziale Verbindungen als Motivationstreiber:

- **Die Community-Integration:**

  - o Verbinde dich mit Gleichgesinnten, die ähnliche Ziele verfolgen

  - o Teile Fortschritte und Herausforderungen regelmäßig

  - o Schaffe Strukturen für gegenseitige Unterstützung und Inspiration

- **Die Impact-Awareness-Technik:**

  - o Mache dir bewusst, wie deine Arbeit andere positiv beeinflusst

  - o Suche direktes Feedback von Menschen, die von deiner Arbeit profitieren

  - o Dokumentiere Beispiele für die Bedeutung deiner Tätigkeit

- **Die Mentor-Mentee-Rotation:**

  - o Suche Mentoren für Inspiration und Führung

o   Werde selbst zum Mentor für andere

o   Nutze beide Rollen als komplementäre Motivationsquellen

4. Die Bedeutsamkeits-Verankerung: Diese Methode verbindet tägliche Handlungen mit tieferer Bedeutung:

- **Die Personal Mission Statement-Technik:**

    o   Entwickle eine prägnante persönliche Zweckerklärung

    o   Verbinde tägliche Aktivitäten explizit mit dieser Mission

    o   Überprüfe regelmäßig die Alignment zwischen Handlungen und Mission

- **Die Kontribution-Fokussierung:**

    o   Lenke die Aufmerksamkeit auf den Beitrag, den du leistest

    o   Dokumentiere konkrete Beispiele deines positiven Einflusses

    o   Reflektiere regelmäßig über das "Warum" hinter deinen Zielen

- **Die Legacy-Perspektive:**

    o   Betrachte deine Arbeit aus der Perspektive deines langfristigen Vermächtnisses

    o   Stelle dir vor, wie du in 10, 20 oder 50 Jahren auf das Erreichte zurückblicken möchtest o Nutze diese langfristige Perspektive als Anker in schwierigen Phasen

Fallbeispiel: Davids Motivationstransformation

David, ein Softwareentwickler und ambitionierter Hobby-Autor, kämpfte jahrelang mit der Fertigstellung seines Romans. Trotz echtem Interesse am Schreiben und regelmäßigen motivationalen Schüben schaffte er es nie, längerfristig dranzubleiben – nach einigen intensiven Wochen versandete sein Projekt stets in andere Prioritäten und Verpflichtungen.

Seine Transformation begann mit einer fundamentalen Neugestaltung seines Motivationsansatzes:

1. Er stärkte seine Autonomie:

   o Er schuf ein flexibles Schreibritual, das er selbst gestalten konnte

   o Er wählte bewusst Zeiten, Orte und Methoden, die für ihn persönlich optimal waren

   o Er formulierte seine Schreibprojekte als bewusste Entscheidung statt als Verpflichtung

2. Er kultivierte Kompetenzerleben:

   o Er zerlegte den Schreibprozess in spezifische Fähigkeiten, die er einzeln entwickeln konnte

- o Er implementierte ein detailliertes Fortschrittssystem (Wörter, Szenen, Kapitel)

- o Er suchte gezieltes Feedback zu konkreten Aspekten seines Schreibens

3. Er förderte Verbundenheit:

- o Er trat einer Schreibgruppe bei, die sich wöchentlich traf

- o Er fand einen Schreib-Buddy für tägliche Check-ins und gegenseitige Unterstützung

- o Er teilte seine Texte mit ausgewählten Lesern und integrierte deren Feedback

4. Er verankerte tiefere Bedeutung:

- o Er reflektierte über seine persönliche "Schreibmission" und die Geschichten, die wirklich erzählt werden mussten

- o Er verband sein Schreiben mit seinen Kernwerten (Kreativität, Wachstum, Kontribution)

- o Er führte ein "Warum-Tagebuch", in dem er regelmäßig seine tieferen Beweggründe reflektierte

Die Ergebnisse waren transformativ: Nach sechs Monaten dieses neuen Ansatzes hatte David nicht nur mehr als 60.000 Wörter seines Romans geschrieben (mehr als in den drei Jahren zuvor), sondern erlebte auch eine völlig neue Qualität der Motivation – statt verzweifelter Willensanstrengung empfand er eine ruhige, nachhaltige

Entschlossenheit. Das Schreiben wurde von einer zusätzlichen Belastung zu einer Quelle von Energie und Erfüllung, selbst in herausfordernden Phasen.

9.2 Sinnstiftung als Antriebsmotor

Während externe Motivatoren wie Belohnungen, Deadlines oder sozialer Druck kurzfristig wirksam sein können, liegt der Schlüssel zu langfristiger Motivation in der Verbindung mit persönlichem Sinn und tieferer Bedeutung. Sinnstiftung ist der nachhaltigste Antriebsmotor für menschliches Handeln.

Die Wissenschaft der Sinnfindung:

Die psychologische Forschung hat verschiedene Dimensionen von Sinn identifiziert, die unser Engagement und unsere Ausdauer beeinflussen:

1. Kohärenz: Das Gefühl, dass das Leben verständlich und stimmig ist – dass wir die Welt und unseren Platz darin verstehen können.

2. Zweck: Die Überzeugung, dass unser Leben auf ein wertvolles Ziel ausgerichtet ist und dass unsere Handlungen bedeutsam sind.

3. Selbstwert: Das Gefühl, dass wir wertvoll sind und einen positiven Unterschied machen können.

4. Kontrolle: Die Wahrnehmung, dass wir Einfluss auf unser Leben und unsere Umgebung haben.

328

Studien zeigen, dass Menschen, die ein hohes Maß an Sinn in ihrem Leben und ihrer Arbeit erleben, deutlich höhere Motivation, Engagement und Widerstandsfähigkeit gegenüber Hindernissen aufweisen.

FOKUS-BOX

"Wer ein Warum zum Leben hat, erträgt fast jedes Wie." Dieses berühmte Zitat von Friedrich Nietzsche erfasst die enorme Kraft der Sinnstiftung. Wenn wir eine tiefe Verbindung zum Sinn unserer Handlungen spüren, wird selbst schwierige, herausfordernde Arbeit zu einer Quelle der Erfüllung statt der Erschöpfung.

Praktische Ansätze zur Sinnstiftung im Alltag:

1. Die Ikigai-Methode: Diese japanische Konzept hilft, tiefere Bedeutung durch die Integration von vier Schlüsselelementen zu finden:

- **Was du liebst:** Aktivitäten und Themen, die dich intrinsisch begeistern

- **Was du gut kannst:** Deine natürlichen Talente und entwickelten Fähigkeiten

- **Was die Welt braucht:** Bedürfnisse und Probleme in deinem Umfeld oder der Gesellschaft

- **Wofür du bezahlt werden kannst:** Tätigkeiten, die auch materiellen Wert erzeugen

Diese vier Kreise überlappen sich im Ikigai – deinem "Grund zum Aufstehen am Morgen".

Implementierung:

- Erstelle für jeden Kreis eine umfassende Liste

- Identifiziere Überschneidungen zwischen den Kreisen

- Suche aktiv nach Möglichkeiten, mehr Zeit in diesen Überschneidungsbereichen zu verbringen

- Gestalte deine Arbeit bewusst in Richtung größerer Ikigai-Übereinstimmung

2. Die Job-Crafting-Strategie: Diese Methode fokussiert darauf, deine bestehende Arbeit aktiv bedeutungsvoller zu gestalten:

- **Aufgaben-Crafting:**

  o Füge neue, bedeutungsvolle Aufgaben hinzu

  o Reduziere oder verändere belastende Aufgaben

  o Verändere die Balance deiner Aktivitäten

- **Beziehungs-Crafting:**

  o Intensiviere bedeutungsvolle Arbeitsbeziehungen

  o Mentoriere andere oder suche selbst Mentoren

  o Schließe dich mit Gleichgesinnten zusammen

- **Wahrnehmungs-Crafting:**

  o Verändere, wie du deine Arbeit mental einordnest

- o Verbinde auch routinemäßige Aufgaben mit höheren Zielen

- o Fokussiere auf den größeren Impact deiner Tätigkeit

Diese Technik ermöglicht es, mehr Sinn zu finden, ohne notwendigerweise den Job zu wechseln.

3. Die persönliche Sinnnarrativ-Entwicklung: Diese Methode nutzt die Kraft des Storytelling, um Sinn zu konstruieren:

- Erstelle eine kohärente Geschichte darüber, wie deine Vergangenheit zu deiner Gegenwart geführt hat

- Identifiziere die "Kapitel" oder Phasen deines Lebens und deren Bedeutung

- Verbinde deine aktuellen Bemühungen mit deiner größeren Lebensgeschichte

- Entwickle ein zukunftsorientiertes Narrativ, das dich inspiriert

Ein starkes persönliches Narrativ kann selbst schwierige Erfahrungen in bedeutungsvolle Teile deiner Entwicklung transformieren.

4. Die Werte-Aktivierung: Diese Methode verbindet tägliche Handlungen mit deinen tiefsten Werten:

- Identifiziere deine 3-5 Kernwerte durch strukturierte Reflexion

- Untersuche, wie deine aktuellen Aktivitäten diese Werte reflektieren oder nicht

- Schaffe bewusste, konkrete Verbindungen zwischen Routineaufgaben und Kernwerten

- Entwickle ein tägliches "Werte-Check-in" für kontinuierliche Ausrichtung

Diese Technik verwandelt scheinbar mundane Aufgaben in bedeutungsvolle Ausdrücke deiner wichtigsten Werte.

5. Die Beitrags-Visualisierung: Diese Methode macht den positiven Einfluss deiner Arbeit sichtbar:

- Dokumentiere konkrete Beispiele, wie deine Arbeit anderen nutzt

- Schaffe direkte Verbindungen zu den Endnutzern deiner Arbeit

- Sammle spezifisches Feedback über positive Auswirkungen

- Visualisiere die Kettenreaktion positiver Effekte, die von deiner Arbeit ausgeht

Diese Technik verstärkt das Gefühl, dass deine Anstrengungen einen echten Unterschied machen.

Fallbeispiel: Marias Sinnstiftungs-Transformation

Maria, eine Finanzanalystin in einem großen Unternehmen, fühlte sich zunehmend entfremdet von ihrer Arbeit. Obwohl sie gut bezahlt wurde und fachlich kompetent war, empfand sie ihre täglichen Aufgaben als bedeutungslos und rein transaktional. Die Folge waren sinkende Motivation, Konzentrationsprobleme und eine generelle Unzufriedenheit.

Ihre Transformation begann mit einem systematischen Ansatz zur Sinnstiftung:

1. Sie wendete die Ikigai-Methode an:

    o Sie identifizierte ihre Stärken (analytisches Denken, Kommunikationsfähigkeit, Genauigkeit)

    o Sie reflektierte ihre Leidenschaften (Bildung, finanzielle Unabhängigkeit, soziale Gerechtigkeit)

    o Sie erkundete Bedürfnisse in ihrer Organisation und Gesellschaft (finanzielle Bildung, nachhaltige Investitionen)

    o Sie verband diese Elemente in einem persönlichen Ikigai-Statement

2. Sie implementierte Job-Crafting-Strategien:

    o Sie initiierte ein Mentoring-Programm für jüngere Kollegen (Aufgaben-Crafting)

    o Sie vertiefte Beziehungen zu Kollegen mit ähnlichen Werten (Beziehungs-Crafting)

    o Sie reframte ihre analytische Arbeit als "Ressourcenoptimierung für positive Projekte" (Wahrnehmungs-Crafting)

    o Sie schuf ein internes Bildungsangebot zu persönlichen Finanzen für Mitarbeiter

3. Sie entwickelte ein persönliches Sinnnarrativ:

o Sie reflektierte, wie ihre eigene Familiengeschichte (finanziell herausfordernde Kindheit) ihre Karrierewahl beeinflusst hatte

o Sie verband ihre tägliche Arbeit mit ihrer größeren Mission, finanzielle Bildung zugänglicher zu machen

o Sie visualisierte, wie ihre aktuelle Position sie auf längerfristige Ziele vorbereitete

4. Sie aktivierte ihre Kernwerte bei der Arbeit:

o Sie identifizierte ihre Kernwerte (Integrität, Bildung, Empowerment, Exzellenz)

o Sie fand Wege, diese Werte in alltäglichen Aufgaben auszudrücken

o Sie führte ein "Werte-Tagebuch", um täglich Verbindungen zu reflektieren

Die Ergebnisse waren tiefgreifend: Nach vier Monaten berichtete Maria von einer völlig veränderten Beziehung zu ihrer Arbeit. Obwohl ihre Kernaufgaben weitgehend gleich geblieben waren, erlebte sie ein neues Gefühl von Zweck und Engagement. Ihre Produktivität und Kreativität stiegen deutlich, und sie begann, größere Verantwortung zu übernehmen. Das Schlüsselelement war nicht eine Veränderung ihrer äußeren Umstände, sondern eine fundamentale Transformation ihrer inneren Beziehung zu ihrer Arbeit.

9.3 Mit Rückschlägen und Plateaus umgehen

Jeder langfristige Produktivitätsweg ist unvermeidlich von Rückschlägen und Plateaus gekennzeichnet. Die Fähigkeit, diese Phasen nicht nur zu überstehen, sondern aus ihnen zu lernen und gestärkt hervorzugehen, unterscheidet nachhaltig erfolgreiche Menschen von jenen, die auf der Strecke bleiben.

Die Psychologie von Rückschlägen und Plateaus:

Um effektiv mit Herausforderungen umgehen zu können, müssen wir zunächst verstehen, was auf psychologischer Ebene geschieht:

1. Die Attributionsdynamik: Wie wir Rückschläge interpretieren – welchen Ursachen wir sie zuschreiben – beeinflusst maßgeblich unsere emotionale Reaktion und Fähigkeit zur Erholung:

- **Hilflose Attribution:** "Ich bin einfach nicht gut genug" (internal, stabil, global)

- **Wachstumsorientierte Attribution:** "Meine aktuelle Strategie funktioniert nicht" (external oder spezifisch, veränderbar, auf bestimmte Bereiche begrenzt)

2. Die emotionale Wellenbewegung: Rückschläge lösen typischerweise eine vorhersehbare emotionale Sequenz aus:

- Überraschung und Unglaube

- Frustration und Ärger

- Enttäuschung und Trauer

- Akzeptanz

- Neuorientierung

Diese Phasen zu kennen und als normal zu akzeptieren ist entscheidend für resilientes Handeln.

3. Die Plateau-Physiologie: Plateaus – Phasen stagnierender Fortschritte – haben oft eine physiologische Basis:

- Adaption des Körpers und Geistes an konstante Anforderungen

- Erreichen vorläufiger Kapazitätsgrenzen

- Notwendigkeit für Konsolidierung des Gelernten

Zu verstehen, dass Plateaus natürliche und notwendige Phasen des Wachstums sind, nicht Zeichen des Scheiterns, ist entscheidend für langfristige Motivation.

4. Der psychologische Kontraktbruch: Rückschläge werden oft als "Vertragsbruch" erlebt – die implizite Erwartung, dass Anstrengung zu proportionalem Erfolg führt, wird verletzt. Diese Diskrepanz zwischen Erwartung und Realität erzeugt Stress und Demotivation.

FOKUS-BOX

Rückschläge und Plateaus sind keine Hindernisse auf dem Weg zum Erfolg – sie SIND der Weg. Die erfolgreichsten Menschen unterscheiden sich nicht

dadurch, dass sie weniger Rückschläge erleben, sondern durch ihre Art, auf diese Herausforderungen zu reagieren und aus ihnen zu lernen.

Strategien für resilienten Umgang mit Herausforderungen:

1. Das Resilienz-Protokoll: Diese strukturierte Methode hilft, Rückschläge systematisch zu verarbeiten und in Wachstumschancen zu verwandeln:

- **Phase 1: Anerkennung und Akzeptanz**

  - Erlaube dir, die Realität des Rückschlags vollständig anzuerkennen

  - Gib dir Raum für die natürlichen emotionalen Reaktionen

  - Praktiziere bewusste Akzeptanz ohne sofortige Lösungssuche

- **Phase 2: Analyse und Lernen**

  - Untersuche den Rückschlag objektiv und faktenbasiert

  - Identifiziere beitragende Faktoren (intern und extern)

  - Extrahiere spezifische Lektionen und Erkenntnisse

  - Trenne kontrollierbare von unkontrollierbaren Faktoren

- **Phase 3: Strategische Anpassung**

- o Entwickle konkrete Anpassungen basierend auf den gewonnenen Einsichten

- o Schaffe präventive Maßnahmen für ähnliche Situationen

- o Integriere die Erkenntnisse in dein Produktivitätssystem

- **Phase 4: Neuausrichtung**

  - o Bekräftige oder modifiziere deine langfristigen Ziele

  - o Entwickle einen konkreten nächsten Aktionsschritt

  - o Schaffe einen symbolischen "Neustart"

2. Die Plateau-Durchbruch-Strategien: Diese Methoden helfen, Wachstumsplateaus zu überwinden und neue Fortschritte zu katalysieren:

- **Die Variabilitäts-Technik:**

  - o Führe bewusst Variation in deine Routinen und Methoden ein

  - o Experimentiere mit unterschiedlichen Ansätzen und Parametern

  - o Implementiere regelmäßige "Muster-Brecher" in deinen Prozess

- **Die Strategic Discomfort-Methode:**

  - o Suche gezielt Situationen außerhalb deiner Komfortzone

- o Steigere systematisch die Herausforderung in kontrollierten Dimensionen

- o Implementiere regelmäßige "Stretch-Assignments"

- **Die Deload-Technik:**

  - o Implementiere strategische Erholungs- und Konsolidierungsphasen

  - o Reduziere temporär Intensität oder Volumen

  - o Nutze diese Phasen für Reflexion und Systemoptimierung

- **Die Cross-Pollination-Strategie:**

  - o Suche Inspiration und Techniken aus anderen Domänen

  - o Verknüpfe scheinbar unverbundene Konzepte und Methoden

  - o Schaffe bewusst interdisziplinäre Lernmöglichkeiten

3. Die mentale Immunisierungs-Methode: Diese präventive Technik stärkt die psychologische Widerstandsfähigkeit gegenüber zukünftigen Herausforderungen:

- **Die Pre-Mortem-Technik:**

  - o Imaginiere potenzielle Rückschläge und Hindernisse im Voraus

- o Entwickle proaktiv Bewältigungsstrategien
- o Schaffe mentale Kontingenzpläne

- **Die Erwartungs-Kalibrierung:**
  - o Entwickle realistische statt idealisierte Erfolgserwartungen
  - o Integriere Rückschläge und Plateaus als normale Bestandteile des Prozesses
  - o Schaffe ein akkurates mentales Modell des Erfolgswegs

- **Die mentale Kontrastierung:**
  - o Verbinde positive Zukunftsvisionen mit realistischen Hindernissen
  - o Entwickle spezifische Wenn-Dann-Pläne für potenzielle Hindernisse
  - o Praktiziere regelmäßig diese Verbindung von Vision und Realität

4. Die soziale Resilienz-Verstärkung: Diese Methode nutzt soziale Unterstützung zur Stärkung individueller Resilienz:

- **Der Resilienz-Rat:**
  - o Forme einen Kreis vertrauenswürdiger Personen für Unterstützung
  - o Schaffe klare Protokolle für konstruktives Feedback

o Etabliere regelmäßige Check-ins, nicht nur
    in Krisenzeiten

- **Die Story-Sharing-Praxis:**

  o Tausche Erfahrungen über Rückschläge
    und deren Überwindung aus

  o Sammle inspirierende Geschichten von
    Resilienz aus verschiedenen Quellen

  o Entwickle eine persönliche "Resilience
    Library" motivierender Beispiele

- **Die Vulnerability-Practice:**

  o Übe, offen über Schwierigkeiten und
    Unsicherheiten zu sprechen

  o Schaffe eine Kultur, die Verletzlichkeit als
    Stärke wertet

  o Transformiere Scham über Rückschläge in
    Verbundenheit durch Teilen

Fallbeispiel: Toms Resilienz-Transformation

Tom, ein ambitionierter Unternehmer, erlebte einen
schwerwiegenden Rückschlag, als sein zweites Startup
trotz anfänglicher Erfolge scheiterte. Er verlor nicht nur
erhebliche finanzielle Investitionen, sondern auch sein
Selbstvertrauen und seine Richtung. Sein erster Instinkt
war, aufzugeben und in eine sichere Anstellung
zurückzukehren.

Seine Transformation begann mit der konsequenten
Anwendung des Resilienz-Protokolls:

1. In der Anerkennungs- und Akzeptanzphase:

   o Er erlaubte sich eine bewusste "Trauerzeit" für das gescheiterte Unternehmen

   o Er führte ein strukturiertes Journaling-Format für seine Emotionen ein

   o Er praktizierte Achtsamkeitstechniken, um Raum zwischen sich und seine Reaktionen zu schaffen

2. In der Analyse- und Lernphase:

   o Er führte eine gründliche Post-Mortem-Analyse durch, die interne und externe Faktoren identifizierte

   o Er interviewte Kunden, Team-Mitglieder und Investoren für multiperspektivisches Feedback

   o Er extrahierte 12 konkrete Lektionen aus dem Scheitern

   o Er trennte klar, was in seiner Kontrolle lag und was nicht

3. In der strategischen Anpassungsphase:

   o Er entwickelte spezifische Verbesserungen für sein Geschäftsmodell

   o Er schuf ein neues Risikomanagement-Framework basierend auf seinen Erkenntnissen

- o   Er formte einen "persönlichen Beirat" für zukünftige Ventures

4. In der Neuausrichtungsphase:

- o   Er reframte sein Scheitern als "teure, aber unverzichtbare MBA-Ausbildung"

- o   Er entwickelte ein neues Geschäftskonzept, das auf seinen Learnings aufbaute

- o   Er schuf einen symbolischen "Neustart" durch ein persönliches Ritual

Zusätzlich implementierte er mehrere spezifische Resilienz-Praktiken:

- Er gründete eine Peer-Support-Gruppe mit anderen Unternehmern

- Er entwickelte eine "Resilienzroutine" mit täglichen Praktiken zur mentalen Stärkung

- Er etablierte regelmäßige Pre-Mortem-Analysen für neue Initiativen

Die Ergebnisse waren transformativ: 18 Monate nach dem Scheitern hatte Tom ein neues Unternehmen gegründet, das auf einem solideren Fundament stand und schnell profitabel wurde. Wichtiger noch, er entwickelte eine völlig neue Beziehung zu Rückschlägen – statt sie als Katastrophen zu sehen, betrachtete er sie als wertvolle Datenpunkte und Wachstumsmöglichkeiten. Seine emotionale Stabilität und Handlungsfähigkeit blieben auch bei neuen Herausforderungen erhalten, was ihm ermöglichte, mutigere Entscheidungen zu treffen und gleichzeitig klüger mit Risiken umzugehen.

9.4 Motivationsstrategien für schwierige Phasen

Selbst mit optimaler Sinnstiftung und Resilienz werden wir unvermeidlich Phasen erleben, in denen die Motivation schwindet und die Versuchung zum Aufgeben stark wird. Für diese besonders herausfordernden Zeiten sind spezifische Motivationsstrategien unverzichtbar.

Die Natur motivationaler Tiefs:

Motivationstiefs treten aus verschiedenen Gründen auf:

1. Erschöpfung der Willenskraft: Anhaltende Willensanstrengung ohne ausreichende Regeneration führt zu einem Zustand, den Psychologen als "Ego-Depletion" bezeichnen – eine temporäre Verringerung der Selbstkontrollfähigkeit.

2. Motivationale Konflikte: Oft kämpfen verschiedene innere Motivationen gegeneinander – etwa der Wunsch nach Ruhe gegen den Wunsch nach Leistung, oder kurzfristige gegen langfristige Ziele.

3. Emotionale Zustände: Negative Emotionen wie Angst, Frustration oder Trauer können motivationale Kapazitäten erheblich beeinträchtigen.

4. Umgebungsfaktoren: Situative Faktoren wie Stress, Zeitdruck oder ablenkungsreiche Umgebungen können Motivation temporär untergraben.

5. Automatische Gewohnheiten: Eingefahrene unproduktive Gewohnheiten aktivieren sich besonders in schwierigen Phasen und können Motivation übertrumpfen.

FOKUS-BOX

Motivationale Tiefs sind keine Charakterschwäche, sondern unvermeidliche und normale Phasen auf jedem längeren Produktivitätsweg. Der Schlüssel liegt nicht darin, sie zu vermeiden, sondern effektive Strategien zu entwickeln, um durch sie hindurchzunavigieren.

Strategien für akute Motivationstiefs:

1. Die Mikromotivatoren-Methode: Diese Technik nutzt minimale Anforderungen, um Handlungsbarrieren zu senken:

- **Die 5-Minuten-Regel:**

    o Verpflichte dich nur zu 5 Minuten der Aktivität

    o Erlaube dir nach 5 Minuten aufzuhören ohne Schuldgefühle

    o Nutze den "Fuß-in-der-Tür"-Effekt, der oft zur Fortsetzung führt

- **Die Mini-Habit-Strategie:**

- o Reduziere die Anforderung auf ein lächerlich einfaches Minimum

- o Beispiele: Eine Seite lesen, ein Absatz schreiben, zwei Minuten trainieren

- o Fokussiere auf 100% Konsistenz statt Umfang

- **Die "Just Show Up"-Technik:**

  - o Definiere Erfolg ausschließlich durch Anwesenheit/Beginnen

  - o Eliminiere alle Erwartungen an Leistung oder Ergebnisse

  - o Schaffe eine "Null-Druck"-Zone für den Einstieg

2. Die emotionale Regulationsstrategien: Diese Methoden adressieren die emotionalen Komponenten von Motivationstiefs:

- **Die RAIN-Technik:**

  - o **R**ecognize: Erkenne und benenne die demotivierenden Emotionen

  - o **A**llow: Erlaube den Emotionen, da zu sein, ohne sie zu bekämpfen

  - o **I**nvestigate: Untersuche, wie sich die Emotion körperlich anfühlt

  - o **N**on-Identification: Erkenne, dass du die Emotion hast, aber nicht bist

- **Die emotionale Distanzierung:**

  - o Beschreibe deine Gefühle in der dritten Person

  - o Betrachte sie als vorüberziehende Wetterereignisse

  - o Nutze Metakognition: Beobachte deine Gedanken ohne Identifikation

- **Die Stimmungs-Unabhängigkeit:**

  - o Trainiere, unabhängig von aktueller Stimmung zu handeln

  - o Etabliere das Mantra: "Ich muss mich nicht motiviert fühlen, um zu beginnen"

  - o Praktiziere bewusst produktives Handeln in verschiedenen emotionalen Zuständen

3. Die kognitive Umstrukturierungsstrategien: Diese Techniken transformieren demotivierende Gedankenmuster:

- **Die Gedanken-Überprüfungs-Technik:**

  - o Identifiziere spezifische demotivierende Gedanken

  - o Prüfe diese Gedanken auf Fakten, Evidenz und Nützlichkeit

  - o Entwickle realistische, hilfreiche Gegengedanken

- **Die Perspektivenwechsel-Methode:**

- o Nimm die Perspektive eines wohlwollenden Mentors ein

- o Frage dich: "Was würde [Vorbild/respektierte Person] in dieser Situation denken?"

- o Wechsle von einer "Ich muss"-Perspektive zu einer "Ich kann"-Perspektive

- **Die Reframing-Technik:**

  - o Finde alternative Interpretationen der aktuellen Situation

  - o Transformiere Hindernisse in Herausforderungen

  - o Identifiziere potenzielle Wachstumsmöglichkeiten in Schwierigkeiten

4. Die soziale Motivationsaktivierung: Diese Strategien nutzen soziale Dynamiken zur Überwindung von Motivationstiefs:

- **Die Accountability-Aktivierung:**

  - o Nutze bestehende Accountability-Beziehungen in Tiefphasen

  - o Mache öffentliche Commitments für kurzfristige nächste Schritte

  - o Implementiere unmittelbare soziale Check-ins

- **Die Inspirations-Immersion:**

- o Tauche bewusst in motivierende Geschichten und Beispiele ein

- o Suche den Kontakt mit hochmotivierten Menschen

- o Schaffe eine "Inspirations-Bibliothek" für Motivationstiefs

- **Die sozialen Konsequenzen-Methode:**

  - o Implementiere konkrete, leichtgewichtige soziale Konsequenzen

  - o Beispiel: Geldspende an eine unliebsame Organisation bei Nichteinhaltung

  - o Nutze Apps oder Plattformen, die soziale Konsequenzen automatisieren

5. Die physische Aktivierungsstrategien: Diese Methoden nutzen die Körper-Geist-Verbindung zur Motivationssteigerung:

- **Die Bewegungs-Mikrointervention:**

  - o Nutze kurze, intensive physische Aktivität (30-60 Sekunden)

  - o Ziel ist nicht Fitness, sondern neurologische Aktivierung

  - o Implementiere als unmittelbare Reaktion auf Motivationsabfall

- **Die Umgebungs-Veränderung:**

  - o Wechsle bewusst den physischen Kontext

- o Nutze dedizierte Umgebungen für unterschiedliche Aktivitätsphasen

- o Implementiere kontextuelle Trigger für Motivation

- **Die Körperhaltungs-Modulation:**

  - o Nutze bewusst "Power Poses" und Körpersprache der Zuversicht

  - o Implementiere aufrechte, energetische Haltungen

  - o Praktiziere tiefe, energetisierende Atmung

Fallbeispiel: Annas motivationale Selbstregulation

Anna, eine Doktorandin in der Endphase ihrer Dissertation, kämpfte mit zunehmender Demotivation, Prokrastination und Selbstzweifeln. Nach drei Jahren intensiver Forschung schien ihr die Energie und der Glaube an ihr Projekt zu schwinden – genau in der kritischen Phase, wo Ausdauer am wichtigsten war.

Ihre Transformation begann mit einem systematischen Ansatz zur motivationalen Selbstregulation:

1. Sie entwickelte ein akutes Interventionsprotokoll für Motivationstiefs:

   - o Sie identifizierte ihre typischen "Motivationskiller" und Frühwarnsignale

   - o Sie erstellte eine persönliche "Motivations-Erste-Hilfe-Box" mit verschiedenen Strategien o Sie entwickelte ein gestuftes Interventionsmodell von leichten bis intensiven Maßnahmen

2. Sie implementierte spezifische Mikromotivatoren:

o Sie etablierte die "Eine-Seite-Regel": An jedem Tag mindestens eine Seite schreiben

o Sie schuf "Dissertation Sprints": 25-Minuten-Pomodoro-Sessions ohne Leistungserwartung

o Sie entwickelte eine "Just-Show-Up"-Routine: Jeden Morgen am Schreibtisch erscheinen, ohne Druckerzeugung

3. Sie transformierte ihre emotionale Beziehung zur Arbeit:

o Sie führte ein "Emotionales Dissertation-Tagebuch" zur Bewusstwerdung

o Sie praktizierte die RAIN-Technik für aufkommende Ängste und Frustrationen

o Sie entwickelte spezifische Gegen-Narrative für ihre häufigsten negativen Gedanken

o Sie übte, zwischen Arbeit und Selbstwert zu trennen

4. Sie schuf ein soziales Unterstützungssystem:

o Sie formte eine Dissertation-Accountability-Gruppe mit drei anderen Doktoranden

o Sie etablierte tägliche Check-ins mit einem "Dissertation-Buddy"

o Sie sammelte eine Bibliothek inspirierender Geschichten anderer Doktoranden

Die Ergebnisse waren beeindruckend: Nach anfänglichen Schwierigkeiten entwickelte Anna ein robustes System für motivationale Selbstregulation. Während die emotionalen Höhen und Tiefen nicht verschwanden, konnte sie zunehmend produktiv bleiben, unabhängig von ihrer aktuellen Gefühlslage. Sie schaffte es, ihre Dissertation fristgerecht fertigzustellen und sogar die Qualität ihrer Arbeit in der Endphase zu steigern. Das wichtigste Learning für sie war die Erkenntnis, dass Motivation weniger ein Gefühl als eine Fähigkeit ist – eine Fähigkeit, die mit den richtigen Strategien kultiviert werden kann.

9.5 Die Macht der Selbstverpflichtung

Während Motivation schwanken kann, bietet Selbstverpflichtung (Commitment) einen stabileren Anker für langfristige Produktivität. Die Kultivierung dieser tieferen Form der Bindung an unsere Ziele kann uns durch motivationale Täler tragen und nachhaltige Handlungsfähigkeit fördern.

Die Psychologie der Selbstverpflichtung:

Selbstverpflichtung funktioniert durch verschiedene psychologische Mechanismen:

1. Kognitive Dissonanzreduktion: Sobald wir uns öffentlich verpflichtet haben, entsteht ein innerer Druck, konsistent zu handeln, um kognitive Dissonanz zu vermeiden.

2. Identitätsverankerung: Tiefe Verpflichtungen werden Teil unserer Identität, was die Handlungswahrscheinlichkeit erheblich steigert ("Ich bin eine Person, die X tut").

3. Sunk-Cost-Effekt: Je mehr wir in ein Ziel investiert haben (Zeit, Energie, Ressourcen), desto weniger bereit sind wir, aufzugeben.

4. Präventive Selbstbindung: Durch bewusste Einschränkung zukünftiger Wahlmöglichkeiten reduzieren wir Versuchungen und Ablenkungen.

5. Strukturelle Commitments: Externe Strukturen und Konsequenzen können innere Verpflichtung verstärken und stabilisieren.

FOKUS-BOX

Selbstverpflichtung ist wie ein Anker, der dich auch bei stürmischer See am Zielkurs hält. Während Motivation von günstigen Bedingungen abhängt, schafft Commitment eigene Bedingungen. Es fragt nicht "Fühle ich mich danach?", sondern erklärt "Dies ist der Weg, den ich gewählt habe."

Strategien zur Stärkung der Selbstverpflichtung:

1. Die Identity-Based Commitment-Methode: Diese Technik verankert Verpflichtungen in deiner Selbstwahrnehmung:

- **Die Identitäts-Transformation:**

    - Verlagere den Fokus von Zielen ("Ich will X erreichen") zu Identität ("Ich bin eine Person, die X tut")

    - Schaffe klare Identitätsaussagen für deine wichtigsten Bestrebungen

    - Suche nach Evidenz für diese Identität und verstärke sie bewusst

- **Die Identitäts-Affirmation:**

    - Entwickle kraftvolle, präsente Affirmationen deiner produktiven Identität

    - Integriere diese Affirmationen in tägliche Routinen

    - Verankere sie in deiner Umgebung durch visuelle Erinnerungen

- **Die Identitäts-Handlungs-Konsistenz:**

    - Identifiziere Verhaltensweisen, die deine angestrebte Identität bestätigen

    - Schaffe regelmäßige "Identitätsrituale", die diese Verhaltensweisen verstärken

    - Reflektiere bewusst die Übereinstimmung zwischen Handlung und Selbstbild

2. Die strategische Selbstbindung: Diese Methode nutzt externe Strukturen zur Stärkung innerer Verpflichtung:

- **Die Ulysses-Pakt-Technik:**

    o Schaffe vorab Strukturen, die zukünftige Ablenkungen unmöglich machen

    o Implementiere "Selbstbindungsverträge" mit konkreten Konsequenzen

    o Nutze technologische Tools zur Automatisierung der Selbstbindung

- **Die Stake-Setting-Methode:**

    o Setze bedeutsame Ressourcen als "Pfand" für die Zielerreichung ein

    o Implementiere abgestufte Konsequenzsysteme für verschiedene Commitment-Level

    o Kombiniere positive und negative Anreize für maximale Wirkung

- **Die Point-of-No-Return-Strategie:**

    o Identifiziere und schaffe bewusst "Brücken-verbrennende" Momente

    o Implementiere öffentliche Deklarationen mit hohen sozialen Kosten bei Nichteinhaltung

    o Nimm irreversible Investitionen vor, die Rückzug kostspielig machen

3. Die Community-of-Commitment: Diese Methode nutzt soziale Dynamiken zur Stärkung der Selbstverpflichtung:

- **Die Commitment-Gemeinschaft:**

    o Verbinde dich mit Menschen, die ähnliche Verpflichtungen eingegangen sind

    o Schaffe regelmäßige Strukturen für gegenseitige Unterstützung und Verantwortlichkeit

    o Etabliere gemeinsame Rituale und Praktiken zur Commitment-Stärkung

- **Die Mentor-Protégé-Dynamik:**

    o Suche Mentoren, die deine Commitments verkörpern und vorleben

    o Werde selbst zum Mentor oder Vorbild für andere

    o Nutze beide Rollen zur Stärkung deiner eigenen Verpflichtung

- **Die Sacred-Witness-Technik:**

    o Wähle bewusst Menschen als "heilige Zeugen" deiner Verpflichtungen

    o Schaffe strukturierte Check-ins und Reflexionsmomente

    o Implementiere protokollierte Verantwortlichkeitsprozesse

4. Die tiefe Zweck-Verankerung: Diese Methode verbindet Verpflichtungen mit tieferen Werten und Sinnquellen:

- **Die Purpose-Alignment-Technik:**

  o Verbinde konkrete Commitments explizit mit deinen tiefsten Werten

  o Schaffe eine klare Kausalkette zwischen täglichen Verpflichtungen und Lebenszielen

  o Reflektiere regelmäßig diese Verbindungen zur Verstärkung

- **Die Transzendenz-Verankerung:**

  o Verbinde Commitments mit etwas, das größer ist als du selbst

  o Identifiziere, wie deine Verpflichtungen anderen oder höheren Zielen dienen

  o Schaffe Rituale, die diese transzendente Dimension deiner Arbeit würdigen

- **Die Legacy-Perspective:**

  o Betrachte aktuelle Commitments aus der Perspektive deines Lebenswerks

  o Visualisiere, wie du am Lebensende auf diese Verpflichtungen zurückblicken möchtest

o   Dokumentiere diese langfristige
    Perspektive als Anker für schwierige
    Zeiten

Fallbeispiel: Marcos Commitment-Transformation

Marco, ein freiberuflicher Designer mit ADHS, kämpfte
jahrelang mit Inkonsistenz, unvollendeten Projekten und
der Unfähigkeit, längerfristige berufliche Ziele zu
verfolgen. Trotz zahlreicher Versuche mit
unterschiedlichen Produktivitätssystemen fiel er immer
wieder in reaktive, unstrukturierte Arbeitsmuster zurück.

Seine Transformation begann mit einem fundamentalen
Shift von motivations- zu commitment-basiertem
Handeln:

1. Er entwickelte eine commitment-basierte Identität:

    o   Er reframte seine Selbstwahrnehmung von
        "kreativer, aber unzuverlässiger Designer"
        zu "zuverlässiger Design-Profi mit
        kreativem Flair"

    o   Er schuf tägliche
        Identity-Affirmations-Praktiken

    o   Er dokumentierte täglich kleine "Beweise"
        für seine neue Identität

    o   Er gestaltete sein Arbeitsumfeld mit
        visuellen Symbolen dieser Identität

2. Er implementierte strategische
    Selbstbindungssysteme:

o   Er engagierte einen Accountability-Coach mit konkreten finanziellen Konsequenzen

o   Er nutzte die App "Beeminder" mit automatischen finanziellen Strafen bei Nichteinhaltung von Commitments

o   Er implementierte ein "Ablenkungsfreies" Designstudio mit technologischen Blockadesystemen

o   Er entwickelte ein gestaffeltes Konsequenzensystem für verschiedene Commitment-Level

3. Er schuf eine Community of Commitment:

o   Er gründete eine Mastermind-Gruppe mit vier anderen Design-Freelancern

o   Er etablierte ein strukturiertes wöchentliches Check-in-Protokoll

o   Er schuf ein "Commitment Buddy"-System mit täglichen Check-ins

o   Er begann, Workshops zum Thema konsistentes Arbeiten für andere Designer zu geben

4. Er verankerte seine Commitments in tieferem Sinn:

o   Er verbrachte Zeit mit Klienten, um die reale Wirkung seiner Arbeit zu erleben

o   Er formulierte ein persönliches "Design Purpose Statement"

- o Er führte ein "Impact Journal", das die positive Wirkung seiner Projekte dokumentierte

- o Er entwickelte eine Vision seines zehnjährigen Berufsjubiläums als freier Designer

Die Ergebnisse nach sechs Monaten waren bemerkenswert: Marcos Projektabschlussrate stieg von etwa 60% auf über 95%. Seine Kundenzufriedenheit verbesserte sich signifikant, was zu höheren Honoraren und mehr Empfehlungen führte. Noch wichtiger war jedoch die innere Transformation – er erlebte ein neues Gefühl von beruflicher Integrität und Selbstvertrauen. Was anfangs externe Strukturen erforderte, wurde zunehmend zu einer intrinsischen Identität. Wie er es ausdrückte: "Ich musste mich nicht mehr dazu zwingen, zuverlässig zu sein – es wurde einfach zu dem, wer ich bin."

9.6 Kontinuierliche Verbesserung als Lebensprinzip

Nachhaltige Produktivität und Motivation entstehen oft durch die Verinnerlichung kontinuierlicher Verbesserung als Lebensprinzip. Dieses von den Japanern als "Kaizen" bezeichnete Konzept – der Weg der kleinen, stetigen Verbesserungen – schafft einen Rahmen für lebenslanges Wachstum und anhaltende Handlungsfähigkeit.

Die Philosophie des Kaizen:

Kaizen basiert auf mehreren Kernprinzipien:

1. Prozessorientierung statt Ergebnisorientierung: Der Fokus liegt nicht primär auf Zielen, sondern auf der kontinuierlichen Verbesserung der Prozesse, die zu diesen Zielen führen.

2. Inkrementelle statt disruptive Veränderung: Kleine, konsistente Verbesserungen sind nachhaltiger und oft wirksamer als große, abrupte Transformationen.

3. Menschenzentriertheit: Verbesserung beginnt beim Menschen, nicht bei den Systemen – mit Fokus auf Entwicklung, nicht Kritik.

4. Kontinuität: Verbesserung ist kein einmaliges Projekt, sondern eine fortlaufende Praxis und Lebenseinstellung.

5. Systemisches Denken: Jeder Teil eines Systems beeinflusst das Ganze – Verbesserungen werden ganzheitlich betrachtet.

FOKUS-BOX

Kontinuierliche Verbesserung als Lebensprinzip transformiert die Produktivitätsreise von einem Ziel-fixierten Sprint in eine lebenslange Entdeckungsreise. Sie schafft eine Kultur der Neugier und des Wachstums, die intrinsisch motivierend ist und Stagnation verhindert.

Praktische Implementierung des Kaizen-Prinzips:

1. Die 1%-Verbesserungs-Methode: Diese Technik fokussiert auf kleine, tägliche Verbesserungen, die sich über Zeit exponentiell auswirken:

- **Die tägliche Kaizen-Frage:**

- o Stelle dir täglich die Frage: "Was könnte ich heute 1% besser machen?"

- o Fokussiere auf kleine, unmittelbar umsetzbare Verbesserungen

- o Implementiere mindestens eine dieser Mikroverbesserungen täglich

- **Das Kompound-Tracking:**

  - o Führe ein Journal deiner 1%-Verbesserungen

  - o Dokumentiere die kumulative Wirkung über Zeit

  - o Reflektiere monatlich über Muster und Entwicklungen

- **Die Habit-Stacking-Integration:**

  - o Verbinde Verbesserungsreflexionen mit bestehenden täglichen Gewohnheiten

  - o Implementiere kurze Reflexionsmomente in Übergangsphasen des Tages

  - o Schaffe Trigger für Verbesserungsgedanken im Alltag

2. Der Personal Kaizen-Zyklus: Diese Methode strukturiert kontinuierliche Verbesserung in einem systematischen Prozess:

- **Plan (Planen):**

- o Identifiziere konkrete Verbesserungsbereiche

- o Setze spezifische, messbare Verbesserungsziele

- o Entwickle detaillierte Aktionspläne

- **Do (Umsetzen):**

  - o Implementiere die geplanten Verbesserungen in kleinem Maßstab

  - o Sammle Daten während der Umsetzung

  - o Dokumentiere Beobachtungen und unerwartete Effekte

- **Check (Überprüfen):**

  - o Analysiere die Ergebnisse der Implementierung

  - o Vergleiche tatsächliche mit erwarteten Resultaten

  - o Identifiziere Lektionen und Erkenntnisse

- **Act (Handeln):**

  - o Standardisiere erfolgreiche Verbesserungen

  - o Passe bei Bedarf an oder verwirf ineffektive Änderungen

  - o Beginne den Zyklus mit neuen Verbesserungsideen

Implementiere diesen Zyklus in verschiedenen Zeitrahmen – täglich für kleine, wöchentlich für mittlere und monatlich/quartalsweise für größere Verbesserungen.

3. Die Experimentelle Mindset-Kultivierung: Diese Methode fördert eine wissenschaftliche Herangehensweise an Produktivitätsverbesserung:

- **Das persönliche Produktivitätslabor:**

    o Betrachte dein Arbeits- und Lebensumfeld als Experimentierraum

    o Formuliere klare Hypothesen für Verbesserungen

    o Definiere messbare Variablen zur Erfolgsbewertung

    o Führe strukturierte Experimente mit klaren Zeitrahmen durch

- **Die A/B-Testing-Methode:**

    o Teste systematisch Variationen deiner Methoden und Prozesse

    o Vergleiche Ergebnisse unter kontrollierten Bedingungen

    o Treffe datenbasierte Entscheidungen für Optimierungen

- **Die Experimental Log-Führung:**

    o Dokumentiere alle Verbesserungsexperimente systematisch

- Erfasse Hypothesen, Methoden, Ergebnisse und Schlussfolgerungen
- Erstelle eine persönliche "Wissensdatenbank" für Produktivitätserkenntnisse

4. Die Reflektion und Review-Systeme: Diese Methode etabliert strukturierte Reflexionszyklen für kontinuierliches Lernen:

- **Tägliches Review:**
  - 5-10 Minuten Endtagesreflexion
  - Fokus auf unmittelbare Erkenntnisse und Anpassungen
  - Identifikation von Verbesserungen für den nächsten Tag

- **Wöchentliches Review:**
  - 30-60 Minuten strukturierte Wochenreflexion
  - Analyse von Mustern und Trends
  - Mittel-Detail-Anpassungen an Systemen und Prozessen

- **Monatliches/Quartalsweises Review:**
  - 1-3 Stunden tiefere Reflexion
  - Umfassende Systemüberprüfung
  - Größere strategische Anpassungen

- **Jährliches Review:**

  o Halbtages- oder Tages-Reflexionsretreat

  o Fundamentale Überprüfung aller Systeme und Methoden

  o Langfristige Strategieanpassungen

Fallbeispiel: Sophies Kaizen-Transformation

Sophie, eine selbständige Projektmanagerin, fühlte sich in einem Produktivitätsplateau gefangen. Trotz solider Systeme und guter Arbeitsdisziplin erlebte sie wenig Wachstum und zunehmende Stagnationsgefühle. Ihre Produktivitätsmethoden hatten sich über Jahre kaum verändert – sie funktionierten ausreichend, aber ohne Weiterentwicklung.

Ihre Transformation begann mit der Integration des Kaizen-Prinzips in ihr Lebens- und Arbeitsmodell:

1. Sie implementierte die 1%-Verbesserungs-Methode:

   o Sie führte ein tägliches "Kaizen-Journal" mit einer spezifischen Verbesserungsfrage ein

   o Sie identifizierte jeden Tag mindestens eine kleine, umsetzbare Verbesserung

   o Sie dokumentierte konsequent Verbesserungen und deren kumulative Wirkung o   Sie verband die Kaizen-Reflexion mit ihrer morgendlichen Kaffeeroutine

2. Sie etablierte einen strukturierten persönlichen Kaizen-Zyklus:

    o   Sie implementierte ein wöchentliches "Verbesserungsboard" mit den vier PDCA-Phasen

    o   Sie entwickelte Templates für verschiedene Review-Zeitrahmen (täglich, wöchentlich, monatlich)

    o   Sie führte quartalsweise "Produktivitäts-Retrospektiven" ein

    o   Sie gestaltete jährliche "Kaizen-Retreats" für tiefergehende Systemüberprüfungen

3. Sie kultivierte eine experimentelle Mindset:

    o   Sie definierte ihr Arbeitssystem als "ständige Beta-Version"

    o   Sie plante und dokumentierte monatlich mindestens ein strukturiertes Produktivitätsexperiment

    o   Sie implementierte A/B-Tests für verschiedene Arbeitsroutinen

    o   Sie entwickelte ein "Erkenntnisarchiv" für gesammelte Produktivitätserkenntnisse

4. Sie schuf eine Community für kontinuierliche Verbesserung:

- o Sie gründete eine "Kaizen-Mastermind" mit drei anderen Selbstständigen

- o Sie etablierte monatliche Verbesserungs-Workshops mit Peer-Feedback

- o Sie begann einen "Kontinuierliche Verbesserungs"-Newsletter für Klienten

- o Sie implementierte ein System zum Sammeln und Integrieren externer Perspektiven

Die Ergebnisse nach einem Jahr kontinuierlicher Verbesserung waren beeindruckend: Sophies Produktivität stieg um etwa 35%, während ihre Arbeitszeit sich tatsächlich um 10% reduzierte. Ihre Kundenzufriedenheit erreichte Höchstwerte, und sie konnte ihre Honorare deutlich erhöhen. Noch wichtiger war jedoch die qualitative Veränderung: Sie beschrieb ein Gefühl von Lebendigkeit und kontinuierlichem Wachstum, das die frühere Stagnation ersetzte. Das Produktivitätsplateau hatte sich in eine fortlaufende Aufwärtsspirale verwandelt. Besonders wertvoll fand sie die Verschiebung vom Ergebnis- zum Prozessfokus – sie genoss die Reise selbst, nicht nur die Ziele.

9.7 Praktische Übungen und Reflexionen

Übung 1: Motivations-Profilanalyse Führe eine tiefgehende Analyse deiner persönlichen Motivationslandschaft durch:

- Reflektiere schriftlich über Zeiten höchster und niedrigster Motivation in deinem Leben

- Identifiziere deine Top-3 intrinsischen Motivatoren und wie sie sich in deinem Leben manifestieren

- Erkunde, wo du auf dem Motivationskontinuum stehst (von extern zu intern) für deine wichtigsten Aktivitäten

- Analysiere das Zusammenspiel deiner Annäherungs- und Vermeidungsmotivationen

- Entwickle eine "Motivationslandkarte" mit deinen Haupttreibern, Blockern und Mustern

- Erstelle einen konkreten Plan, um deine intrinsische Motivation in einem wichtigen Lebensbereich zu stärken

Übung 2: Persönliche Sinnstiftungs-Praxis Entwickle eine strukturierte Annäherung an tiefere Sinnfindung:

- Führe die komplette Ikigai-Übung durch (Was du liebst, Was du kannst, Was die Welt braucht, Wofür du bezahlt werden kannst)

- Erstelle ein persönliches "Purpose Statement" von 1-2 Sätzen

- Identifiziere 3-5 Kernwerte und definiere konkret, wie sie sich in täglichen Handlungen ausdrücken

- Entwickle ein Job-Crafting-Experiment für den kommenden Monat

- Führe zwei Wochen lang ein tägliches "Sinn-Tagebuch"

- Schaffe ein visuelles "Warum"-Board als tägliche Erinnerung

Übung 3: Resilienz-Toolkit-Entwicklung Erstelle dein personalisiertes System für den Umgang mit Rückschlägen:

- Dokumentiere detailliert deine letzten 3-5 signifikanten Produktivitätsrückschläge

- Analysiere deine typischen Reaktionsmuster und deren Effektivität

- Erstelle ein persönliches "Resilienz-Protokoll" mit konkreten Schritten

- Entwickle eine "Rückschlag-Erste-Hilfe-Box" mit sofort anwendbaren Techniken

- Sammle 3-5 inspirierende Resilience-Geschichten, die dich persönlich motivieren

- Definiere deine wichtigsten Resilienz-Ressourcen (intern und extern)

Übung 4: Motivationale Notfall-Strategie Entwickle einen Aktionsplan für motivationale Tiefphasen:

- Erstelle eine Liste deiner persönlichen "Motivationskiller" und Frühwarnsignale

- Entwickle ein gestuftes Interventionssystem von leichten bis intensiven Maßnahmen

- Definiere 3-5 Mikromotivatoren, die für dich besonders wirksam sind

- Erstelle eine Sammlung emotionaler Regulationstechniken für verschiedene Demotivationszustände

- Identifiziere deine wichtigsten sozialen Motivationsverstärker

- Schaffe einen physischen oder digitalen "Motivations-Notfallkoffer"

Übung 5: Commitment-Intensivierungsprogramm
Stärke deine Selbstverpflichtung für ein wichtiges Ziel oder Projekt:

- Formuliere eine klare Identitätsaussage in Verbindung mit diesem Ziel

- Entwickle ein System strategischer Selbstbindung mit konkreten Konsequenzen

- Schaffe mindestens eine bedeutsame soziale Accountability-Struktur

- Verbinde das Ziel explizit mit deinen tiefsten Werten und Lebenszwecken

- Gestalte ein persönliches Commitment-Ritual zur mentalen Verankerung

- Definiere deinen "Point of No Return" und plane, wie du ihn bewusst überschreiten wirst

Übung 6: Kontinuierliche Verbesserungs-Implementation Integriere Kaizen als Lebensprinzip:

- Starte ein 30-tägiges "1%-besser"-Tagebuch

- Entwickle dein persönliches PDCA-System für kontinuierliche Verbesserung

- Plane und implementiere ein strukturiertes Produktivitätsexperiment

- Etabliere ein gestaffeltes Review-System (täglich, wöchentlich, monatlich, quartalsweise)

- Schaffe eine "Erkenntnisbibliothek" für deine Produktivitätserkenntnisse

- Finde oder gründe eine Kaizen-orientierte Peer-Group

FOKUS-BOX: Kapitelzusammenfassung

- **Langfristige Motivation entsteht weniger durch Willenskraft als durch die bewusste Erfüllung psychologischer Grundbedürfnisse: Autonomie, Kompetenz und Verbundenheit**

- **Sinnstiftung ist der nachhaltigste Antriebsmotor für menschliches Handeln und kann durch Methoden wie die Ikigai-Analyse, Job-Crafting und Werteaktivierung kultiviert werden**

- **Der Umgang mit Rückschlägen und Plateaus erfordert spezifische Strategien wie das Resilienz-Protokoll, mentale Immunisierung und adaptive Attributionsmuster**

- **Für motivationale Tiefphasen sind konkrete Interventionen wie Mikromotivatoren, emotionale**

Regulationstechniken und kognitive Umstrukturierung unverzichtbar

- **Selbstverpflichtung bietet einen stabileren Handlungsanker als schwankende Motivation und kann durch identitätsbasierte Methoden, strategische Selbstbindung und tiefe Zweckverankerung gestärkt werden**

- **Kontinuierliche Verbesserung als Lebensprinzip transformiert Produktivität von einem Ziel in eine fortlaufende Reise und schafft nachhaltige Wachstumsspiralen**

Reflexionsfragen:

1. Welche deiner psychologischen Grundbedürfnisse (Autonomie, Kompetenz, Verbundenheit) wird in deinem aktuellen Leben am wenigsten erfüllt?

2. Wo erlebst du die tiefste Verbindung zwischen deinen täglichen Handlungen und einem größeren Sinn oder Zweck?

3. Wie reagierst du typischerweise auf Rückschläge, und welche dieser Reaktionen möchtest du transformieren?

4. Welche spezifischen Situationen oder Gedanken lösen bei dir regelmäßig motivationale Tiefs aus?

5. In welchen Bereichen deines Lebens würdest du von stärkerer Selbstverpflichtung am meisten profitieren?

6. Wie könntest du das Prinzip der kontinuierlichen Verbesserung konkreter in deinen Alltag integrieren?

Action-Steps für Kapitel 9:

1. Implementiere eine tägliche Praxis zur Stärkung intrinsischer Motivation in einem wichtigen Lebensbereich

2. Erstelle eine klare Verbindung zwischen deinen täglichen Aktivitäten und deinem tieferen Lebenszweck

3. Entwickle ein persönliches Resilienz-Protokoll für den Umgang mit Rückschlägen

4. Schaffe einen "Motivations-Notfallkoffer" für herausfordernde Phasen

5. Etabliere eine bedeutsame Selbstverpflichtungsstruktur für ein wichtiges Ziel

6. Starte ein 30-tägiges Experiment mit der 1%-Verbesserungs-Methode

Verstanden - ich werde Kapitel 10 klar und leicht verständlich schreiben, mit konkreten Anleitungen und praktischen Beispielen, damit der Leser die Konzepte gut nachvollziehen und umsetzen kann.

Kapitel 10

Das integrative Produktivitätssystem

"Systeme sind wichtiger als Ziele. Ziele setzen die Richtung, aber Systeme bestimmen den Fortschritt." - James Clear

In den vorherigen Kapiteln haben wir zahlreiche Konzepte, Strategien und Techniken kennengelernt, die für sich genommen bereits wertvoll sind. Ihre wahre Kraft entfalten sie jedoch erst, wenn sie zu einem persönlichen, integrierten Produktivitätssystem verbunden werden. In diesem Kapitel zeigen wir dir, wie du dein eigenes maßgeschneidertes System entwickelst, das alle Elemente produktiven Handelns harmonisch vereint.

10.1 Die Elemente eines persönlichen Produktivitätssystems

Ein wirkungsvolles Produktivitätssystem ist mehr als eine Sammlung von Techniken – es ist ein lebendiges Ganzes, dessen Teile sich gegenseitig verstärken und unterstützen. Um dieses System zu verstehen, betrachten wir zunächst seine Kernelemente und wie sie zusammenwirken.

Die grundlegende Systemarchitektur:

Ein vollständiges persönliches Produktivitätssystem umfasst fünf miteinander verbundene Kernelemente:

1. Das Klarheitssystem: Dieses Element sorgt für klare Prioritäten, Ziele und Intentionen. Es beantwortet die fundamentale Frage: "Was ist wirklich wichtig?"

Schlüsselkomponenten:

- Langfristige Vision und Lebensziele
- Werte und persönliche Leitprinzipien
- Rollenklarheit in verschiedenen Lebensbereichen
- Zielhierarchie (von langfristigen zu täglichen Zielen)
- Entscheidungskriterien für Prioritäten

2. Das Organisationssystem: Dieses Element strukturiert Aufgaben, Informationen und Ressourcen. Es beantwortet die Frage: "Wie behalte ich den Überblick und die Kontrolle?"

Schlüsselkomponenten:

- Aufgaben- und Projektmanagement
- Kalendersystem und Zeitplanung
- Informations- und Wissensmanagement
- Ressourcenorganisation (digital und physisch)
- Review- und Überprüfungsprozesse

3. Das Umsetzungssystem: Dieses Element unterstützt die tatsächliche Ausführung wichtiger Aufgaben. Es beantwortet die Frage: "Wie bringe ich mich dazu, das Wichtige tatsächlich zu tun?"

Schlüsselkomponenten:

- Fokus- und Tiefenarbeitsroutinen
- Gewohnheitsbildungsprozesse
- Ablenkungsmanagement
- Energy-Management und Erholung
- Prozessoptimierung für Kernaktivitäten

4. Das Motivationssystem: Dieses Element sorgt für langfristige Energie und Durchhaltevermögen. Es beantwortet die Frage: "Wie bleibe ich langfristig engagiert und widerstandsfähig?"

Schlüsselkomponenten:

- Sinnstiftung und Zweckverbindung
- Intrinsische Motivatoren
- Psychologische Selbstregulation
- Resilienz- und Rückschlagsmanagement
- Selbstverpflichtung und Accountability

5. Das Entwicklungssystem: Dieses Element gewährleistet kontinuierliche Verbesserung und Anpassungsfähigkeit. Es beantwortet die Frage: "Wie werde ich stetig besser?"

Schlüsselkomponenten:

- Reflexions- und Feedbackprozesse
- Experimentierkultur und Lerntechniken

- Skill-Entwicklung in Schlüsselbereichen

- Adaptionsprozesse für veränderte Bedingungen

- Mentor- und Lerngemeinschaften

FOKUS-BOX

Ein echtes Produktivitätssystem ist kein starres Konstrukt, sondern ein organisches, sich entwickelndes Ganzes. Die einzelnen Elemente müssen nahtlos zusammenarbeiten und sich gegenseitig verstärken. Ein System ist nur so stark wie sein schwächstes Element – deshalb ist es wichtig, alle fünf Kernbereiche zu entwickeln und aufeinander abzustimmen.

Die Integrationsprinzipien:

Damit diese Elemente tatsächlich als System funktionieren, müssen sie durch bestimmte Prinzipien verbunden werden:

1. Zirkuläre Kausalität: Jedes Element beeinflusst alle anderen in einem kontinuierlichen Kreislauf. Zum Beispiel:

- Klarere Ziele (Klarheitssystem) führen zu effektiverer Organisation (Organisationssystem)

- Bessere Umsetzung (Umsetzungssystem) stärkt die intrinsische Motivation (Motivationssystem)

- Tiefere Motivation (Motivationssystem) fördert kontinuierliche Verbesserung (Entwicklungssystem)

- Systematische Verbesserung (Entwicklungssystem) schärft Prioritäten (Klarheitssystem)

2. Kohärenz und Alignment: Alle Elemente müssen aufeinander abgestimmt sein und in die gleiche Richtung wirken:

- Deine Organisationsstrukturen sollten deine wichtigsten Ziele widerspiegeln

- Deine Umsetzungspraktiken sollten mit deinen Motivationsquellen harmonieren

- Deine Entwicklungsfokus sollte deine Kernprioritäten unterstützen

3. Proportionalität und Balance: Die Elemente müssen in einem ausgewogenen Verhältnis zueinander stehen:

- Zu viel Klarheit ohne Umsetzung führt zu Theoretisieren ohne Handeln

- Zu viel Umsetzung ohne Motivation führt zu Burnout

- Zu viel Organisation ohne Entwicklung führt zu Starrheit und Stagnation

4. Personalisierung und Kontextsensitivität: Das System muss deinen individuellen Bedürfnissen, Stärken und Umständen angepasst sein:

- Berücksichtigung persönlicher Arbeitsrhythmen und Energiemuster

- Anpassung an spezifische Arbeits- und Lebenskontexte

- Ausrichtung auf persönliche kognitive und emotionale Stile

5. Einfachheit und Minimalismus: Das System sollte so einfach wie möglich sein, aber nicht einfacher:

- Jede unnötige Komplexität erhöht die kognitive Belastung

- Die einfachste Lösung, die funktioniert, ist oft die beste

- Regelmäßige Vereinfachung und Reduzierung ist notwendig

Fallbeispiel: Julias integratives System

Julia, eine selbstständige Beraterin und zweifache Mutter, hatte über Jahre hinweg verschiedene Produktivitätstechniken ausprobiert. Einige funktionieren zeitweise gut, andere weniger, aber es fehlte die Kohärenz – die Techniken wirkten isoliert und nicht als unterstützendes Ganzes.

Ihre Transformation begann mit der bewussten Integration aller Elemente zu einem persönlichen System:

1. Ihr Klarheitssystem:

   o Sie entwickelte ein persönliches Leitbild mit drei Kernwerten (Wachstum, Verbindung, Beitrag)

   o Sie definierte klare Rollen in vier Lebensbereichen (Beraterin, Mutter, Partnerin, Selbst)

- o Sie schuf eine Zielhierarchie mit Jahreszielen, Quartalszielen und Wochenzielen

- o Sie implementierte eine "Wertefokus-Reflexion" für Prioritätsentscheidungen

2. Ihr Organisationssystem:

- o Sie nutzte eine digitale Aufgabenverwaltung (Todoist) für berufliche Projekte

- o Sie führte ein Bullet Journal für persönliche Planung und Reflexion

- o Sie implementierte ein PARA-System für digitale Informationsorganisation

- o Sie strukturierte ihren Kalender mit Zeitblöcken für verschiedene Aktivitätstypen

3. Ihr Umsetzungssystem:

- o Sie etablierte tägliche Deep-Work-Blöcke von 90 Minuten am Vormittag

- o Sie schuf ein "Kommunikations-Cockpit" für gebündelte Erreichbarkeit

- o Sie implementierte ein System zur Ablenkungsblockierung

- o Sie entwickelte Mikro-Workflows für wiederkehrende Kernprozesse

4. Ihr Motivationssystem:

- o Sie verband ihre tägliche Arbeit bewusst mit ihren Kernwerten

- o Sie schuf eine wöchentliche "Impact-Reflexion" zur Sichtbarmachung von Fortschritten

- o Sie etablierte eine Mastermind-Gruppe für Accountability und Unterstützung

- o Sie entwickelte spezifische Selbstregulationsstrategien für Energietiefs

5. Ihr Entwicklungssystem:

- o Sie implementierte einen wöchentlichen Review-Prozess

- o Sie führte monatliche Experimente mit neuen Arbeitsmethoden durch

- o Sie schuf quartalsweise "Strategie-Retreats" für tiefere Systemanpassungen

- o Sie arbeitete mit einem Coach für externe Perspektiven und Feedback

Die Ergebnisse dieses integrierten Ansatzes waren tiefgreifend: Nach sechs Monaten hatte Julia nicht nur ihre Produktivität um etwa 40% gesteigert, sondern erlebte auch ein deutlich höheres Maß an Zufriedenheit und Gleichgewicht. Besonders wertvoll war die Erfahrung eines "selbstverstärkenden Systems" – Verbesserungen in einem Bereich führten automatisch zu Fortschritten in anderen Bereichen, was einen positiven Aufwärtszyklus schuf.

10.2 Dein individuelles System aufbauen

Mit dem Verständnis der Grundelemente eines Produktivitätssystems können wir nun den praktischen Prozess betrachten, wie du dein eigenes, maßgeschneidertes System entwickelst. Dieser Prozess ist keine einmalige Aufgabe, sondern eine fortlaufende Reise der Entwicklung und Verfeinerung.

Der Systementwicklungsprozess:

Schritt 1: Aktuelle Bestandsaufnahme Beginne mit einer ehrlichen Analyse deiner aktuellen Situation:

- **Produktivitäts-Audit:**
    - Führe ein detailliertes Tracking deiner Aktivitäten für 1-2 Wochen durch
    - Dokumentiere tatsächliche Zeitverwendung, Energiemuster und Ergebnisse
    - Identifiziere Muster, Stärken, Schwächen und Hindernisse

- **Systemelement-Bewertung:**
    - Bewerte jedes der fünf Kernelemente auf einer Skala von 1-10
    - Identifiziere das schwächste und das stärkste Element
    - Analysiere, wie die Elemente derzeit interagieren (oder nicht)

- **Kontextanalyse:**

  - Betrachte deine spezifischen Lebens- und Arbeitsumstände

  - Identifiziere einzigartige Anforderungen, Einschränkungen und Möglichkeiten

  - Berücksichtige persönliche Präferenzen, Stärken und kognitive Stile

Schritt 2: Vision und Kernprinzipien definieren
Schaffe einen klaren Rahmen für dein System:

- **Produktivitäts-Vision:**

  - Definiere, was "optimale Produktivität" für dich persönlich bedeutet

  - Beschreibe, wie ein perfekt funktionierendes System für dich aussehen würde

  - Visualisiere konkret, welche Ergebnisse und Erfahrungen es ermöglichen soll

- **Persönliche Kernprinzipien:**

  - Identifiziere 3-5 Grundprinzipien, die dein System leiten sollen

  - Beispiele: Nachhaltigkeit, Flexibilität, Einfachheit, Integration, Menschlichkeit

  - Formuliere diese Prinzipien als klare Leitsätze für Entscheidungen

- **Nicht-Verhandelbares:**

- o Definiere absolute Prioritäten, die nie kompromittiert werden dürfen

- o Beispiele: Gesundheit, Familie, persönliche Werte, Qualitätsstandards

- o Schaffe klare Grenzen und Schutzmaßnahmen für diese Bereiche

Schritt 3: Systemelemente gestalten Entwickle nun jedes der fünf Kernelemente in einer auf dich zugeschnittenen Form:

- **Klarheitssystem gestalten:**

  - o Wähle eine Methode zur Wertc- und Zielklärung (z.B. Ikigai, Vision Board, OKRs)

  - o Entwickle eine Zielhierarchie von langfristig bis täglich

  - o Schaffe klare Entscheidungskriterien für Prioritätensetzung

  - o Implementiere regelmäßige Klarheitsroutinen

- **Organisationssystem gestalten:**

  - o Wähle Kerntools für Aufgaben-, Projekt- und Informationsmanagement

  - o Entwickle klare Workflows für verschiedene Informationstypen

  - o Gestalte dein Kalendersystem und Zeitplanungsansatz

- o Etabliere Review-Prozesse auf verschiedenen Zeitebenen

- **Umsetzungssystem gestalten:**

  - o Definiere deine Tiefenarbeits- und Fokusstrategien

  - o Entwickle Gewohnheitsbildungsprotokolle für Kerngewohnheiten

  - o Entwerfe Workflows für wiederkehrende Kernprozesse

  - o Implementiere Ablenkungsmanagement und Umgebungsgestaltung

- **Motivationssystem gestalten:**

  - o Verbinde tägliche Aktivitäten mit tieferem Sinn und Werten

  - o Etabliere Fortschrittsmessung und Erfolgsvisualisierung

  - o Entwickle Selbstregulationsstrategien für schwierige Phasen

  - o Schaffe Accountability-Strukturen und Unterstützungsnetzwerke

- **Entwicklungssystem gestalten:**

  - o Etabliere regelmäßige Reflexions- und Lernzyklen

  - o Entwickle einen Ansatz für kontinuierliche Experimente

- o Definiere Kernkompetenzen für fokussierte Weiterentwicklung

- o Schaffe Feedback-Mechanismen und Lerngemeinschaften

Schritt 4: Integration und Schnittstellengestaltung
Verbinde nun die Elemente zu einem kohärenten Ganzen:

- **System-Mapping:**

  - o Visualisiere, wie die Elemente zusammenarbeiten und sich gegenseitig beeinflussen

  - o Identifiziere kritische Schnittstellen zwischen den Elementen

  - o Erkenne potenzielle Konflikte oder Reibungspunkte

- **Workflow-Integration:**

  - o Entwerfe tägliche, wöchentliche, monatliche und quartalsweise Workflows

  - o Verbinde diese zu einem nahtlosen Gesamtprozess

  - o Achte auf Übergänge zwischen verschiedenen Aktivitätstypen

- **Rituelle Integration:**

  - o Schaffe Rituale als Verbindungspunkte zwischen Systemelementen

- o Beispiele: Morgenritual (verbindet Klarheit und Umsetzung), Wochenreview (verbindet Organisation und Entwicklung)

  - o Nutze Rituale als systemische Ankerpunkte

- **Tool-Integration:**

  - o Minimiere die Anzahl der Tools und maximiere deren Integration

  - o Schaffe klare Regeln, welches Tool wofür verwendet wird

  - o Eliminiere redundante oder konkurrierende Systeme

Schritt 5: Initiale Implementation Setze dein System schrittweise in die Praxis um:

- **Stufenweise Einführung:**

  - o Beginne mit den grundlegendsten Elementen oder dem schwächsten Glied

  - o Füge schrittweise weitere Komponenten hinzu

  - o Gib jeder Komponente Zeit zur Etablierung (mind. 2-3 Wochen)

- **Minimale Lebensfähige Version:**

  - o Starte mit der einfachsten Version, die grundlegend funktionieren kann

  - o Fokussiere auf Konsistenz statt Perfektion

- Baue lieber ein einfaches, funktionierendes System als ein komplexes, instabiles

- **Ritualisierte Startphase:**

  - Definiere eine klare "Systemstart"-Periode (30-90 Tage)

  - Schaffe zusätzliche Unterstützung und Accountability für diese Phase

  - Führe ein Tagebuch der Erfahrungen und Beobachtungen

- **Erwartungsmanagement:**

  - Rechne mit Anpassungsschwierigkeiten und "Systemreibung" zu Beginn

  - Plane bewusst Zeit für Anpassungen und Korrekturen ein

  - Halte die Balance zwischen Konsequenz und Flexibilität

FOKUS-BOX

Der Aufbau eines persönlichen Produktivitätssystems ist ein organischer, evolutionärer Prozess – kein mechanisches Zusammensetzen von Teilen. Beginne mit einem einfachen, funktionstüchtigen Grundsystem und entwickle es schrittweise weiter, während du es aktiv nutzt. Authentische Systeme wachsen von innen, sie werden nicht von außen auferlegt.

Häufige Systemfehler vermeiden:

1. Über-Engineered-Systeme: Zu komplexe, detaillierte Systeme mit zu vielen beweglichen Teilen brechen oft unter ihrem eigenen Gewicht zusammen.

Gegenmaßnahmen:

- Implementiere die "Minimalismus-Regel": Jedes Element muss seinen Platz rechtfertigen

- Führe regelmäßige "Systemvereinfachungen" durch

- Frage bei jeder Komponente: "Kann ich dasselbe Ergebnis einfacher erreichen?"

2. Fragmentierte Systeme: Nicht integrierte, isolierte Produktivitätstechniken ohne kohärenten Zusammenhang erzeugen mehr Reibung als Nutzen.

Gegenmaßnahmen:

- Schaffe explizite Verbindungen zwischen verschiedenen Systemelementen

- Reduziere die Anzahl der verwendeten Tools und Methoden

- Entwickle klare Workflows, die alle Systemelemente verbinden

3. Rigide Systeme: Zu starre, unflexible Systeme zerbrechen, sobald sich Umstände ändern oder unerwartete Situationen eintreten.

Gegenmaßnahmen:

- Baue bewusste Flexibilitätsmechanismen und Kontingenzpläne ein

- Implementiere regelmäßige Anpassungszyklen

- Gestalte ein System mit mehreren Funktionsmodi (Normal, Intensiv, Minimal)

4. Theoretische Systeme: Elegant konzipierte Systeme, die in der Praxis zu aufwändig oder unrealistisch sind, scheitern an der Realitätsprüfung.

Gegenmaßnahmen:

- Teste jede Komponente in der realen Welt, bevor du sie vollständig integrierst

- Implementiere neue Elemente schrittweise und evaluiere ihre praktische Wirkung

- Passe Theorien an deine tatsächliche Lebenssituation an, nicht umgekehrt

5. Unstimmige Systeme: Systeme, die nicht mit deiner Persönlichkeit, deinen Werten oder deinem Kontext harmonieren, erzeugen inneren Widerstand.

Gegenmaßnahmen:

- Überprüfe jede Systemkomponente auf Übereinstimmung mit deinen Werten und Präferenzen

- Achte auf emotionale Reaktionen während der Systemnutzung

- Adaptiere bewährte Methodiken an deinen persönlichen Stil statt sie zu kopieren

Fallbeispiel: Markus' Systemevolution

Markus, ein mittlerer Manager in einem Technologieunternehmen und Vater von zwei Kindern, hatte wiederholt versucht, Produktivitätssysteme zu implementieren – von GTD über Bullet Journaling bis zu verschiedenen digitalen Lösungen. Jeder Versuch begann enthusiastisch, verlor aber nach einigen Wochen an Schwung und wurde schließlich aufgegeben.

Seine Transformation begann mit einem anderen Ansatz – dem schrittweisen Aufbau eines authentischen, integrierten Systems:

1. Er startete mit einer ehrlichen Bestandsaufnahme:

    o Er führte ein 14-tägiges Aktivitäts- und Energietracking durch

    o Er analysierte Muster in erfolgreichen vs. gescheiterten früheren Produktivitätsansätzen

    o Er identifizierte seine Hauptproduktivitätshindernisse (Reaktivität, mangelnde Fokuszeit, Kontextwechsel)

2. Er definierte seine Kernprinzipien:

    o Er formulierte sein persönliches Produktivitätsverständnis: "Maximale Wirkung bei nachhaltigem Energieniveau"

    o Er definierte vier Grundprinzipien: Nachhaltigkeit, Einfachheit, Kontextanpassung, Menschlichkeit

- Er legte drei nicht-verhandelbare Prioritäten fest: Familienzeit, Gesundheit, Kernprojekte

3. Er entwickelte eine "Minimale Lebensfähige Version" seines Systems:

- **Klarheitssystem:** Wöchentliche Zielklarheit mit drei priorisierten Projekten

- **Organisationssystem:** Eine zentrale digitale Aufgabenliste plus analoges Notizbuch

- **Umsetzungssystem:** Zwei 90-Minuten-Tiefenarbeitsblöcke täglich, Kommunikations-Batching

- **Motivationssystem:** Tägliches "Warum"-Journaling, wöchentliche Erfolgsreflexion

- **Entwicklungssystem:** Monatliches System-Review, ein Produktivitätsexperiment pro Monat

4. Er implementierte sein System schrittweise:

- Monat 1: Fokus auf Klarheits- und Umsetzungssystem

- Monat 2: Integration des Organisations- und Motivationssystems

- Monat 3: Hinzufügen des Entwicklungssystems

- Monat 4-6: Kontinuierliche Verfeinerung basierend auf realen Erfahrungen

5. Er schuf kritische Integrationsmomente:

   - Ein 15-minütiges Morgenritual zur Aktivierung aller Systemelemente

   - Ein 30-minütiges Wochenreview als zentraler Systemankerpunkt

   - Kontextspezifische "Systemmodi" für verschiedene Arbeitssituationen

Die Ergebnisse waren transformativ: Nach sechs Monaten hatte Markus ein funktionierendes, personalisiertes System etabliert, das – anders als frühere Versuche – nachhaltig Bestand hatte. Seine Produktivität in Kernprojekten stieg um etwa 35%, während sein Stresslevel sank und seine Familienpräsenz sich verbesserte. Der Schlüssel zum Erfolg lag in der schrittweisen, organischen Entwicklung eines authentischen Systems, das zu seiner spezifischen Situation passte – statt der Übernahme eines vordefinierten "Produktivitätsrezepts".

10.3 Regelmäßige Systemrevisionen durchführen

Ein Produktivitätssystem ist niemals "fertig" – es muss sich kontinuierlich weiterentwickeln, um mit veränderten Umständen, wachsenden Anforderungen und deiner persönlichen Entwicklung Schritt zu halten. Regelmäßige, strukturierte Systemrevisionen sind daher ein unverzichtbarer Teil jedes erfolgreichen Produktivitätsansatzes.

Die Hierarchie der Systemrevisionen:

Ein vollständiger Revisionsansatz umfasst verschiedene Zeitebenen, jede mit spezifischem Fokus und Tiefe:

1. Tägliche Mikro-Revision (5-10 Minuten): Diese kurze, tägliche Überprüfung fokussiert auf unmittelbare Anpassungen und Lernpunkte.

Kernfragen:

- Was hat heute gut funktioniert? Was nicht?
- Welche kleinen Anpassungen könnte ich morgen vornehmen?
- Gab es System-Reibungspunkte oder Ineffizienzen?

Implementierung:

- Integriere diese Revision in ein Tagesabschlussritual
- Halte sie bewusst kurz und aktionsorientiert
- Dokumentiere Erkenntnisse in einem System-Journal

2. Wöchentliche Basis-Revision (20-30 Minuten): Diese wöchentliche Überprüfung bietet einen breiteren Blick auf Systemmuster und -performance.

Kernfragen:

- Wie gut hat jedes Systemelement diese Woche funktioniert?

- Welche Muster oder wiederkehrenden Probleme sind aufgetreten?

- Welche konkreten Anpassungen sollte ich für die kommende Woche vornehmen?

- Entspricht mein System weiterhin meinen aktuellen Prioritäten?

Implementierung:

- Etabliere einen festen wöchentlichen Zeitpunkt (z.B. Sonntagabend oder Freitagnachmittag)

- Nutze eine Checkliste oder Template für Konsistenz

- Dokumentiere Beobachtungen und entscheide konkrete Anpassungen

3. Monatliche System-Revision (60-90 Minuten): Diese tiefere monatliche Überprüfung ermöglicht substanziellere Anpassungen und Optimierungen.

Kernfragen:

- Welche größeren Muster zeigen sich in meinem Systemgebrauch?

- Welche Elemente erfordern bedeutendere Anpassungen oder Neugestaltung?

- Gibt es neue Anforderungen oder Kontextveränderungen zu berücksichtigen?

- Sind alle Systemelemente noch optimal integriert?

Implementierung:

- Plane diese Revision als dediziertes Meeting mit dir selbst

- Nutze Daten und Beobachtungen aus täglichen und wöchentlichen Revisionen

- Dokumentiere sowohl Analysen als auch konkrete Anpassungspläne

4. Quartalsweise Tiefenrevision (2-3 Stunden): Diese umfassende Überprüfung alle drei Monate ermöglicht grundlegendere Systemanpassungen.

Kernfragen:

- Unterstützt mein System optimal meine langfristigen Ziele und Werte?

- Welche Systemelemente erfordern eine fundamentale Überarbeitung?

- Wie haben sich meine Bedürfnisse, Kontexte oder Prioritäten verändert?

- Gibt es neue Methoden oder Tools, die ich integrieren sollte?

- Welche Teile meines Systems sollten vereinfacht oder eliminiert werden?

Implementierung:

- Schaffe einen dedicated "Retreat"-Zeitraum für diese Revision

- Betrachte sowohl quantitative Daten als auch qualitative Erfahrungen

- Entwickle einen konkreten 90-Tage-Plan für Systemverbesserungen

5. Jährliche System-Neubewertung (Halbtag oder Tag): Diese fundamentale, jährliche Überprüfung hinterfragt grundlegende Annahmen und Strukturen.

Kernfragen:

- Entspricht mein Gesamtsystem noch meiner Lebensphase und -situation?

- Welche grundlegenden Überzeugungen oder Annahmen sollte ich überdenken?

- Wie haben sich meine langfristigen Ziele, Werte oder Prioritäten entwickelt?

- Sollte ich größere Teile meines Systems neu konzipieren?

- Was sind meine wichtigsten Produktivitätslektionen des vergangenen Jahres?

Implementierung:

- Plane einen dedizierten Produktivitäts-Retreat-Tag

- Betrachte sowohl das große Ganze als auch spezifische Systemelemente

- Entwickle einen umfassenden Plan für Evolution oder Transformation

FOKUS-BOX

Regelmäßige Systemrevisionen sind keine optionalen Extras, sondern integraler Bestandteil eines funktionierenden Produktivitätssystems. Sie

verwandeln dein System von einem statischen Konstrukt in einen lebendigen, lernenden Organismus, der sich kontinuierlich weiterentwickelt und verbessert.

Der Revisionsprozess im Detail:

1. Datensammlung und Vorbereitung: Eine effektive Revision beginnt mit gründlicher Vorbereitung:

- **Quantitative Daten:**

    o Produktivitätsmetriken (erledigte Aufgaben, abgeschlossene Projekte, etc.)

    o Zeitverwendungsanalysen

    o Konsistenztracking für Kerngewohnheiten

    o Systemnutzungsmuster

- **Qualitative Informationen:**

    o Subjektive Erfahrungen und Empfindungen

    o Reibungs- und Frustrationspunkte

    o Erfolgsmomente und positive Erfahrungen

    o Feedback von anderen (Kollegen, Familie, Mentoren)

- **Kontextinformationen:**

    o Aktuelle und kommende Projekte und Anforderungen

    o Veränderte Lebens- oder Arbeitsumstände

o Neue Rollen oder Verantwortlichkeiten

o Saisonale oder zyklische Faktoren

2. Systematische Bewertung: Analysiere dein System anhand konkreter Kriterien:

- **Effektivitätsbewertung:**

  o Erreicht das System die beabsichtigten Ergebnisse?

  o Wo ist die Diskrepanz zwischen Intention und Realität am größten?

  o Welche Systemelemente liefern den größten positiven Impact?

- **Effizienzüberprüfung:**

  o Verursacht das System unnötigen Overhead oder Reibung?

  o Welche Elemente erfordern unverhältnismäßig viel Pflege oder Aufwand?

  o Gibt es Redundanzen oder Doppelarbeit?

- **Nachhaltigkeitscheck:**

  o Ist das System langfristig aufrechterhaltbar?

  o Gibt es Anzeichen von Ermüdung oder Überlastung?

- o Ist das System flexibel genug für wechselnde Umstände?

- **Integrationsanalyse:**

  - o Funktionieren die Systemelemente harmonisch zusammen?

  - o Gibt es Konflikte oder Widersprüche zwischen verschiedenen Teilen?

  - o Existieren Lücken oder blinde Flecken im Gesamtsystem?

3. Anpassung und Evolution: Basierend auf der Analyse, entwickle konkrete Anpassungsstrategien:

- **Optimierung:**

  - o Feinabstimmung funktionierender Elemente

  - o Reduzierung von Reibung und Ineffizienzen

  - o Verstärkung erfolgreicher Komponenten

- **Transformation:**

  - o Fundamentale Neugestaltung problematischer Systemteile

  - o Integration neuer Methoden oder Tools

  - o Entwicklung alternativer Ansätze für hartnäckige Probleme

- **Simplifikation:**

- o   Elimination unnötiger Komplexität

- o   Konsolidierung redundanter Prozesse

- o   Verschlankung überkomplizierter Workflows

- **Erweiterung:**

  - o   Hinzufügen fehlender Komponenten

  - o   Schließen identifizierter Systemlücken

  - o   Entwicklung neuer Kapazitäten für veränderte Anforderungen

4. Implementation und Evaluation: Setze Änderungen strukturiert um und überwache ihre Wirkung:

- **Stufenweise Implementation:**

  - o   Priorisiere Änderungen nach Impact und Aufwand

  - o   Führe Veränderungen schrittweise ein

  - o   Gib jeder Änderung ausreichend Testzeit

- **Feedback-Loops:**

  - o   Etabliere klare Erfolgskriterien für Änderungen

  - o   Sammle aktiv Daten zur Wirksamkeit

  - o   Nimm weitere Anpassungen basierend auf Feedback vor

- **Lernerfassung:**

- o Dokumentiere Erkenntnisse aus dem Anpassungsprozess

- o Identifiziere Muster in erfolgreichen vs. erfolglosen Änderungen

- o Entwickle ein Repository von Lektionen für zukünftige Revisionen

Fallbeispiel: Annas systematische Revolutionen

Anna, eine erfahrene Projektmanagerin und Mutter von drei Kindern, hatte ein solides Produktivitätssystem entwickelt, das für mehrere Jahre gut funktionierte. Mit veränderten beruflichen Anforderungen, dem Heranwachsen ihrer Kinder und neuen persönlichen Interessen bemerkte sie jedoch zunehmende "Systemspannungen" – was einst optimal war, passte nicht mehr ideal zu ihrer aktuellen Lebenssituation.

Ihre Transformation begann mit der Implementation eines strukturierten Revisionsansatzes:

1. Sie etablierte eine Revisionshierarchie:

   - o Tägliche 5-Minuten-Reflexion am Arbeitsende

   - o 30-minütiges Wochenreview jeden Freitagnachmittag

   - o 90-minütiges Monatsreview am letzten Sonntag des Monats

   - o Halbtägiges Quartalsreview mit Rückzug in eine Bibliothek

- o Jährlicher "Produktivitäts-Retreat-Tag" in einem ruhigen Hotel

2. Sie entwickelte spezifische Templates für jede Revisionsebene:

- o Tägliches Template: 3 Fragen zu Systemfunktion und kleinen Anpassungen

- o Wöchentliches Template: Strukturierte Bewertung aller fünf Systemelemente

- o Monatliches Template: Tiefere Analysen und mittelgroße Anpassungsplanung

- o Quartalstemplate: Umfassende Wirksamkeitsprüfung und größere Neugestaltungen

- o Jahrestemplate: Fundamentale Überprüfung aller Systemannahmen und -strukturen

3. Sie implementierte ein "System-Evolutionstagebuch":

- o Dokumentation aller Systemänderungen und deren Wirkung

- o Entwicklung persönlicher "Produktivitätsgesetze" aus Erfahrungen

- o Sammlung von Mustern erfolgreicher vs. erfolgloser Anpassungen

- o Tracking langfristiger Systemtrends und -entwicklungen

Die Ergebnisse dieses Revisionsansatzes waren tiefgreifend: Nach zwei Jahren berichtete Anna von einem "selbstevolvierenden System", das sich organisch an neue Umstände anpasste und kontinuierlich verfeinerte. Besonders wertvoll war die Balance zwischen Stabilität und Flexibilität – ihr System bewahrte seine Grundstruktur und -prinzipien, während es sich gleichzeitig an veränderte Bedingungen anpasste. Die regelmäßigen Revisionen ermöglichten subtile Kursanpassungen, die größere "Systemzusammenbrüche" verhinderten und eine kontinuierliche Evolution statt periodischer kompletter Neuanfänge ermöglichten.

10.4 Balance finden: Arbeit, Leben und Wohlbefinden

Ein wahrhaft effektives Produktivitätssystem dient nicht nur der Leistungssteigerung, sondern dem ganzheitlichen Wohlbefinden. Es schafft nicht nur herausragende Ergebnisse, sondern unterstützt ein erfülltes, ausgewogenes Leben. Die Integration von Produktivität und Wohlbefinden ist daher ein zentrales Element eines nachhaltigen Systems.

Die Dimensionen der Produktivitäts-Wohlbefindens-Balance:

Ein ganzheitliches System berücksichtigt verschiedene Dimensionen des Wohlbefindens:

1. Physisches Wohlbefinden: Die körperliche Dimension umfasst Energie, Gesundheit und physiologische Bedürfnisse.

Integrationselemente:

- Energiemanagement-Routinen

- Bewegungsintegrationen in den Arbeitsfluss

- Schlaf-Optimierung als Produktivitätsstrategie

- Ernährungsbewusstsein für kognitive Performance

2. Emotionales Wohlbefinden: Die emotionale Dimension umfasst Gefühlsregulation, Stressmanagement und inneres Gleichgewicht.

Integrationselemente:

- Emotionales Selbstregulationssystem

- Stressreduktionsroutinen als Produktivitätspraktiken

- Positive Emotionskultivierung als Leistungsverstärker

- Work-Recovery-Zyklen für emotionale Nachhaltigkeit

3. Mentales Wohlbefinden: Die kognitive Dimension umfasst Fokus, Klarheit und geistige Gesundheit.

Integrationselemente:

- Kognitive Belastungsmanagement-Strategien

- Mentale Erholungspraktiken

- Konzentrations- und Aufmerksamkeitsmanagement

- Informationsfilterung und -begrenzung

4. Soziales Wohlbefinden: Die soziale Dimension umfasst bedeutungsvolle Beziehungen und Verbindungen.

Integrationselemente:

- Beziehungsprioritäten in Zeitplanung

- Qualitätspräsenz vs. Quantitätszeit

- Kommunikationsrhythmen mit wichtigen Bezugspersonen

- Soziale Energiemanagement-Strategien

5. Sinn-Wohlbefinden: Die existenzielle Dimension umfasst Zweck, Bedeutung und Wertausrichtung.

Integrationselemente:

- Werteklarheit als Entscheidungsgrundlage

- Sinnverbindung in täglichen Aktivitäten

- Alignment von Produktivität und persönlichem Zweck

- Reflexionspraktiken für tiefere Bedeutung

FOKUS-BOX

Wahre Produktivität und echtes Wohlbefinden sind keine Gegensätze, sondern Verbündete. Ein gut gestaltetes System erzeugt nicht Leistung auf Kosten des Wohlbefindens, sondern nutzt Wohlbefinden als Fundament für nachhaltige Höchstleistung. Die Frage ist nicht "Produktivität oder Wohlbefinden?", sondern "Wie können Produktivität und Wohlbefinden sich gegenseitig verstärken?"

Strategien für die Produktivitäts-Wohlbefindens-Integration:

1. Die Rhythmus-Integrationsstrategie: Diese Methode nutzt natürliche Rhythmen und Zyklen, um Produktivität und Wohlbefinden zu harmonisieren:

- **Makro-Rhythmen:**

  o Jahresrhythmen mit intensiveren und entspannteren Phasen

  o Saisonale Produktivitätsanpassungen

  o Arbeit-Erholung-Zyklen über größere Zeiträume

- **Meso-Rhythmen:**

  o Wochenrhythmen mit klaren Arbeits- und Erholungsphasen

- o Projektrhythmen mit Sprint- und Konsolidierungsphasen

- o Energie-basierte Aktivitätsplanung über mittlere Zeiträume

- **Mikro-Rhythmen:**

  - o Tagesrhythmen basierend auf persönlichen Energiekurven

  - o Fokus-Erholungs-Zyklen innerhalb des Tages

  - o Bewusste Übergänge zwischen verschiedenen Aktivitätsmodi

2. Die Grenzen-Gestaltungs-Strategie: Diese Methode etabliert klare, aber flexible Grenzen zwischen verschiedenen Lebensbereichen:

- **Zeitliche Grenzen:**

  - o Definierte Arbeitszeiten mit klaren Start- und Endpunkten

  - o Geschützte Zeiten für persönliche Prioritäten und Beziehungen

  - o Überlappungsfreie Zeitblöcke für verschiedene Lebensbereiche

- **Räumliche Grenzen:**

  - o Dedizierte Räume für unterschiedliche Aktivitäten

- o Physische Trennung zwischen Arbeits- und Erholungsbereichen
- o Bewusste Raumgestaltung für verschiedene Lebensdimensionen

- **Mentale Grenzen:**

  - o Kognitive Trennung zwischen verschiedenen Lebensbereichen
  - o Mentale Abschlussrituale für Kontextwechsel
  - o Präsenzpraktiken für vollständiges Engagement im jeweiligen Kontext

3. Die Werteintegration-Strategie: Diese Methode verankert Produktivität und andere Lebensbereiche in einem gemeinsamen Wertesystem:

- **Werte-Mapping:**

  - o Identifikation von Kernwerten, die alle Lebensbereiche verbinden
  - o Explizite Verbindung zwischen Werten und spezifischen Aktivitäten
  - o Entwicklung eines integrierten Werte-Frameworks

- **Werte-basierte Priorisierung:**

  - o Entscheidungsfindung basierend auf Werteübereinstimmung

- o Ausbalancierung verschiedener Wertedimensionen

- o Regelmäßige Werte-Alignment-Checks

- **Werte-Rituale:**

  - o Etablierung von Praktiken, die Kernwerte aktivieren und verankern

  - o Regelmäßige Reflexion über Wertekonsistenz

  - o Bewusste Kultivierung wertealignierter Aktivitäten

4. Die Energie-Management-Strategie: Diese Methode fokussiert auf Energie statt nur auf Zeit als kritische Ressource:

- **Energie-Tracking:**

  - o Monitoring persönlicher Energiemuster über verschiedene Zeiträume

  - o Identifikation von Energiegebern und Energienehmern

  - o Entwicklung eines persönlichen "Energiekennungsystems"

- **Energie-Allokation:**

  - o Zuweisung hochenergetischer Zeiten für Prioritätsaktivitäten

  - o Strategische Platzierung erholender Aktivitäten

- Komplementäre Aktivitätssequenzen für optimales Energiemanagement

- **Energie-Kultivierung:**

  - Implementierung gezielter Praktiken zur Energiesteigerung

  - Elimination energieverbrauchender Gewohnheiten

  - Entwicklung nachhaltiger Energieerhaltungsroutinen

Fallbeispiel: Davids integrierte Balance

David, ein erfolgreicher Unternehmer und Vater zweier Teenager, kämpfte jahrelang mit dem klassischen Dilemma "erfolgreich auf der Arbeit, aber Leben aus dem Gleichgewicht". Trotz beeindruckender beruflicher Leistungen fühlte er sich erschöpft, emotional distanziert und zunehmend unzufrieden. Sein Produktivitätssystem war auf geschäftliche Ergebnisse optimiert, aber ignorierte andere Lebensdimensionen.

Seine Transformation begann mit der bewussten Integration von Produktivität und Wohlbefinden:

1. Er implementierte ein rhythmusbasiertes System:

   - Er gestaltete ein "Jahresrhythmus-Rad" mit intensiveren und entspannteren Geschäftsphasen

   - Er etablierte einen klaren wöchentlichen Rhythmus mit zwei komplett arbeitsfrei Tagen

- o Er gestaltete seinen Arbeitstag nach seiner natürlichen Energiekurve mit kreativer Arbeit am Morgen und administrativen Aufgaben am Nachmittag

- o Er integrierte 90/20-Zyklen (90 Minuten Tiefenarbeit, 20 Minuten Erholung) in seinen Tagesablauf

2. Er schuf klare, aber durchlässige Grenzen:

- o Er richtete ein separates Home-Office mit "Arbeitsonly"-Regel ein

- o Er etablierte ein striktes "keine Geschäftskommunikation nach 19 Uhr" Protokoll

- o Er entwickelte bewusste Übergangsrituale zwischen Arbeit und Familie

- o Er implementierte einen "Digital Sunset" eine Stunde vor dem Schlafengehen

3. Er verankerte sein System in einem integrierten Werte-Framework:

- o Er identifizierte vier Kernwerte, die alle Lebensbereiche durchdringen: Wachstum, Verbundenheit, Kreativität und Integrität

- o Er überprüfte seine Aktivitäten auf Werteübereinstimmung

- o Er entwickelte eine wertbasierte Entscheidungsmatrix für Prioritäten

- Er schuf tägliche und wöchentliche Werteaktivierungsrituale

4. Er entwickelte ein ganzheitliches Energiemanagement-System:

   - Er identifizierte seine wichtigsten Energiequellen: kreative Projekte, Qualitätszeit mit Familie, körperliche Aktivität, Natur, tiefe Gespräche

   - Er eliminierte systematisch Energie-Drains wie unnötige Meetings, toxic Beziehungen und Informationsüberflutung

   - Er integrierte "Energieaufladestationen" in seinen Tagesablauf

Die Ergebnisse waren transformativ: Nach einem Jahr berichtete David nicht nur von verbesserter Geschäftsperformance, sondern von einem fundamentalen Wandel in Lebenszufriedenheit und Wohlbefinden. Besonders wertvoll war die Erkenntnis, dass Produktivität und Wohlbefinden keine konkurrierenden Ziele waren, sondern sich gegenseitig verstärkten. Seine verbesserte Präsenz und emotionale Balance führten zu besseren geschäftlichen Entscheidungen, während sein nachhaltigerer Arbeitsstil seine kreative Leistungsfähigkeit steigerte. Wie er es ausdrückte: "Ich arbeite nicht weniger – ich arbeite besser, weil ich besser lebe."

10.5 Vom Einzelkämpfer zur Produktivitätsgemeinschaft

Während persönliche Produktivität oft als individuelles Unterfangen betrachtet wird, liegt ein tiefgreifender Multiplikator in der sozialen Dimension – der bewussten Kultivierung von Produktivitätsgemeinschaften. Diese Gemeinschaften können die individuelle Handlungsfähigkeit erheblich verstärken und zu einer nachhaltigeren Produktivitätskultur beitragen.

Die Kraft der Produktivitätsgemeinschaft:

Gemeinschaften verstärken individuelle Produktivität durch verschiedene Mechanismen:

1. Geteilte Motivation: Gemeinsame Ziele und gegenseitige Ermutigung schaffen eine stärkere und nachhaltigere Motivationsbasis als rein individuelle Antriebe.

2. Kollektive Intelligenz: Die Kombination verschiedener Perspektiven, Erfahrungen und Ideen führt zu besseren Lösungen als isoliertes Denken.

3. Gegenseitige Accountability: Soziale Verpflichtung ist ein mächtiger Handlungstreiber, der individuelles Commitment verstärkt und stabilisiert.

4. Ressourcen-Synergie: Gemeinschaften ermöglichen das Poolen von Ressourcen, Fähigkeiten und Werkzeugen, was die individuellen Kapazitäten erweitert.

5. Emotionale Unterstützung: Geteilte Herausforderungen, gegenseitiges Verständnis und Ermutigung bieten emotionale Resilienz in schwierigen Phasen.

FOKUS-BOX

"Wenn du schnell gehen willst, gehe allein. Wenn du weit gehen willst, gehe mit anderen." Dieses afrikanische Sprichwort erfasst die Essenz der Produktivitätsgemeinschaft. Der Weg zu außergewöhnlicher, nachhaltiger Produktivität ist keine Solopilgerreise, sondern eine gemeinsame Expedition, bei der sich die Stärken und Ressourcen aller Beteiligten multiplizieren.

Arten von Produktivitätsgemeinschaften:

Verschiedene Gemeinschaftsformen dienen unterschiedlichen Produktivitätszwecken:

1. Accountability-Partnerschaften: Diese 1:1-Beziehungen fokussieren auf gegenseitige Verantwortlichkeit und Unterstützung.

Kernmerkmale:

- Regelmäßige Check-ins und Fortschrittsberichte

- Gegenseitiges Feedback und Unterstützung

- Komplementäre Stärken und Schwächen

- Tiefes gegenseitiges Verständnis

Implementierung:

- Wähle einen Partner mit ähnlichen Werten, aber potenziell unterschiedlichen Stärken

- Etabliere klare Struktur und Erwartungen

- Schaffe regelmäßige Check-in-Mechanismen

- Entwickle ein gemeinsames "Accountability-Protokoll"

2. Mastermind-Gruppen: Diese kleinen Gruppen (3-6 Personen) fokussieren auf strategische Unterstützung und Wachstum.

Kernmerkmale:

- Regelmäßige strukturierte Treffen

- Tiefgehende Problemlösung und Strategieentwicklung

- Gemeinsames Lernen und Wissensaustausch

- Langfristige Beziehungen und Entwicklung

Implementierung:

- Wähle Mitglieder mit ähnlichem Ambitionsniveau, aber diversen Perspektiven

- Entwickle ein klares Meeting-Format und -Rhythmus

- Etabliere Vertraulichkeitsregeln und psychologische Sicherheit

- Schaffe Raum sowohl für Herausforderungen als auch Erfolge

3. Arbeitsgemeinschaften: Diese Gruppen fokussieren auf gemeinsame produktive Arbeitssessions.

Kernmerkmale:

- Synchrone Arbeitsphasen (persönlich oder virtuell)
- Gemeinsame Fokusperioden und Pausen
- Soziale Präsenz ohne ständige Interaktion
- Geteilte Produktivitätsrituale

Implementierung:

- Finde Mitglieder mit kompatiblen Arbeitsrhythmen
- Etabliere klare Fokus- und Interaktionsregeln
- Schaffe eine förderliche gemeinsame Arbeitsumgebung
- Entwickle gemeinsame Produktivitätsrituale

4. Lerngemeinschaften: Diese Gruppen fokussieren auf gemeinsames Lernen und Skill-Entwicklung.

Kernmerkmale:

- Geteilte Lernziele und -ressourcen
- Gegenseitiges Lehren und Mentoring
- Gemeinsame Experimente und Praxis
- Wissensaustausch und -dokumentation

Implementierung:

- Identifiziere gemeinsame Lerninteressen und -ziele

- Entwickle eine Struktur für Wissensaustausch

- Etabliere gemeinsame Lernprojekte und -experimente

- Schaffe Dokumentationssysteme für kollektives Wissen

5. Wertgemeinschaften: Diese Gruppen basieren auf geteilten Werten und tieferen Lebensprinzipien.

Kernmerkmale:

- Gemeinsame Kernwerte und Lebensprinzipien

- Tiefere Sinnstiftung und Zweckausrichtung

- Ganzheitliche gegenseitige Unterstützung

- Langfristige, bedeutungsvolle Verbindungen

Implementierung:

- Identifiziere Menschen mit resonierenden Lebensphilosophien

- Schaffe Raum für tiefere Gespräche und Reflexionen

- Entwickle gemeinsame Praktiken und Rituale

- Kultiviere langfristige, wertorientierte Beziehungen

Strategien zur Gestaltung effektiver Produktivitätsgemeinschaften:

1. Die Community-Design-Strategie: Diese Methode fokussiert auf die bewusste Gestaltung produktiver Gemeinschaftsstrukturen:

- **Purpose-Klarheit:**

    o Definiere den spezifischen Zweck und die Kernwerte der Gemeinschaft

    o Schaffe ein klares "Warum" für die Zusammenarbeit

    o Entwickle eine gemeinsame Vision des angestrebten Ergebnisses

- **Strukturelle Klarheit:**

    o Etabliere klare Rollen und Verantwortlichkeiten

    o Definiere Prozesse für Entscheidungsfindung und Konfliktlösung

    o Schaffe transparente Erwartungen und Grenzen

- **Rhythmische Integration:**

    o Entwickle konsistente Interaktionsrhythmen

    o Schaffe Rituale für wichtige gemeinschaftliche Momente

o   Balanciere Struktur und Flexibilität im
     Gemeinschaftsleben

2. Die Psychological Safety-Kultivierung: Diese
Methode fokussiert auf die Schaffung einer sicheren,
vertrauensvollen Atmosphäre:

- **Vertrauensaufbau:**

  o   Schaffe frühe Gelegenheiten für
       erfolgreiche Zusammenarbeit

  o   Fördere angemessene Vulnerabilität und
       Authentizität

  o   Entwickle konsistente Vertrauenspraktiken

- **Fehlerfreundliche Kultur:**

  o   Normalisiere und feiere Lernen aus
       Misserfolgen

  o   Praktiziere konstruktives,
       wachstumsorientiertes Feedback

  o   Etabliere "Scheitern als Schritt
       vorwärts"-Mentalität

- **Inklusive Beteiligung:**

  o   Schaffe Strukturen, die die Stimmen aller
       Mitglieder würdigen

  o   Balanciere verschiedene
       Persönlichkeitstypen und
       Kommunikationsstile

- o Entwickle Mechanismen zur Konfliktlösung und Harmonisierung

3. Die Value-Exchange-Optimierung: Diese Methode fokussiert auf die Schaffung nachhaltigen gegenseitigen Nutzens:

- **Beitrags-Mapping:**
  - o Identifiziere die einzigartigen Stärken und Beiträge jedes Mitglieds
  - o Schaffe Klarheit über erwartete und angebotene Werte
  - o Entwickle Mechanismen für ausgewogenen Austausch

- **Gegenseitigkeits-Förderung:**
  - o Kultiviere eine Kultur des Gebens und gegenseitiger Unterstützung
  - o Schaffe Sichtbarkeit für Beiträge und Wirkungen
  - o Entwickle Anerkennungspraktiken für wertvolle Beiträge

- **Evolution-Management:**
  - o Antizipiere und begleite sich verändernde Bedürfnisse und Beiträge
  - o Schaffe Raum für regelmäßige Neujustierung des Wertaustauschs

o   Entwickle flexible Systeme für
    verschiedene Beitragsebenen

Fallbeispiel: Michaels Produktivitätsökosystem

Michael, ein freiberuflicher Softwareentwickler und
kreativer Denker, kämpfte trotz solider
Produktivitätssysteme mit Isolation, inkonsistenter
Motivation und fehlender Perspektivenvielfalt. Seine
Arbeit war gut, aber er spürte, dass ihm etwas fehlte, um
wirklich außergewöhnliche Ergebnisse zu erzielen.

Seine Transformation begann mit der systematischen
Entwicklung eines sozialen Produktivitätsökosystems:

1. Er schuf eine mehrstufige Gemeinschaftsstruktur:

    o   Eine 1:1-Accountability-Partnerschaft mit
        einem Freund aus der Tech-Branche für
        tägliche Check-ins

    o   Eine 5-Personen-Mastermind-Gruppe mit
        anderen Freelancern für monatliche
        Tiefenarbeit

    o   Eine virtuelle Arbeitsgemeinschaft für
        gemeinsame Fokussessions dreimal
        wöchentlich

    o   Eine Lerngemeinschaft mit
        vierteljährlichen Skill-Sharing-Workshops

    o   Lose Verbindungen zu einer größeren
        Wertgemeinschaft mit ähnlichen
        Lebensprinzipien

2. Er entwickelte kontextspezifische Interaktionsprotokolle:

- o Accountability-Protokoll: 5-Minuten-Check-ins morgens und abends mit definierten Fragen

- o Mastermind-Protokoll: 3-Stunden-Struktur mit Hot Seat-Rotation und strategischer Beratung

- o Arbeitsgemeinschafts-Protokoll: 90/15-Rhythm (90 Min. Fokus, 15 Min. soziale Pause)

- o Lerngemeinschafts-Protokoll: Teach-Learn-Apply-Struktur für Skill-Sharing

3. Er schuf digitale und physische Infrastrukturen:

- o Digitale Tools für asynchrone und synchrone Zusammenarbeit

- o Physische Treffpunkte für persönliche Interaktionen

- o Dokumentationssysteme für gemeinsames Wissen

- o Kommunikationsstrukturen für verschiedene Interaktionsebenen

Die Ergebnisse waren transformativ: Nach einem Jahr berichtete Michael von einer "völlig neuen Produktivitätsdimension". Seine Konsistenz verbesserte sich dramatisch durch die sozialen Verpflichtungen, seine kreativen Outputs profitieren erheblich von der

Perspektivenvielfalt, und seine allgemeine Arbeitszufriedenheit stieg deutlich. Das vielleicht wichtigste Ergebnis war jedoch die Erfahrung einer "kollektiven Ermächtigung" – das Gefühl, Teil eines größeren Ganzen zu sein, das gemeinsam mehr erreichen konnte als die Summe seiner Teile.

10.6 Die lebenslange Produktivitätsreise

Produktivität ist keine Destination, sondern eine kontinuierliche Reise – ein lebenslanger Weg des Lernens, Wachsens und Weiterentwickelns. Dieses abschließende Kapitel betrachtet, wie du diesen Weg als eine erfüllende, nachhaltige Lebensreise gestalten kannst.

Die Evolution des Produktivitätsverständnisses:

Unser Verständnis von Produktivität durchläuft typischerweise mehrere Entwicklungsphasen:

Phase 1: Die Aktivitäts-Phase In dieser anfänglichen Phase wird Produktivität primär als "viele Dinge erledigen" verstanden.

Hauptfokus: Aktivitätslevel und Geschäftigkeit
Hauptmetrik: Anzahl erledigter Aufgaben
Hauptherausforderung: Erschöpfung und mangelnde Nachhaltigkeit

Phase 2: Die Effizienz-Phase In dieser Phase verschiebt sich der Fokus auf das effizientere Erledigen von Aufgaben.

Hauptfokus: Optimierung und Geschwindigkeit
Hauptmetrik: Zeit pro erledigter Aufgabe
Hauptherausforderung: Sinnentleerung und fehlendes "Warum"

Phase 3: Die Effektivitäts-Phase In dieser Phase wird erkannt, dass die Auswahl der richtigen Aufgaben wichtiger ist als Effizienz.

Hauptfokus: Priorisierung und Wertsteigerung
Hauptmetrik: Impact der erzielten Ergebnisse
Hauptherausforderung: Balance und ganzheitliches Wohlbefinden

Phase 4: Die Weisheits-Phase In dieser reifen Phase wird Produktivität als Teil eines ganzheitlichen, sinnerfüllten Lebens verstanden.

Diese Phasen sind nicht strikt linear – wir bewegen uns zwischen ihnen, haben Durchbrüche und Rückfälle. Die Reise zur "Produktivitätsweisheit" ist ein spiralförmiger Pfad, auf dem wir die gleichen Themen immer wieder aus neuen, reiferen Perspektiven betrachten.

FOKUS-BOX

Die wahre Meisterschaft in Produktivität liegt nicht im perfekten System oder in makellosen Techniken, sondern in der Fähigkeit, kontinuierlich zu lernen, zu adaptieren und zu wachsen. Produktivitätsweisheit entsteht nicht durch die Anwendung immer komplexerer Methoden, sondern durch ein tieferes Verständnis fundamentaler Prinzipien und deren flexible Anwendung in wechselnden Lebenskontexten.

Die Kernprinzipien der lebenslangen Produktivitätsreise:

1. Adaptionsfähigkeit über Perfektion: Fokussiere auf die Entwicklung eines adaptionsfähigen, flexiblen Systems statt auf das Streben nach dem "perfekten" Ansatz. Veränderung ist die einzige Konstante, und Ihre Fähigkeit, sich anzupassen, ist wichtiger als jede spezifische Methode.

2. Experimentierfreude über Dogmatismus: Bewahre eine experimentelle Einstellung zu Produktivitätstechniken. Sei bereit, neue Ansätze zu testen, bestehende zu modifizieren und von Ergebnissen statt von vorgefassten Überzeugungen leiten zu lassen.

3. Prinzipien über Methoden: Verstehe die zugrundeliegenden Prinzipien erfolgreicher Produktivität. Methoden mögen kommen und gehen, aber die fundamentalen Prinzipien – wie klare Prioritäten, fokussiertes Handeln, bewusste Regeneration und kontinuierliches Lernen – bleiben bestehen.

4. Ganzheitlichkeit über Einseitigkeit: Betrachte Produktivität als integralen Teil eines ausgewogenen Lebens, nicht als isoliertes Ziel. Wahre Produktivität verstärkt andere Lebensbereiche und wird von ihnen verstärkt, statt mit ihnen zu konkurrieren.

5. Selbstkenntnis über externe Validierung: Entwickle ein tiefes Verständnis deiner eigenen Arbeitsweisen, Präferenzen und Werte. Maßgeschneiderte, selbst-bewusste Ansätze übertreffen immer generische "Best Practices", die nicht zu dir passen.

6. Leichtigkeit über Anstrengung: Suche nach dem Weg des geringsten Widerstands – nicht aus Faulheit, sondern aus Weisheit. Die nachhaltigsten Produktivitätssysteme fühlen sich natürlich und mühelos an, weil sie mit deinen natürlichen Tendenzen und Stärken arbeiten, nicht gegen sie.

7. Gemeinschaft über Isolation: Erkenne die Kraft der geteilten Reise. Verbindung, gegenseitige Unterstützung und kollektives Lernen multiplizieren individuelle Bemühungen und schaffen Resilienz in herausfordernden Zeiten.

Die Kunst des bewussten Fortschreitens:

Die lebenslange Produktivitätsreise ist weniger eine lineare Progression als ein bewusster Tanz – ein kontinuierliches Spiel von Experimentieren und Verfeinern, Vorwärtsbewegung und Reflexion, Komplexitätssteigerung und Vereinfachung.

Strategien für langfristigen Erfolg:

1. Kultiviere produktive Selbstreflexion: Entwickle die Gewohnheit, regelmäßig innezuhalten und bewusst deine Produktivitätsreise zu reflektieren. Frage nicht nur "Was funktioniert?", sondern auch "Warum funktioniert es?" und "Wie entwickeln sich meine Bedürfnisse und Ziele?"

2. Balance Konsistenz und Evolution: Finde die goldene Mitte zwischen der Beibehaltung bewährter Praktiken und der Offenheit für Veränderung. Etabliere Kernroutinen als Anker, während du gleichzeitig experimentierst und adaptierst.

3. Entwickle ein persönliches Produktivitäts-Narrativ: Schaffe eine kohärente Geschichte deiner Produktivitätsreise – nicht als linearen Fortschritt, sondern als sinnvolle Entwicklung mit Höhen, Tiefen und Wendepunkten. Dieses Narrativ gibt Kontext und

Bedeutung für vergangene Erfahrungen und zukünftige Experimente.

4. Kultiviere Produktivitätsweisheit: Sammle nicht nur Techniken und Hacks, sondern entwickle ein tieferes Verständnis der zugrundeliegenden Prinzipien. Diese Weisheit ermöglicht es dir, flexibel auf neue Situationen zu reagieren, ohne von spezifischen Methoden abhängig zu sein.

5. Schaffe Lernzyklen: Integriere bewusste Lernschleifen in deine Produktivitätsreise. Experimentiere, beobachte Ergebnisse, reflektiere über Erkenntnisse und verfeinere deinen Ansatz in kontinuierlichen Zyklen.

6. Praktiziere Produktivitäts-Minimalismus: Vereinfache regelmäßig dein Produktivitätssystem. Entferne Komplexität, die keinen Mehrwert bietet, und konzentriere dich auf die Kernelemente, die den größten Impact haben.

7. Feiere die Reise selbst: Finde Freude und Erfüllung nicht nur in den Ergebnissen, sondern im Prozess selbst. Die Produktivitätsreise kann an sich eine Quelle des Wachstums, der Selbsterkenntnis und der Zufriedenheit sein.

Fallbeispiel: Sophies lebenslange Produktivitätsreise

Sophie, heute eine erfolgreiche Unternehmensberaterin und Autorin, blickt auf eine 20-jährige bewusste Produktivitätsreise zurück. Was als verzweifelter Versuch begann, das Chaos in ihrem Leben als junge Berufstätige zu bewältigen, entwickelte sich zu einer tiefgreifenden, lebenslangen Erforschung effektiven Handelns.

Ihre Geschichte illustriert die Evolution des Produktivitätsverständnisses:

1. Sie begann in der Aktivitätsphase, besessen davon, möglichst viele Aufgaben abzuhaken und lange Arbeitstage zu absolvieren. Diese Phase endete mit einem Burnout in ihren späten 20ern.

2. Sie wechselte dann in die Effizienzphase, fasziniert von Zeitmanagement-Systemen und Optimierungstechniken. Obwohl sie viel "effizienter" wurde, fühlte sie zunehmend eine innere Leere und Sinnlosigkeit.

3. Ein Wendepunkt brachte sie in die Effektivitätsphase, wo sie lernte, sich auf hochwertige Aktivitäten zu konzentrieren und mutig unwichtige Dinge zu eliminieren. Ihre Karriere blühte auf, aber andere Lebensbereiche litten.

4. Schließlich erreichte sie die Weisheitsphase, in der Produktivität zu einem integrierten Teil eines ausgeglichenen, sinnerfüllten Lebens wurde. Sie entwickelte ein maßgeschneidertes, adaptives System, das alle Lebensbereiche unterstützte und ihre persönlichen Werte widerspiegelte.

Heute betrachtet Sophie Produktivität nicht mehr als Ziel, sondern als Weg – eine fortlaufende Praxis der bewussten Lebensgestaltung. Ihr System hat sich dramatisch vereinfacht, fokussiert auf wenige Kernprinzipien statt zahlreicher Techniken. Sie ist sowohl produktiver als auch glücklicher als je zuvor, nicht weil sie das "perfekte System" gefunden hat, sondern weil sie gelernt hat, ihre Praktiken kontinuierlich zu entwickeln und anzupassen.

Ihre wichtigste Erkenntnis: "Produktivität ist kein Problem, das gelöst werden muss, sondern eine Kunst, die kontinuierlich praktiziert wird. Die wahre Meisterschaft liegt nicht in der Perfektion, sondern in der Fähigkeit, immer wieder neu zu beginnen, mit frischen Augen zu sehen und die Reise selbst zu genießen."

10.7 Praktische Übungen und Reflexionen

Übung 1: Systemintegrations-Mapping Visualisiere und integriere dein persönliches Produktivitätssystem:

- Erstelle ein visuelles Map deiner aktuellen Produktivitätspraktiken und -werkzeuge

- Identifiziere die fünf Kernelemente (Klarheit, Organisation, Umsetzung, Motivation, Entwicklung)

- Analysiere, wie diese Elemente miteinander interagieren oder nicht

- Identifiziere Lücken, Redundanzen und Reibungspunkte

- Entwickle einen konkreten Plan zur besseren Integration der Elemente

- Entwerfe eine visuelle Darstellung deines idealen integrierten Systems

Übung 2: Persönlicher Systemdesign-Workshop Gestalte (oder überarbeite) dein persönliches Produktivitätssystem:

- Führe eine gründliche Bestandsaufnahme deiner aktuellen Praktiken durch

- Definiere deine persönliche Produktivitätsvision und Kernprinzipien

- Entwickle für jedes der fünf Systemelemente mindestens zwei konkrete Komponenten

- Identifiziere kritische Schnittstellen zwischen den Elementen

- Erstelle einen 30-60-90-Tage-Plan für die Implementation

- Definiere Erfolgskriterien und Feedback-Mechanismen für jede Phase

Übung 3: Kontinuierliches Verbesserungssystem
Etabliere ein System für regelmäßige Produktivitätsrevisionen:

- Entwickle Templates für tägliche, wöchentliche, monatliche und quartalsweise Reviews

- Erstelle eine persönliche "Revisions-Checkliste" mit Schlüsselfragen

- Plane konkrete Revisionszeiten in deinen Kalender für die nächsten drei Monate

- Implementiere ein Tracking-System für Systemverbesserungen und -anpassungen

- Führe ein "Lerntabebuch" für Produktivitätserkenntnisse

- Plane eine größere Systemrevision für die nächsten 90 Tage

Übung 4: Produktivitäts-Wohlbefindens-Integration
Entwickle einen Plan zur Integration von Produktivität
und Wohlbefinden:

- Bewerte deine aktuelle Balance in allen fünf
  Wohlbefindensdimensionen

- Identifiziere die drei größten Spannungen
  zwischen Produktivität und Wohlbefinden

- Entwickle drei konkrete Strategien zur Integration
  von Produktivität und Wohlbefinden

- Gestalte eine optimale tägliche Rhythmusstruktur
  für Leistung und Erholung

- Definiere klare Grenzen für verschiedene
  Lebensbereiche

- Implementiere ein wöchentliches
  "Wohlbefindens-Check-in"

Übung 5: Produktivitätsgemeinschafts-Design
Entwickle einen Plan für dein persönliches
Produktivitätsökosystem:

- Identifiziere die Art von Unterstützung, die du am
  meisten benötigst

- Kartiere dein aktuelles soziales Netzwerk nach
  Produktivitätsunterstützung

- Bestimme die optimale Gemeinschaftsform(en)
  für deine Situation

- Entwickle klare Strukturen und Protokolle für
  diese Gemeinschaft(en)

- Erstelle einen konkreten Aktionsplan zur Gemeinschaftsbildung

- Definiere, wie du selbst zur Gemeinschaft beitragen wirst

Übung 6: Lebenslange Produktivitätsreise planen
Gestalte einen Rahmen für deine fortlaufende Produktivitätsentwicklung:

- Reflektiere über deine bisherige Produktivitätsreise und identifiziere Muster

- Definiere deine persönlichen Kernprinzipien für nachhaltige Produktivität

- Entwickle einen "Experimentierkalender" für die nächsten sechs Monate

- Plane mindestens drei "tiefere Lernprojekte" zu Produktivitätsthemen

- Schaffe ein persönliches Produktivitätsnarrativ – deine eigene Geschichte

- Gestalte ein Symbol oder Ritual, das deine fortlaufende Reise repräsentiert

FOKUS-BOX: Kapitelzusammenfassung

- **Ein effektives Produktivitätssystem integriert fünf Kernelemente: Klarheit, Organisation, Umsetzung, Motivation und Entwicklung – die in einem dynamischen Zusammenspiel funktionieren**

- Der Aufbau eines persönlichen Systems ist ein organischer, evolutionärer Prozess, der mit einem einfachen, funktionsfähigen Grundmodell beginnt und schrittweise verfeinert wird

- Regelmäßige Systemrevisionen auf verschiedenen Zeitebenen (täglich, wöchentlich, monatlich, quartalsweise, jährlich) sind essentiell für kontinuierliche Anpassung und Entwicklung

- Die Integration von Produktivität und Wohlbefinden transformiert Leistung von einem erschöpfenden Kraftakt zu einer nachhaltigen, erfüllenden Praxis

- Der Übergang vom Einzelkämpfer zur Produktivitätsgemeinschaft multipliziert individuelle Kapazitäten durch geteilte Motivation, kollektive Intelligenz und gegenseitige Unterstützung

- Die lebenslange Produktivitätsreise entwickelt sich durch verschiedene Phasen – von Aktivität über Effizienz und Effektivität bis hin zur integrierten Weisheit

Reflexionsfragen:

1. Welche der fünf Systemelemente (Klarheit, Organisation, Umsetzung, Motivation, Entwicklung) ist aktuell dein stärkstes, welches dein schwächstes?

2. Welche Aspekte deines aktuellen Produktivitätsansatzes sind wirklich auf dich zugeschnitten, welche hast du ungeprüft von anderen übernommen?

3. Wie regelmäßig und strukturiert überprüfst und verfeinerst du dein Produktivitätssystem?

4. Wo erlebst du die größten Spannungen zwischen Produktivität und anderen Lebensbereichen?

5. Welche Form von Produktivitätsgemeinschaft würde deine persönliche Effektivität am meisten verstärken?

6. In welcher Phase der Produktivitätsreise (Aktivität, Effizienz, Effektivität, Weisheit) befindest du dich aktuell?

Action-Steps für Kapitel 10:

1. Führe ein vollständiges Audit deines aktuellen Produktivitätssystems durch

2. Identifiziere und stärke die Verbindungen zwischen den fünf Systemelementen

3. Implementiere ein regelmäßiges Revisionssystem mit klaren Templates

4. Entwickle eine Strategie zur Integration von Produktivität und mindestens einer Wohlbefindensdimension

5. Initiiere oder tritt einer Form von Produktivitätsgemeinschaft bei

6. Reflektiere über deine persönliche Produktivitätsreise und definiere nächste Entwicklungsschritte

Zusammenfassung

Wir sind am Ende unserer gemeinsamen Reise durch die Welt der fokussierten Handlungsfähigkeit angelangt. In den vorangegangenen Kapiteln haben wir die verschiedenen Facetten produktiven Handelns erkundet – vom entscheidenden Moment zwischen Denken und Tun über die Psychologie des Handelns, die Macht des Fokus und die Natur wahrer Produktivität bis hin zu proaktivem Mindset, Umsetzungsstrategien, Technologiemanagement, Umgebungsgestaltung, langfristiger Motivation und integrativen Systemen.

Der rote Faden, der sich durch alle diese Themen zieht, ist die Erkenntnis, dass außergewöhnliche Produktivität kein Zufall ist, sondern das Ergebnis bewusster Gestaltung. Sie entsteht nicht durch isolierte Techniken oder gelegentliche Willensanstrengungen, sondern durch integrierte Systeme, die mit unserer Persönlichkeit, unseren Werten und unseren Zielen im Einklang stehen.

Die wichtigsten Erkenntnisse lassen sich in sieben Schlüsselprinzipien zusammenfassen:

1. Integration statt Isolation Wahre Produktivität entsteht durch das harmonische Zusammenspiel verschiedener Elemente – Klarheit, Organisation, Umsetzung, Motivation und Entwicklung. Keines dieser Elemente kann für sich allein nachhaltige Ergebnisse erzeugen.

2. Personalisierung statt Standardisierung Es gibt kein universelles "bestes" Produktivitätssystem. Der effektivste Ansatz ist immer jener, der zu deinen einzigartigen Stärken, Vorlieben, Werten und Lebensumständen passt.

3. Prozess statt Perfektion Produktivität ist keine Destination, sondern eine kontinuierliche Reise des Experimentierens, Lernens und Anpassens. Die Bereitschaft, zu beginnen und schrittweise zu verbessern, übertrifft das Streben nach dem perfekten System.

4. Wohlbefinden statt Erschöpfung Nachhaltige Produktivität verstärkt unser Wohlbefinden, statt es zu untergraben. Ein System, das Energie, Gesundheit und Freude fördert, erzeugt langfristig bessere Ergebnisse als eines, das auf Erschöpfung basiert.

5. Fokus statt Fragmentierung In einer zunehmend ablenkungsreichen Welt wird die Fähigkeit, tief zu fokussieren, zur entscheidenden Differenzierung. Qualität der Aufmerksamkeit übertrifft Quantität der Aktivität.

6. Proaktivität statt Reaktivität Die bewusste Gestaltung unseres Handelns, statt bloßer Reaktion auf äußere Umstände, ist der Schlüssel zu außergewöhnlicher Wirksamkeit und persönlicher Agency.

7. Gemeinschaft statt Isolation Die Integration sozialer Unterstützung multipliziert individuelle Kapazitäten durch geteilte Motivation, kollektive Intelligenz und gegenseitige Rechenschaft.

Während du deine eigene Produktivitätsreise fortsetzt, ermutige ich dich, diese Prinzipien als Kompass zu nutzen – nicht als starre Regeln, sondern als flexible Leitlinien, die du an deine spezifische Situation anpasst.

Experimentiere mutig, reflektiere ehrlich und entwickle kontinuierlich weiter, was für dich funktioniert.

Denke daran: Der Weg zu außergewöhnlicher Produktivität ist kein Sprint, sondern ein Marathon – oder besser noch, eine lebenslange Entdeckungsreise. Es geht nicht darum, ein imaginäres Ziel der "perfekten Produktivität" zu erreichen, sondern darum, jeden Tag ein wenig fokussierter, bewusster und wirkungsvoller zu handeln.

Möge deine Reise zu fokussiertem Handeln nicht nur zu größerer Produktivität, sondern zu einem erfüllteren, sinnvolleren Leben führen. Denn letztendlich ist dies das wahre Ziel: Nicht mehr zu tun, sondern mehr zu bewirken; nicht geschäftiger zu sein, sondern mehr Bedeutung zu schaffen; nicht einfach Zeit zu managen, sondern ein Leben zu gestalten, das deinen tiefsten Werten und Aspirationen entspricht.

Anhang

30-Tage-Fokus-Challenge

Implementiere über 30 Tage schrittweise Fokus- und Produktivitätspraktiken:

Woche 1: Grundlagen legen

- Tag 1-2: Führe ein 48-Stunden-Aktivitätsprotokoll

- Tag 3: Definiere deine drei wichtigsten Fokusziele für die nächsten 30 Tage

- Tag 4-5: Implementiere eine tägliche Planungsroutine (5-10 Minuten)

- Tag 6-7: Praktiziere tägliche 25-Minuten-Fokusblöcke

Woche 2: Hindernisse beseitigen

- Tag 8-9: Führe eine digitale Entrümpelung durch (Benachrichtigungen, Apps, E-Mail)

- Tag 10-11: Gestalte deinen Arbeitsplatz für maximalen Fokus

- Tag 12-13: Implementiere ein Ablenkungsprotokoll

- Tag 14: Entwickle dein persönliches "Zurück-zum-Fokus"-Ritual

Woche 3: Tiefenarbeit kultivieren

- Tag 15-16: Steigere Fokusblöcke auf 50 Minuten

- Tag 17-18: Implementiere zeitliche Blockieren für Tiefenarbeit

- Tag 19-20: Praktiziere digitales Fasten (mindestens 4 Stunden)

- Tag 21: Führe eine Fokusbilanz durch – Muster, Fortschritte, Hindernisse

Woche 4: Integration und Nachhaltigkeit

- Tag 22-23: Verbinde Fokuspraktiken mit deinen tieferen Werten und Zielen

- Tag 24-25: Entwickle Strategien für typische Fokushindernisse

- Tag 26-27: Experimentiere mit verschiedenen Fokusumgebungen

- Tag 28-29: Erstelle dein persönliches, nachhaltiges Fokussystem

- Tag 30: Reflektiere über die 30-Tage-Reise und plane die nächsten Schritte

Vorlagen und Arbeitsblätter

1. Wochenplanungs-Template Eine strukturierte Vorlage für effektive wöchentliche Planung:

- Wochenziele und Prioritäten

- Schlüsselprojekte und Meilensteine

- Tägliche MIT (Most Important Tasks)

- Energiemanagement und Fokusblöcke

- Reflexionsfragen und Anpassungen

2. Tägliches Fokusprotokoll

Ein einseitiges Protokoll für täglichen Fokus:

- Morgendliche Intentionssetzung

- Priorisierte Aufgabenliste

- Fokusblock-Planung

- Ablenkungsnotizen

- Tagesabschluss-Reflexion

3. Persönliches Produktivitätssystem-Blueprint

Ein umfassender Rahmen für dein individuelles System:

- Kernprinzipien und Werte

- Die fünf Systemelemente im Detail

- Workflow-Diagramme

- Werkzeugauswahl und Integration

- Revisions- und Anpassungsprozesse

4. Entscheidungsmatrix für Prioritäten

Ein Tool zur objektiven Prioritätensetzung:

- Bewertungskriterien (Impact, Dringlichkeit, Alignment, Aufwand)

- Gewichtungssystem

- Visuelle Prioritätsmatrix

- Entscheidungsleitfaden

- Beispiel-Anwendungen

5. Hindernis-Überwindungs-Worksheet Eine strukturierte Methode zur Überwindung von Produktivitätsblockaden:

- Hindernisidentifikation und -analyse
- Root-Cause-Assessment
- Strategieentwicklung
- Implementierungsplan
- Erfolgsmetriken und Tracking

Empfohlene Literatur und Ressourcen

Bücher für vertiefende Studien:

- "Deep Work" von Cal Newport
- "Atomic Habits" von James Clear
- "The One Thing" von Gary Keller
- "Essentialism" von Greg McKeown
- "Getting Things Done" von David Allen
- "The Power of Full Engagement" von Jim Loehr und Tony Schwartz
- "Drive" von Daniel Pink
- "Hyperfocus" von Chris Bailey
- "Mindset" von Carol Dweck
- "The Productivity Project" von Chris Bailey

Digitale Ressourcen:

- Produktivitäts-Podcasts und Blogs
- Fokus- und Zeitmanagement-Apps

- Online-Communities und Foren

- Video-Tutorials und Kurse

- Wissenschaftliche Studien und Forschungszusammenfassungen

Persönliche Entwicklung:

- Coaching und Mentoring-Möglichkeiten

- Workshops und Seminare

- Mastermind-Gruppen und Accountability-Partnerschaften

- Retreats und Intensivprogramme

- Zertifizierungen und formale Bildung

Selbsttest: Handlungs- vs. Lageorientierung

Anleitung: Beantworte die folgenden Fragen ehrlich auf einer Skala von 1 (trifft gar nicht zu) bis 5 (trifft voll zu). Addiere anschließend deine Punkte für die Gesamtauswertung.

Fragen:

1. Nach einem Misserfolg kann ich schnell wieder nach vorne schauen.

2. Ich neige dazu, Entscheidungen lange zu überdenken.

3. Wenn ein Problem auftaucht, suche ich sofort nach Lösungswegen.

4. Ich analysiere Situationen gründlich, bevor ich handle.

5. Nach Rückschlägen finde ich schnell neue Motivation.

6. Ich neige dazu, über vergangene Fehler lange nachzudenken.

7. Ich beginne lieber mit einer unvollkommenen Lösung als gar nicht zu handeln.

8. Ich ziehe es vor, alle Optionen gründlich zu durchdenken.

9. Ich kann leicht zwischen verschiedenen Aufgaben wechseln.

10. Ich bleibe manchmal in Grübeleien über Probleme stecken.

Auswertung:

- Für Fragen 1, 3, 5, 7, 9: Addiere die Punkte direkt

- Für Fragen 2, 4, 6, 8, 10: Invertiere die Punkte (1=5, 2=4, 3=3, 4=2, 5=1) und addiere

Interpretation:

- 40-50 Punkte: Stark handlungsorientiert

- 30-39 Punkte: Moderat handlungsorientiert

- 20-29 Punkte: Ausgewogen zwischen Handlungs- und Lageorientierung

- 10-19 Punkte: Moderat lageorientiert

- 0-9 Punkte: Stark lageorientiert

Nachwort

Als ich vor einigen Jahren begann, mich intensiv mit den Themen Produktivität und Fokus zu beschäftigen, war meine Motivation keineswegs akademischer Natur. Ich stand an einem Punkt, an dem meine Tage in einem Wirbelsturm aus Ablenkungen, halbherzigen Bemühungen und unerfüllten Vorhaben zu verschwimmen drohten. Der Graben zwischen meinen Ambitionen und meinen tatsächlichen Ergebnissen wurde immer tiefer, und mit ihm wuchs ein Gefühl der Unzufriedenheit, das mich schließlich zu einer grundlegenden Frage führte: Was hindert uns eigentlich daran, das zu tun, was wir uns vorgenommen haben?

Diese Frage bildete den Ausgangspunkt für eine mehrjährige Reise, die mich durch die Erkenntnisse der Psychologie, Neurowissenschaft und Verhaltensforschung führte, aber auch zu zahlreichen Gesprächen mit Menschen, die das Geheimnis des fokussierten Handelns gemeistert zu haben schienen. Was als persönliche Suche begann, entwickelte sich zu einer systematischen Erforschung jenes kritischen Moments, in dem Absicht zu Handlung wird – oder eben nicht.

Während ich dieses Buch schrieb, wurde mir bewusst, wie

tiefgreifend unsere Gesellschaft von Fokusproblemen betroffen ist. Wir leben in einem Zeitalter, das einerseits mehr Möglichkeiten bietet als je zuvor, uns andererseits aber mit einem nicht enden wollenden Strom von Ablenkungen konfrontiert. Die Fähigkeit, unsere Aufmerksamkeit zu bündeln und zielgerichtet zu handeln, ist zu einer der wertvollsten Ressourcen unserer Zeit geworden.

Aber dieses Buch sollte nie ein weiterer theoretischer Beitrag zur immer länger werdenden Liste von Produktivitätsratgebern sein. Mein Anspruch war es, ein Werkzeug zu schaffen, das den Leser nicht nur informiert, sondern tatsächlich in Bewegung setzt – ein Buch, das den Übergang vom Wissen zum Handeln in jedem Kapitel neu vollzieht.

Ironischerweise war es gerade das Schreiben dieses Werkes, das meine eigenen Theorien auf die härteste Probe stellte. Es gab Tage, an denen das leere Dokument auf meinem Bildschirm wie ein stummer Vorwurf wirkte, und ich selbst alle Widerstände erlebte, die ich zu beschreiben versuchte. In diesen Momenten waren es die eigenen Methoden, die mir halfen, den Weg zurück ins Handeln zu finden – kleine Rituale, die mir den Einstieg erleichterten, Umgebungsanpassungen, die Ablenkungen minimierten, und nicht zuletzt die Gewohnheit, den ersten Schritt zu tun, bevor die Motivation dafür einsetzt.

Die Erkenntnisse, die ich mit Ihnen geteilt habe, sind daher nicht nur theoretisch fundiert, sondern auch im Feuer der praktischen Anwendung gehärtet. Sie sind entstanden aus der Konfrontation mit realen Herausforderungen, aus Rückschlägen und deren Überwindung, aus dem ständigen Dialog zwischen Ideal und Wirklichkeit.

Was ich in den Jahren der Beschäftigung mit diesem

Thema am deutlichsten erkannt habe, ist dies: Produktivität ist kein technisches Problem, das allein durch bessere Systeme oder Tools gelöst werden kann. Sie ist in ihrem Kern eine zutiefst menschliche Angelegenheit, die mit unseren Ängsten, Hoffnungen und Werten verbunden ist. Die Fähigkeit, fokussiert zu handeln, berührt unser Selbstverständnis, unsere Identität und letztlich die Frage, wer wir sein wollen und was wir in der Welt bewirken möchten.

Wenn Sie dieses Buch bis hierher gelesen haben, haben Sie bereits einen wichtigen Schritt getan. Sie haben Zeit und Aufmerksamkeit investiert – die wertvollsten Währungen unserer Epoche. Doch wie wir beide wissen, liegt die wahre Transformation nicht im Lesen, sondern im Tun. Die Entscheidung, die Seite umzublättern und mit der Umsetzung zu beginnen, liegt nun bei Ihnen. Nicht morgen, nicht unter idealen Bedingungen, sondern jetzt, in diesem Moment, mit allem, was Sie bereits haben.

Die Reise geht weiter – für Sie und für mich. Ich bin dankbar, dass wir ein Stück des Weges gemeinsam gehen durften, und ich freue mich darauf, von Ihren Erfahrungen zu hören. Denn letztlich sind es die unzähligen individuellen Geschichten von Menschen, die ihre Handlungsfähigkeit zurückgewinnen, aus denen sich das größere Bild einer fokussierteren, produktiveren und erfüllteren Gesellschaft zusammensetzt.

Mit Dankbarkeit und in der Hoffnung auf Ihr fokussiertes Handeln,

Frank Kralemann